Diálogos Regenerativos para Futuros Sustentáveis

Fabio Rubio Scarano

Diálogos Regenerativos para Futuros Sustentáveis

Integrando ciência,
artes, espiritualidade e
conhecimento ancestral
para o bem-estar planetário

BAMBUAL
editora

Versão em Português do Brasil para o livro:
Scarano FR (2024) *Regenerative Dialogues for Sustainable Futures: Integrating Science, Arts, Spirituality and Ancestral Knowledge for Planetary Wellbeing.* Springer Nature, Cham, Suíça.

Coordenação Editorial
Isabel Valle

Tradução e revisão
Vitório Wendt Scarano e Fabio Rubio Scarano

Capa
Luiza Chamma

Diagramação
Leandro Collares

DADOS INTERNACIONAIS DE CATALOGAÇÃO NA PUBLICAÇÃO (CIP)
(CÂMARA BRASILEIRA DO LIVRO, SP, BRASIL)

Scarano, Fabio Rubio
Diálogos regenerativos para futuros sustentáveis : integrando ciência, artes, espiritualidade e conhecimento ancestral para o bem-estar planetário / Fabio Rubio Scarano. – 1. ed. – Rio de Janeiro : Bambual Editora, 2025.

Bibliografia.
ISBN 978-65-89138-81-5

1. Desenvolvimento sustentável – Aspectos ambientais 2. Objetivos de Desenvolvimento Sustentável (ODS) 3. Meio ambiente – Aspectos econômicos 4. Mudanças climáticas – Aspectos socioambientais 5. Sustentabilidade ambiental I. Título.

25-301230.0 CDD-304.2

Índices para catálogo sistemático:
1. Desenvolvimento sustentável : Desafios : Ecologia humana 304.2

Aline Graziele Benitez - Bibliotecária - CRB-1/3129

BAMBUAL
editora

conexao@bambualeditora.com.br
www.bambualeditora.com.br

Dedicado à memória de queridos amigos e mestres
que partiram para um espaço/tempo mais sustentável

Eduardo Arcoverde de Mattos
Gustavo Alberto Bouchardet da Fonseca
Luís Paulo de Souza Pinto
Peter Edward Gibbs

Prefácio

Jorge Luis Borges, em *A Loteria em Babilônia*, um dos notáveis relatos de *Ficções*, nos apresenta a imagem de uma sociedade regida pelo acaso. Os Babilônios, segundo ele nos narra, levaram ao extremo sua paixão pelos sorteios, incluindo castigos além de prêmios e entremeando novos sorteios nos resultados dos anteriores. Graças a uma onipresente e misteriosa direção – a Companhia – as loterias se imiscuíram em todos os aspectos da vida cotidiana. Assim, ao contrário da monótona racionalidade dos Gregos, os Babilônios podem desfrutar de todas as delícias da imprevisibilidade: um simples vaso de vinho damasceno que alguém recebe, por exemplo, pode ocultar um punhado de topázios – ou de víboras. A Companhia, sempre invisível (ou sequer terá existido?!), determina tarefas de difícil discernimento: acrescentar (ou retirar) um grão às infinitas areias da praia. As consequências podem ser imperceptíveis – ou imensas.

Talvez não seja estender demasiado os limites desta ficção a sugestão, ou observação, de que inúmeras gentes, por todo o planeta, suspeitam de que entramos coletivamente em um regime de imprevisibilidades quiçá comparável a da Babilônia borgeana. Sabemos hoje que o planeta hospeda um vasto sistema complexo, constituído ele próprio de sistemas complexos, que interligam aspectos geológicos, meteorológicos, termodinâmicos, químicos, biológicos, ecossistêmicos, econômicos, político-sociais e culturais num todo dinâmico que opera sobre e também a partir desses diversos estratos constituintes. A atividade produtiva das sociedades humanas, por exemplo, tomada em conjunto, apresenta-se hoje como um fator de transformação em escala planetária, e as consequências efetivas dessas ações se estenderão por longos períodos. Reciprocamente, potências transformativas análogas incidem sobre as próprias sociedades, ou seja, o campo das ações técnicas rebate-se hoje sobre seus próprios agentes. Não admira, portanto, que vários autores identifiquem em nossa época a vigência de uma autêntica *mutação* abrangendo a civilização global ela mesma, trazendo consigo todo um espectro de incertezas e desafios.

Os *Diálogos Regenerativos* que Fabio Scarano nos oferece aqui são assim um precioso manual de navegação, pessoal e coletivo, para estes tempos arriscosos. Partindo sempre da apresentação de fundamentos conceituais e da explanação dos contextos em que se situam os diferentes problemas abordados, são alinhados e delineados os múltiplos caminhos possíveis pelos quais futuros diversos, positivos ou árduos, podem vir a se instalar; são identificadas forças e agentes cujas escolhas e ações levariam a distintas orientações para o percurso da nave Terra; e são indicados horizontes, utopias realistas, objetivos desejáveis, que poderiam ser as plataformas em última instância para uma tão necessária transição para um novo estado de relações para a humanidade e a vida no planeta. A ambição da proposta é temperada pela clareza da exposição, e dificilmente o leitor não aproveitará destas páginas como um vento motriz para instigar sua imaginação e municiar suas atitudes. Um belo amanhã começa aqui.

Luiz Alberto Oliveira
Físico, cosmólogo, escritor,
palestrante, consultor e curador,
com passagens pelo Centro
Brasileiro de Pesquisas Físicas e
pelo Museu do Amanhã, onde foi
Curador Geral de 2010 a 2020.

Apresentação

A Modernidade alienou os seres humanos do mundo que os cerca: da natureza, das outras pessoas e de si mesmos. Como resultado, o planeta ingressou em uma era de policrise e desequilíbrio natural. A sustentabilidade surgiu como um suposto antídoto para os males presentes e futuros. No entanto, o discurso hegemônico da sustentabilidade está enquadrado dentro das mesmas lógicas modernas que impulsionaram o planeta para esse estado crítico. Portanto, parece cada vez mais improvável que os Objetivos de Desenvolvimento Sustentável (ODS) das Nações Unidas conduzam o mundo a estados planetários desejáveis em que todos os seres – humanos e não-humanos – vivam bem. A sustentabilidade, em um sentido mais amplo de bem-estar planetário, exigirá que os diálogos em andamento sob o prisma moderno se expandam para incluir tanto visões de mundo não modernas (como os conhecimentos indígenas e locais), quanto formas não científicas de interpretação da realidade (como proporcionam as artes, a filosofia e as espiritualidades, religiosas ou não). Essa conversa abrangente pode regenerar as fraturas que romperam as conexões entre as "três ecologias" – do eu, da sociedade e do ambiente – e reintegrar os seres humanos ao mundo, à natureza como um todo.

De fato, assim como ocorreu com a palavra "sustentabilidade", o conceito de "natureza" também ganhou um significado restrito na Modernidade. Em grande parte dos idiomas do mundo, natureza significa o todo, mas para a sociedade moderna passou a significar o "não-humano", o "outro". O conceito de "futuro" também sofreu essa redução: deixou de ser uma dimensão do tempo para se tornar um lugar, uma medida de sucesso.

O Capítulo 1, introdutório, **Dialética como Terapia Contra a Ignorância Moderna que Produz Crises Planetárias**, apresenta o argumento central do livro: a cura das fraturas modernas deve emergir de um diálogo global multissetorial e multiespécies, em um processo dialético no sentido platônico – uma terapia da alma que leva ao conhecimento, superando a ignorância patológica. Natureza, sustentabilidade, diálogos e futuros são as quatro palavras-chaves do livro, exploradas em quatro partes:

- Parte A – Natureza Através dos Tempos;
- Parte B – A Sustentabilidade Emerge;
- Parte C – Aprofundando a Sustentabilidade;
- Parte D – Futuros Sustentáveis.

Será oferecida na **Parte A – Natureza Através dos Tempos**, uma breve visão histórica e filosófica sobre o conceito de natureza – desde a Grécia Antiga até as perspectivas pós-modernas. Está dividida em cinco capítulos.

O Capítulo 2, **Anima Mundi: Natureza e Filosofia na Grécia Antiga**, apresenta as visões e abordagens pré-socráticas, socráticas, platônicas e aristotélicas sobre a natureza. Essas preocupações incluem desde as unidades básicas da vida, os primeiros sistemas de classificação, a astronomia e a cosmologia, até o posicionamento dos seres humanos na Terra e no Cosmos. Nessa época, a filosofia era uma filosofia da natureza, que incluía os humanos como parte integrante.

O Capítulo 3, **Santos, Bruxas e Poetas: Natureza e Religião na Idade Média**, discute como os humanos – especialmente europeus – desenvolveram uma impressão mais forte de controle sobre a natureza, influenciados em grande parte pela religião, no caso, o Cristianismo. A natureza, às vezes, era vista como uma mãe nutridora; em outras ocasiões, como uma tirana punitiva. Como a Idade Média abrangeu cerca de 1.000 anos, certamente não foi uniforme. São exploradas três perspectivas distintas: a religiosa (examinando os pensamentos de Santo Agostinho, São Francisco de Assis, São Tomás de Aquino), a poética (especialmente a literatura de Boccaccio e Chaucer) e a política (caça às bruxas, propriedade e uso da terra).

O Capítulo 4, **Renascimento: Novo Mundo, Nova Natureza, Novos Humanos**, aborda dois grandes eventos na história planetária durante o início da Modernidade: o advento da ciência moderna e a chegada dos colonizadores europeus às Américas. Surge o humanismo, assim como emergem múltiplas contradições. Atenção especial é dada aqui a Américo Vespúcio, que apresento como um precursor ocidental da utopia da sustentabilidade. Esta, por sua vez, se depara com a imensa contradição da colonização europeia das Américas, que resultou na erradicação de muitos povos indígenas locais, na escravização e na degradação da natureza.

O Capítulo 5, **O Divórcio Moderno Entre Natureza e Cultura**, aborda os últimos 300 anos, período em que o mundo eurocêntrico definitivamente se percebeu como superior e capaz de controlar a natureza. A natureza, então, se torna o "outro", o "não-eu", com o qual não se dialoga; uma entidade com a qual os modernos se relacionam como se fora obstáculo ou mercadoria. O humanismo, o reducionismo científico, a industrialização e a Revolução Francesa, juntamente com a crescente sofisticação da ciência, tecnologia e pensamento filosófico, não foram capazes de evitar as múltiplas crises planetárias próprias do período. Na prática, foram parcialmente responsáveis por elas. A sustentabilidade emerge como uma nova visão holística, mas em muitos aspectos permanece confinada ao paradigma moderno.

O Capítulo 6, **Pós-moderno ou Pós-normal? Estamos Mais Distantes ou Mais Próximos da Natureza?**, encerra a Parte A, introduzindo o movimento pós-moderno como uma reação à Modernidade e os tempos pós-normais como um período de transição da Modernidade para um novo estágio, ainda desconhecido. A forma como esse futuro estágio se apresentará depende do que se faz agora. O capítulo discute casos exemplares de diálogo entre ciência e filosofia com visões históricas do todo, abordadas nos capítulos anteriores: (1) teorias científicas relacionadas à biosfera, Gaia e autopoiese; e (2) as abordagens filosóficas à ecologia, conhecidas como ecosofias. Isso faz o elo com a Parte B.

Também teremos cinco capítulos na **Parte B – A Sustentabilidade Emerge**. No Capítulo 7, **Sustentabilidade como Valor Moral Exige uma Nova Ética**, argumento que a sustentabilidade surge no mundo capitalista do pós-guerra como um valor, o que demanda uma nova ética da responsabilidade que ainda não está completamente desenvolvida. Este capítulo discute a Ética Ambiental, os Direitos da Natureza e a Jurisprudência da Terra como os primeiros sinais da emergência de uma nova ética da sustentabilidade.

O Capítulo 8, **Ciência ou Ciências da Sustentabilidade?**, descreve o surgimento da Ciência da Sustentabilidade como resultado do encontro entre várias disciplinas científicas voltadas para dar tratamento a questões complexas de relevância prática e política. O texto também examina a atual divergência entre duas abordagens. A abordagem substancialista se circunscreve ao paradigma moderno, com um olhar para o balanço entre os três pilares da sustentabilidade: social, econômico e ambiental. A abordagem relacional busca dissolver as barreiras que separam os três pilares, adotando uma visão mais holística. Coletivamente, a Ciência da Sustentabilidade é abordada aqui como uma ciência pós-normal que ainda necessita de maior convergência entre diferentes linhas de pesquisa para melhor auxiliar a transição para um estado de bem-estar planetário.

O Capítulo 9, **Quão Sustentável é a Tecnosfera?**, considera a tecnologia tanto como causa da atual crise planetária quanto parte de possíveis soluções. Refletindo sobre transições e transformações sustentáveis, o capítulo discute a noção moderna de inovação, frequentemente centrada em tecnologias voltadas para o lucro e o poder. Exemplos de tecnologias inclusivas e sociais, *design* inclusivo e casos de uso sustentável de tecnologias existentes indicam tanto a ampliação dos horizontes de pesquisa em sistemas sociotécnicos quanto o papel potencial de indivíduos e coletivos na promoção de transições e transformações.

O Capítulo 10, **Políticas e Diplomacia da Sustentabilidade**, examina como a sustentabilidade é tratada como um objeto diplomático e como os acordos multilaterais interagem e influenciam a tomada de decisões nacionais e locais. Os principais atores envolvidos em políticas e diplomacia da sustentabilidade são discutidos: organizações multilaterais, governos, empresas, academia, sociedade civil e consumidores individuais. A convergência entre políticas de desenvolvimento e políticas ambientais foi impulsionada pelas convenções nascidas no Rio de Janeiro, em 1992, dando origem a políticas de sustentabilidade avançadas por meio de um conjunto de acordos globais consolidados. Por fim, o capítulo retrata a década de 2021-2030 como um campo de testes tanto para a ciência quanto para a formulação de políticas.

O Capítulo 11, **Objetivos de Desenvolvimento Sustentável: Pode o Capitalismo Mudar?**, apresenta os 17 Objetivos de Desenvolvimento Sustentável (ODS) das Nações Unidas, acordados em 2015 por 195 países. Esses objetivos combinam metas relacionadas à biosfera, questões sociais e econômicas. A lógica dos ODS é estritamente moderna, uma vez que pressupõe que o crescimento econômico e a industrialização são necessárias para a sustentabilidade. Alternativas pós-desenvolvimentistas aos ODS têm surgido, e algumas delas possuem seus próprios conjuntos de objetivos, metas e lições. Ao compará-las, percebe-se que os ODS apresentam lacunas importantes relacionadas à cultura, à diversidade e às dimensões internas da sustentabilidade. O capítulo explora o potencial de sinergias entre as visões de mundo de desenvolvimento e de pós-desenvolvimento.

Os cinco capítulos na **Parte C – Aprofundando a Sustentabilidade** agregam visões de mundo que geralmente não são abordadas ou engajadas em diálogos pela agenda moderna de sustentabilidade.

O Capítulo 12, **A Virada Interna: Sustentabilidade, Religião e Espiritualidade**, parte da noção de que a razão e a cientificidade, por si só, não produzem as transformações que a própria ciência vem demonstrando serem necessárias para o bem-estar planetário. Assim, há uma necessidade urgente de mudanças em mentalidades, crenças e valores. No entanto, a agenda moderna de sustentabilidade, conforme definida pelos ODS, não inclui dimensões internas nem pessoais. A espiritualidade, independentemente de estar vinculada ou não a afiliações religiosas, é uma dessas dimensões. Diante da retomada do poder da espiritualidade nos dias atuais, inclusive político, ela é um possível motor para a transição para a sustentabilidade efetiva. Exemplos de diálogos em andamento – entre religiões, bem como práticas de atenção plena (do inglês, *mindfulness*) e animismo, com o processo dos ODS – são evidências promissoras de convergência entre atitudes e visões modernas e não modernas.

O Capítulo 13, **Sustentabilidade Ancestral**, examina como as visões de mundo de povos ancestrais se relacionam com o conceito de sustentabilidade, especialmente em relação aos ODS. Muitas diferenças entre visões ancestrais e modernas começam com a perspectiva contrastante que esses povos têm sobre as relações entre os seres humanos e a natureza. Logo, os conceitos de diversidade biocultural e valores relacionais são abordados como chaves para compreender noções equivalentes de sustentabilidade para os povos ancestrais. Casos são analisados, bem como as lacunas nos ODS em relação às aspirações ancestrais e à necessidade de diálogos que incorporem melhor essa diversidade de perspectivas.

O Capítulo 14, **Artes, Cultura e o Imaginário da Sustentabilidade**, examina práticas artísticas que, intencionalmente ou não, expressam noções, informações e/ou sentimentos sobre sustentabilidade. Essas práticas estão aumentando significativamente, o que era esperado já que a transição para a sustentabilidade exige uma transformação cultural. Todavia, os Objetivos de Desenvolvimento Sustentável negligenciam o papel da cultura. A questão central deste capítulo é: como as artes e a cultura tornam a sustentabilidade acessível como tema? Ele conclui com a ideia de que a arte evoca o imaginário da sustentabilidade, inspirando transformações pessoais que resultam em ações sociais voltadas para a busca de bem-estar planetário.

O Capítulo 15, **Sustentabilidade e os Jovens**, examina as atitudes da juventude em relação à sustentabilidade. Há evidências tanto de engajamento quanto de desengajamento da juventude em relação à causa da sustentabilidade. O capítulo inicia discutindo a contestação e o ativismo dos jovens em relação a políticas e poderes insustentáveis. Tais ações cobrem um espectro que vai de movimentos globais – como o *Fridays for Future* de Greta Thunberg – a iniciativas de alcance local, incluindo exemplos de movimentos jovens indígenas e rurais. Em seguida, apresenta casos de desengajamento juvenil em relação às questões de sustentabilidade, examinando possíveis gatilhos, ao mesmo tempo que discute como a conscientização pode ser ampliada. O capítulo reflete sobre visões, expectativas futuras e os imaginários dos jovens acerca da sustentabilidade. Por fim, traça um paralelo entre isso e a abordagem dos ODS para crianças e jovens.

O Capítulo 16, **Difundindo a Sustentabilidade: Comunicação, Educação e Tecnologias Digitais**, aborda o alcance e a comunicação da sustentabilidade sob as perspectivas das tecnologias digitais e da educação formal e informal. Discute os sucessos e desafios desses processos para aumentar a conscientização e impulsionar mudanças de comportamento, partindo da ideia de que a comunicação pode ser sobre, de e/ou para a sustentabilidade. Quando esses diversos elementos são confrontados com os ODS, algumas contradições emergem.

A **Parte D – Futuros Sustentáveis** é dividida em dois capítulos conclusivos. O Capítulo 17, **Regeneração: Fundir, Hibridizar ou Simplesmente Coexistir**, baseia-se nas três partes anteriores do livro e na teoria da emergência de Mario Bunge para propor que é necessária uma maior convergência entre visões de mundo modernas e não modernas, conhecimentos científicos e não científicos, natureza e cultura, humano, natureza e tecnologia, para que o planeta possa, de fato, embarcar em uma trajetória sustentável. A regeneração envolve convergência, que pode ocorrer por meio de fusões, hibridizações ou simplesmente coexistências. O argumento central é que, por meio de um processo dialético, a regeneração é um pré-requisito para a emergência de uma sustentabilidade profunda e para o bem-estar planetário.

Por fim, o Capítulo 18, **Utopia da Sustentabilidade Profunda**, sintetiza algumas das principais mensagens do livro ao tratar a sustentabilidade como uma utopia. Não uma utopia em forma de modelo rígido, como os Objetivos de Desenvolvimento Sustentável, mas como uma bússola, uma mentalidade persistente que sintetiza o passado, o presente e o futuro. Utopias não dizem respeito ao "que funciona", mas sim à alteridade radical, à transcendência do mundo tal como o conhecemos e ao enfrentamento do senso comum. Esse tipo de utopia, no entanto, é construído sobre a práxis da antecipação e regeneração que são impulsionadas pela esperança, e vice-versa. O futuro sustentável vislumbrado neste livro, entretanto, não é um "lugar bom", mas um "não-lugar", já que, na realidade, trata-se apenas de uma orientação. É, portanto, um processo em andamento, inacabado, assim como o são os conceitos, o universo, nós mesmos e qualquer diálogo envolvente e criativo.

Agradecimentos

Nietzsche disse que, no processo de escrita, o escritor incorpora não apenas seu próprio espírito, mas também o espírito de seus amigos. Um livro, portanto, é o resultado de diálogos. Para um livro que tem "Diálogos" em seu título, este é um ponto de partida fundamental. O fato de eu ser o único autor deste volume pode parecer contraditório a esse princípio. Permita-me, então, explicar. Senti-me compelido a escrever sobre coisas que aprendi a partir de uma multiplicidade de diálogos, e aprender é majoritariamente um processo pessoal. É a síntese da pessoa sobre sua relação com seres do passado, presente e futuro. Não só seres humanos, mas também nos relacionamos, engajamos e aprendemos com amigos não-humanos: paisagens, plantas, animais, instituições, artes – tudo. Trata-se também de dialogar com o eu interior: escrever estas linhas muitas vezes pareceu como tentar explicar a mim mesmo o que uma vida inteira de conversas me ensinou. Outras vezes, parecia que eu estava tendo um bate-papo descontraído com amigos. Houve momentos em que me vi na sala de aula, ocasionalmente como professor, mas mais frequentemente como aluno (essa distinção sempre foi vaga para mim, de qualquer forma). Em outras ocasiões, fui transportado para lugares, revisitei sonhos, revivi o mundo sensorial da minha infância. Até senti uma nostalgia paradoxal do futuro. Como você pode julgar a partir destas observações iniciais, minha lista de agradecimentos poderia facilmente se transformar em outro livro. Prometo não impor isso a você e limitar-me a agradecer àqueles que me ajudaram diretamente durante a produção deste livro.

A versão original em inglês traz agradecimentos a pessoas amigas e instituições que foram fundamentais à construção desse trabalho. Meu professor, Ulrich Lüttge, fez uma detalhada revisão crítica do texto, bem como o prefácio daquela edição. Alexandro Solórzano e José Maria Cardoso da Silva revisaram o conceito original e trouxeram importantes sugestões. Anna Carolina Fornero Aguiar, Beatriz Lima Rangel Carneiro e Silvia Mansur de Oliveira revisaram capítulos específicos e os nutriram com ricos conteúdos. Aliny Patrícia Flauzino Pires gentilmente inspirou, esboçou e revisou figuras daquela edição, além de revisar capítulos. Luiz Guilherme Vergara me ensinou sobre o caráter pragmático das utopias e Ebba Brink me alertou para a dimensão interior da sustentabilidade. Nos Programas de Pós-Graduação em Ecologia (UFRJ), Ciências Ambientais e Conservação (UFRJ), Formação e Transformação em Futuros (UFRJ) e Ciência da Sustentabilidade (PUC-RJ), várias das ideias aqui contidas foram ensaiadas e discutidas. Agradeço também aos meus amigos e amigas no Laboratório de Limnologia da UFRJ: Francisco Esteves, Laísa Freire, Reinaldo Bozelli, Vinícius Farjalla, Deia dos Santos e toda a equipe técnica e de estudantes, a quem agradeço pelo acolhimento, pela parceria, ensinamentos e também a compreensão diante das minhas frequentes ausências.

Este livro foi escrito no âmbito da Cátedra Unesco de Bem-Estar Planetário e Antecipação Regenerativa, no campo da Alfabetização em Futuros, hospedada pelo Museu do Amanhã, no Rio de Janeiro desde janeiro de 2023. O Museu é um equipamento cultural da Prefeitura do Rio, gerido pelo Instituto de Desenvolvimento e Gestão (IDG). A Cátedra surgiu como uma parceria entre o Museu, o IDG, a UFRJ (o Colégio Brasileiro de Altos Estudos e o Instituto de Biologia), o Museu do Amanhã Internacional (MOTI) e tem contado com o generoso apoio do Instituto Humanize e da Fundação Porticus. Agradeço confiarem em mim para liderar este incrível projeto. Sou extremamente grato aos meus queridos amigos Ricardo Piquet, Cristiano Vasconcellos, Daniela Alfonsi, Daniel Bruch, Isabella Carneiro, Natália Cunha, Luciana Felix, Sergio Mendes e Raquel Verdenacci no IDG. O projeto nasceu da inspiração dos amigos Alexandre Fernandes, Raul Correia-Smith e Ana Paula Teixeira; do entusiasmo das lideranças da UFRJ, Ana Célia Castro, Rodrigo Soares Moura Neto, Denise Pires de Carvalho, Carlos Frederico Leão Rocha (ex-reitores) e Roberto Medronho (atual reitor); e da orientação dos amigos da Unesco Brasil, Marlova Jovchelovitch-Noleto e Fabio Eon. As equipes que fazem a Cátedra funcionar, sob a batuta de Nina, Beatriz, Anna, Vitória e Luana, estarão sempre muito próximas do meu coração. Ao agradecer Caetana, Camila e Duda, agradeço a toda a equipe do IDG e do Museu do Amanhã.

Gostaria também de agradecer aos meus amigos do Selvagem Ciclo de Estudos (Dantes Editora), do projeto Fé no Clima (Instituto de Estudos da Religião-ISER), do Instituto LivMundi, do projeto "Artes, Ciências, Espiritualidades" (UFF) e a Ernesto Neto e sua equipe, pela oportunidade de aprender com povos indígenas, grupos religiosos e artistas.

Esta versão em português contou com o carinho editorial da Isabel Valle e sua equipe na Bambual Editora, com o apoio decisivo do Vitório Wendt Scarano na tradução e revisão atenta.

Por último, mas definitivamente não menos importante, um grande agradecimento também à família e aos amigos – no sentido mais amplo que estas duas palavras possam ter.

Sumário

CAPÍTULO 1

Dialética como Terapia Contra a Ignorância Moderna que Produz Crises Planetárias

1.1 Introdução

A sociedade moderna frequentemente acredita que palavras, linguagem e, especialmente, conceitos podem "tocar" a realidade. O filósofo alemão Hans Blumenberg (1920–1996) pensava de outra forma. Para ele, "a relação humana com a realidade é indireta, circunstancial, atrasada, seletiva e, acima de tudo, 'metafórica'" (Blumenberg 1971, p. 187). Isso estaria relacionado ao fato de que, segundo ele, os conceitos "têm algo a ver com a ausência de seu objeto" ou "com a falta de representação completa do objeto" (Blumenberg 1975, p. 255). Desta forma, conceitos são trabalhos em andamento, estágios transitórios, ao invés do cumprimento das intenções da razão. Como consequência, Blumenberg afirma que "a consumação de um conceito interfere ou até inibe as reivindicações da razão" e, portanto, "os conceitos devem possuir suficiente indeterminação para ainda captar experiências que se aproximam" (Blumenberg 1975, p. 257).

A "Teoria da Não-Conceitualidade" de Blumenberg (1975) emerge desses princípios e está muito alinhada às noções de Henri Bergson (1859–1941) sobre conceitos e tempo. Bergson argumentava que era necessário libertar-se dos conceitos para recuperar a consciência sobre a realidade. Conceitos fluidos e abertos são mais capazes de lidar com o futuro. Ele afirmou que "a eternidade do futuro" (ou do tempo) se opõe à "eternidade do conceito" (Bergson 1901-2/2019, p. 22). E o futuro – ou, mais amplamente, o tempo – também é essencial para o argumento deste livro.

O tempo, como "duração", termo que Bergson gostava de usar, pressupõe continuidade. No entanto, segundo o filósofo italiano Paolo Rossi (1923–2013), a prática da ciência moderna, com sua suposta visão inovadora e orientada para o futuro, trata de esquecer a história (Rossi 1991/2010). Esse esquecimento tem implicações negativas derivadas de uma continuidade interrompida e também foi tema para Martin Heidegger (1889–1976), como será discutido no Capítulo 2 (Heidegger 1927/2012).

Mas o que exatamente os modernos estão esquecendo? Valores e ideias do passado europeu, mas também a maioria das visões de mundo e experiências não europeias e não modernas. Isso não é ausência de conhecimento, mas esquecimento ou negligência - uma ignorância que muitas vezes culturalmente e politicamente induzida (Schiebinger 2004). O estudo desse tipo de ignorância é o que o historiador da ciência Robert Proctor (1954–) chama de "agnotologia" (Proctor 2008), outra abordagem-chave adotada neste livro. Para curar os males presentes e futuros causados pelas múltiplas crises planetárias, cabe acessar visões ancestrais. "Futuro ancestral" (Krenak 2022) é justamente o título de um livro do líder indígena e filósofo brasileiro Ailton Krenak (1953–), outra grande inspiração para este trabalho.

Minha tese é que, tanto para nos lembrarmos quanto para termos uma nova compreensão da realidade, precisamos de um diálogo global multilateral e multiespécies, em um processo dialético no sentido platônico: uma terapia para a alma que conduz ao conhecimento e supera a ignorância patológica (Stephens 1993). Meu argumento central, aqui e ao longo do livro, é que, para superar a ignorância que leva à crise, a sociedade deve recorrer a diálogos que abordem os três conceitos-chave deste milênio: natureza, sustentabilidade e futuro. Principalmente, deve fazê-lo com abertura suficiente para aprender com novas experiências e lembrar as antigas, mesmo quando diferenças surgem. Esses três conceitos (ou não-conceitos) estão em disputa. Ao contrário das recomendações de Bergson e Blumenberg, eles adquiriram definições muito estreitas e hegemônicas pela sociedade moderna, o que explica, pelo menos em parte, a policrise planetária atual. Hegemonia, segundo Antonio Gramsci (1891–1937), implica a política e a produção de conhecimento que corroboram a visão de mundo dos que estão no poder (Gramsci 1932). Se é um poder hegemônico que tem conduzido o planeta à atual policrise, essa hegemonia deve ser revisitada e desafiada, proponho, em um estilo dialético platônico.

Este livro revisita a história (tanto a oficial quanto a silenciada), a filosofia, a ciência, a política e a prática em torno desses três conceitos para afirmar que, como sociedade planetária, precisamos abordá-los de forma mais aberta (como "não-conceitos"), o que, por sua vez, exige diálogos. Concordo com Ludwig Wittgenstein (1889–1951) que "o que pode ser dito, pode ser dito claramente" (Wittgenstein 1921, p. 34). Podemos falar e escutar claramente sobre natureza, sustentabilidade e futuro? Para abordá-los, é necessário um grau de abertura que, eventualmente, evoque outras palavras, metáforas, particularmente porque os conceitos originais foram sequestrados por visões hegemônicas. Gaia, regeneração e futuros (no plural) frequentemente se destacam como metáforas para os três conceitos mencionados, sempre que se deseja sinalizar visões mais amplas do que as hegemônicas. Portanto, aparecem com frequência ao longo deste livro e também são introduzidos neste capítulo.

1.2 Natureza

Em sua extensa obra, Bruno Latour (1947–2022) argumenta que a natureza se tornou "o outro" para os humanos modernos (Latour 2004, 2017, 2018). Desta forma, em um sentido mais amplo, a palavra "natureza" se referiria a tudo que é não-humano, enquanto, em um sentido mais estrito, incluiria outras espécies, ecossistemas e os quatro elementos. No entanto, quando se observa a etimologia da palavra "natureza", esse não é o sentido original.

Ducarme et al. (2020) pesquisaram 76 línguas faladas por cerca de 7 bilhões de pessoas e identificaram 20 morfemas (ou raízes etimológicas) agrupados em quatro categorias: línguas com uma palavra própria para expressar "natureza"; línguas que emprestam a palavra de outra língua; línguas sem equivalente direto para "natureza"; e línguas em que a palavra "natureza" significa "mundo". Um exame detalhado dos significados etimológicos em idiomas falados pela maioria das pessoas na Terra (Tabela

1.1) revela que, com mais frequência, a palavra está associada a processos presentes tanto em seres humanos quanto não-humanos (como nascimento, crescimento, reprodução, caráter) ou a um todo (mundo, unidade, ordem). O caso mais comum é o último (12 morfemas). Coscieme et al. (2020), paralelamente, usaram outro método para investigar a palavra "natureza" em 60 idiomas distintos e encontraram resultados ligeiramente diferentes dos de Ducarme et al. (2020). Eles agruparam seus achados em três categorias: línguas nas quais os humanos são vistos como parte integrante da natureza; línguas em que a natureza possui uma dimensão divina ou espiritual; e, distinto do resultado de Ducarme e colaboradores, poucas línguas nas quais os humanos são separados da natureza. Diante das pequenas diferenças entre os dois conjuntos de resultados, o que se destaca é que o significado moderno e hegemônico hoje atribuído à palavra "natureza" (equivalente ao "não-humano"), praticamente inexiste no sentido original da palavra nas diversas línguas do planeta.

Tabela 1.1. Significado moderno e hegemônico vs. alguns significados etimológicos da palavra "natureza", com base em um estudo sobre 76 idiomas diferentes (adaptado de Ducarme et al. 2020).

Natureza	
Significado moderno, hegemônico	O não-humano, o outro (outras espécies etc.)
Línguas faladas por ~ 6 bilhões de pessoas	**Significados etimológicos**
Latim e idiomas influenciados pelo latim	O fenômeno abstrato do nascimento
Chinês, japonês, coreano, vietnamita	Espontaneidade
Línguas do norte da Índia	Proliferação, crescimento contínuo
Urdu/Punjabi e línguas indianas muçulmanas relacionadas	Poder, regularidade, ordem
Línguas eslávicas	Reprodução, geração
Línguas semíticas, línguas altaicas e iranianas com influência muçulmana	Marca original, caráter
Outras línguas selecionadas	**Significados etimológicos**
Kiswahili e línguas malaias	Mundo
Finlandês	Poder interior
Armênio	Unidade original
Mongol	Propriedade do todo
Línguas ameríndias e polinésias	Sem equivalente à palavra "natureza"

Entretanto, hegemonias estão longe de serem unanimidades, mesmo em contextos modernos. Stålhammar e Brink (2020) encontraram uma variedade de percepções sobre a natureza na comunidade da favela da Rocinha, no Rio de Janeiro. Muitas dessas percepções indicavam conexões dos entrevistados com a natureza, relacionadas a modos de vida tradicionais, fé, cultura, lazer, cidadania, entre outros. Essa diversidade biocultural parecia surpreendente, dado que muitos associam favelas à degradação ambiental e ao risco de desastres. O moderno esqueceu o significado histórico da palavra natureza, assim como negligencia noções locais sobre o que ela é – exatamente como Heidegger, Rossi e Proctor argumentavam.

Latour (2018) diz que o fato da atual visão hegemônica da natureza como algo não humano faz com que o uso da palavra "natureza" não seja mais útil para tratar politicamente de como lidar com a crise planetária global. Deveríamos, portanto, buscar uma "Política de Gaia". Gaia – a antiga deusa grega da Terra (ver Capítulo 2) e também o nome de uma teoria postulada por James Lovelock e Lynn Margulis sobre a capacidade autorregulatória da vida e a interdependência e interconexão de toda a vida na Terra (ver Capítulo 6) – representaria uma metáfora para a vida como unidade e totalidade. Latour provavelmente está certo, se considerarmos que algumas das pessoas que vivem em maior harmonia com a natureza – como os ameríndios e os povos originários das Ilhas do Pacífico – não têm equivalente para a palavra "natureza" em seus idiomas (Tabela 1.1). A Parte A deste livro (do Capítulo 2 ao 6), *Natureza Através dos Tempos*, examinará como essa separação entre os seres humanos modernos e a natureza ocorreu e suas consequências.

1.3 Sustentabilidade

Até 2007, havia estimativas que identificavam cerca de 300 definições de "sustentabilidade" e de "desenvolvimento sustentável" (Johnston et al. 2007). Esses dois conceitos possuem histórias diferentes (Tabela 1.2), mas hoje costumam ser usados como sinônimos (Salas-Zapata et al. 2017). A aparente confusão conceitual em torno deles tem inspirado tentativas acadêmicas de restringir seus significados a definições mais precisas (Salas-Zapata e Ortiz-Muñoz 2019, Ruggerio 2021).

No entanto, o termo "sustentabilidade" tornou-se de uso comum. Ele aparece em documentos governamentais, em políticas de grandes corporações, em uma vasta quantidade de publicações científicas e em diversas iniciativas da sociedade civil (Bettencourt e Kaur 2011). Paralelamente, também é comumente associado à retórica de *greenwashing* (Saha e Darnton 2005, Robinson 2012) e ao ceticismo dos consumidores em relação a rótulos verdes ou sustentáveis (Leonidou e Skarmeas 2017). Eu já argumentei (Scarano 2019b) que o uso e o abuso desse termo indicam que a sustentabilidade se tornou um valor (veja também o Capítulo 7), já que é muito utilizada para tentar convencer as pessoas sobre a qualidade de um determinado produto ou ação. Ramsey (2015) postula que essa confusão conceitual não é razão para abandonar o termo "sustentabilidade", mas sim para não tentar defini-lo, o que está alinhado, em certo grau, com a teoria da não-conceitualidade de Blumenberg.

Além disso, a adoção dos Objetivos de Desenvolvimento Sustentável (ODS) pela Assembleia Geral da Nações Unidas (ONU), em 2015, fez com que para muitos os conceitos de "sustentabilidade" e "desenvolvimento sustentável" fossem usados indistintamente, e se consolidassem ainda mais como sinônimos (Purvis et al. 2019). O alinhamento dos ODS com o tripé da sustentabilidade (social, econômica e ambiental) tem sido percebido por muitos como não inclusivo (Virtanen et al. 2020), já que sua premissa de crescimento econômico permanece exclusivamente moderna (Nature Editorial 2020). O recente surgimento dos Objetivos do Bem Viver (Buen Vivir, Hidalgo-Capitán et al. 2019), dos Objetivos de Desenvolvimento Interior (Kemp e Edwards 2022) e de reinterpretações setoriais em nível nacional (como no caso do Brasil, para a Educação; Cabral e Gehre 2020) me parecem menos como peças de resistência e mais como tentativas de provocar diálogos abertos com a ONU.

Tabela 1.2. Breve história dos conceitos de sustentabilidade e desenvolvimento sustentável (amplamente baseada em Purvis et al. 2019).

Período	Noção
Final do século XVII / início do século XVIII	Conceito de rendimento sustentável na silvicultura, em resposta ao declínio de recursos
Final do século XVIII / início do século XIX	Economistas clássicos (Smith, Ricardo, Malthus) questionaram os limites do crescimento econômico e populacional
Final do século XIX / início do século XX	Naturalistas e ecologistas debatem a conservação da natureza por si mesma ou para garantir a oferta sustentável de recursos
1972	O relatório "Limites do Crescimento", do Clube de Roma, argumenta a favor de um "sistema mundial... que seja sustentável"
1972-1975	Os editores do *The Ecologist*, o Conselho Mundial de Igrejas e o Partido Ecológico (britânico) argumentaram pela criação de uma "sociedade sustentável"
1972-1978	A noção de Ecodesenvolvimento emerge na Conferência das Nações Unidas (ONU) em Estocolmo, em 1972, e evolui para a definição de Ignacy Sachs, em 1978: "uma abordagem de desenvolvimento voltada para harmonizar objetivos sociais e econômicos com a gestão ecológica, em espírito de solidariedade com as gerações futuras"
1985-1987	O termo "desenvolvimento sustentável" aparece em algumas publicações científicas e se consolida pelo "Relatório Brundtland", o relatório "Nosso Futuro Comum" da ONU: "desenvolvimento que atende às necessidades do presente sem comprometer a capacidade das gerações futuras de atenderem às suas próprias necessidades"
Desde 1992	"Sustentabilidade" e "desenvolvimento sustentável" são incorporados às convenções globais da ONU, amplamente baseados no "paradigma dos três pilares": o equilíbrio entre os pilares social, econômico e ambiental
Atualmente	Percebida por muitos como um antídoto para os males do cenário contemporâneo de policrise e operacionalizada pelos ODS (Garren e Brinkmann 2018), por outros como uma plataforma para legitimar políticas neoliberais globalizadas (Tulloch 2013) e, ainda, por outros, como não inclusiva de visões de mundo não modernas (Virtanen et al. 2020)

O que se quer dizer ao usar a palavra sustentabilidade? Sustentabilidade do planeta e de todas as formas de vida que nele habitam? Do estilo de vida hegemônico, independentemente de como os outros se sentem a respeito? Da nossa espécie, sem considerar as demais? As aspirações dos ODS pretendem "sustentar" o capitalismo ou o planeta? (ver também o Capítulo 11). Diante de tais controvérsias e disputas, "regeneração" e "bem-estar planetário" emergem como metáforas atuais e concorrentes ao termo "sustentabilidade" (Scarano 2019a, Gibbons 2020, Kortetmäki et al. 2021, Poelina et al. 2022): regeneração como processo e bem-estar planetário como bússola. A regeneração aplica-se à reparação de sistemas, relações e direitos, sendo, portanto, inclusiva de outras visões de mundo, em contraste com a noção mais restrita (moderna, capitalista) de desenvolvimento sustentável. O bem-estar planetário, por sua vez, inclui todos os humanos e não-humanos, sendo utilizado atualmente para evitar a confusão com o significado menos inclusivo que sustentabilidade adquiriu, dada sua apropriação pelo capitalismo.

A Parte B deste livro (do Capítulo 7 ao 11), **A Sustentabilidade Emerge**, examina com mais profundidade a história e as controvérsias em torno do conceito de sustentabilidade e suas relações com a ciência, tecnologia, ética e políticas públicas.

1.4 Futuro

Em 2014, Zygmunt Bauman, em visita ao Brasil, afirmou em uma entrevista que "vivemos o fim do futuro". Outros chamariam isso de a "morte da utopia" (como Gray 2007). Um momento no tempo em que muitos futuros pensados para a humanidade – o futuro *hippie*, o futuro marxista, o sonho americano, entre outros – pareciam ter fracassado e deixado de ser opção (Scarano 2019a). O futuro, na visão hegemônica moderna, é uma medida de sucesso. À medida que utopias do passado falharam e projeções científicas sugerem cenários futuros sombrios, o futuro capitalista bem-sucedido deixou de existir. Esse sentimento de "fim do futuro" é típico dos tempos pós-normais (Capítulo 6), que são períodos marcados por mudanças aceleradas e transições. No caso do nosso tempo presente – caracterizado por globalização, mudanças climáticas, policrise, comunicação e transporte em alta velocidade – se verifica um estado em que contradições, caos e complexidade prevalecem (Sardar 2010). A declaração comumente citada de Funtowicz e Ravetz (1991, p. 138) de que em tempos pós-normais "os fatos são incertos, os valores estão em disputa, os riscos são altos e as decisões são urgentes" também é muito apropriada para o contexto deste livro. Conceitos (como natureza) não devem ser percebidos e operacionalizados como fatos, especialmente considerando que os valores estão em disputa (como a sustentabilidade), porque os riscos são altos (por exemplo, no embate entre a hegemonia capitalista moderna vs. outras visões de mundo) e as decisões são urgentes, dado o sentimento de fim do futuro causado pelas crises planetárias (climática, de biodiversidade, humanitária, de saúde, econômica, e, sobretudo, de imaginação).

E quanto à ciência? Ela não deveria resolver tudo isso? A ciência moderna se destaca em práticas de previsão e projeção. Em 2012 havia projetado que lugares com alta biodiversidade, grandes populações humanas, pobreza e degradação ambiental seriam propensos a surtos epidêmicos ou pandêmicos de doenças zoonóticas (Morse et al. 2012). No entanto, a sociedade não agiu de forma antecipada à pandemia de covid-19. Exercícios de construção de cenários não preveem mais emissões de gases de efeito estufa no modelo de *business as usual* como uma opção viável (IPCC 2013), mas a sociedade bate recordes de emissões todos os anos, enquanto desastres climáticos se intensificam. Existem ações significativas a ponto de estagnar ou reverter, em escala planetária, as mudanças climáticas. Em outras palavras, nós prevemos, projetamos, mas não antecipamos com tomada de ação efetiva. É quase como se não sentíssemos os problemas se aproximando ou como se tivéssemos a sensação de que – no máximo – iremos apenas assisti-los acontecer pela televisão ou *internet*. Até que aconteçam.

Nosso presente parece colonizar nosso futuro. Temos dificuldade em pensar em alternativas, especialmente as mais positivas. No entanto, o futuro não existe. Como Platão argumentava, ele é principalmente uma referência imaginária que se faz importante para inspirar o nosso melhor no presente. Não o contrário. O tempo é único, um contínuo eterno, uma duração, um só tempo, como Bergson (1901-2/2019) definia. O tempo cronológico, linear, é pura abstração que, por exemplo, muitos povos ancestrais, como os inuítes norte-americanos, não seguem (Bates 2007). Os sonhos não devem ser silenciados pela ansiedade em relação ao tempo cronológico. Se as utopias do século XX estão "mortas", definitivamente é hora de criarmos novas.

A utopia da sustentabilidade, portanto, está em jogo. Existem dois tipos de utopias (Bregman 2017). A utopia "programática" (do inglês, *blueprint*) projeta um futuro com regras imutáveis, enquanto a utopia "aberta" – como os conceitos abertos propostos por Bergson e Blumenberg – desbloqueia futuros desejáveis. O termo "futuros" destaca-se como uma metáfora para o potencial de coexistência de múltiplos futuros desejados em vez de um único futuro onde hegemonias dominam as chamadas minorias. Os ODS oferecem uma utopia modelo, um programa (Capítulo 11), e meu argumento neste livro é que tal utopia deve ser aberta por um diálogo multicultural e multiespécies, no sentido platônico: um que amplie o conhecimento, o acordo e, em última análise, cure o planeta dos males causados pela Modernidade. Claro que, como a ciência moderna ainda é a forma predominante de interpretação da realidade na Modernidade, esse diálogo deve incluí-la. Contudo, deve também fazê-lo com outras perspectivas, para ir além da perspectiva hegemônica sobre natureza e sustentabilidade que atualmente coloniza nossos futuros. Este é o tema da Parte C do livro, que examina os diálogos existentes e potenciais da sustentabilidade com as artes (Capítulo 12), a religião e a espiritualidade (Capítulo 13), as culturas ancestrais (Capítulo 14), os jovens (Capítulo 15) e os meios de promover e difundir esses diálogos (Capítulo 16). A Parte D, a seção conclusiva, contém dois capítulos (17 e 18) sobre futuros e utopias.

1.5 Considerações Finais: Metáforas

"A 'transferência' linguística nos permite dar forma material ao invisível (...) e, assim, torná-lo capaz de ser experimentado." Esta afirmação de Hannah Arendt (1968, p.166) explica por que, neste Capítulo e ao longo do livro, não proponho que abandonemos conceitos como natureza, sustentabilidade e futuro. Argumento, em vez disso, que experimentá-los é incompleto e insatisfatório enquanto permanecem sequestrados por hegemonias modernas. Uma suposta precisão, e eventualmente até mesmo uma atribuição normativa a esses conceitos, achatam sua multidimensionalidade original. Arendt continua: "as metáforas são os meios pelos quais a unidade do mundo é poeticamente trazida à tona" (p.166). Por isso, metáforas como Gaia, regeneração, bem-estar planetário e futuros são mais atraentes para alguns do que os conceitos de propriedade hegemônica. Meu argumento – em complemento à visão de Blumenberg e Arendt (veja Bajohr 2015 para um estudo comparativo entre os dois filósofos) – é que as metáforas são uma resposta aos conceitos hegemônicos e, à medida que surgem, abrem perspectivas e provocam diálogos que podem tanto revisitar quanto reivindicar os conceitos originais. Além disso, as metáforas hoje em uso e aquelas que possam vir a surgir à medida que o diálogo continuar, também podem evoluir para ter uma vida própria, substituir conceitos existentes, se tornar sinônimos deles, ou simplesmente submergir. O significado, de acordo com Wittgenstein (1953), é o significado-em-uso, então, para que esses conceitos recobrem a abertura que um dia tiveram e se ampliem ainda mais, devem estar envolvidos em diálogos. Este livro é minha tentativa nessa direção.

Parte A

Natureza através dos tempos

CAPÍTULO 2

Anima Mundi: Natureza e Filosofia na Grécia Antiga

2.1 Introdução

Bertrand Russell (1872-1970) dizia que a atividade intelectual que se estendeu por dois séculos na Grécia Antiga foi um dos eventos mais espetaculares da história. Sua ciência, filosofia e artes estabeleceram as bases da civilização ocidental (Russell 1959/2017). Martin Heidegger - apreciador da filosofia pré-socrática - afirmou, no entanto, que esse grande início do pensamento ocidental foi posteriormente esquecido ao longo da história (veja também Heidegger 1952 e Seidel 1966 para um estudo detalhado sobre Heidegger e os pré-socráticos). Em sua visão, o desenvolvimento da metafísica ocidental foi um processo degenerativo de "esquecimento do ser" (veja também o Capítulo 1). Esse esquecimento, segundo ele, teve ao longo da história implicações negativas para a própria essência do ser humano (Heidegger 1927). À medida que esquecemos o ser, argumento eu, também esquecemos nossa natureza e a natureza como um todo. Isso está provavelmente relacionado ao que Hannah Arendt (1906-1975) mais tarde chamaria de "dupla alienação", da Terra e do mundo que nos cerca (Macauley 1996b). Creio que de fato se trata de uma tripla alienação humana: da natureza não-humana, dos outros humanos e de si mesmo (veja também o Capítulo 7).

Decorre que a percepção pré-socrática da natureza como todo, e dos seres humanos como parte desse conjunto, foi esquecida ao longo da história ocidental, que nos alienou do mundo ao nosso redor e de nossa própria essência. Em última instância, isso trouxe o planeta ao

Antropoceno[1]. Curiosamente, no entanto, o pensamento pré-socrático é de muitas maneiras compartilhado não apenas por alguns filósofos modernos como Heidegger, mas também por povos ancestrais do mundo, como os ameríndios, e até pela ciência moderna, quando se considera, por exemplo, alguns aspectos da teoria de Gaia de Margulis e Lovelock (veja os Capítulos 4, 6, 8 e 11).

Este Capítulo introduz a Parte A deste livro apresentando alguns dos pensamentos pré-socráticos sobre a natureza. Em seguida, discute como esse processo de esquecimento do ser e da natureza começa na Grécia Antiga, logo após o período pré-socrático. Esse processo está de certa forma relacionado à linguagem e ao significado. A polissemia da palavra natureza e seus equivalentes em muitas línguas do mundo (Coscieme et al. 2020, Ducarme et al. 2020, veja também o Capítulo 1) já estava presente na Grécia Antiga. Dos pré-socráticos até Aristóteles, o termo *physis* (hoje traduzido de forma mais direta como "natureza") já dispunha de uma variedade de significados, tais quais (1) crescimento e transformação da vida, (2) origem ou nascimento, (3) natureza interna (em oposição a propriedades acidentais), (4) o substrato material do mundo, (5) a soma de todos os seres que se autogeram (Röck 2016). Este autor mostra que *physis* transitava entre ser e vir a ser, e entre essência e matéria durante o período de 640 a 320 a.C. Este Capítulo também introduz as várias abordagens gregas sobre diálogos e dialética, que também estão no cerne da argumentação deste livro.

2.2 Natureza Pré-Socrática

Os pensadores pré-socráticos são vistos como aqueles que "descobriram" a natureza (Naddaf 2010) e, como tal, são amplamente reconhecidos como os fundadores da filosofia ocidental e da ciência (Theodossiou e Manimanis 2010). Assim, eles são ponto de partida para a Parte A deste livro. Cornford (1932) argumentou que a ciência começou quando

1 Ainda que em março de 2024, os integrantes da União Internacional de Ciências Geológicas tenham oficialmente rejeitado o reconhecimento do Antropoceno como nova era geológica, o fato é que o termo já se popularizou e segue sendo empregado em vários campos. O termo diz respeito ao momento atual da história geológica do planeta, no qual o impacto do ser humano sobre ele é tal que vários indicadores planetários saíram de seu estádio médio (Capítulo 7).

os pré-socráticos entenderam o universo como um "todo natural", em vez de ser parcialmente natural e parcialmente sobrenatural. Além disso, em suas palavras, esse todo natural tem "modos imutáveis próprios – modos que podem ser determinados pela razão humana, mas que estão além do controle da ação humana" (p.8). Claramente, essa noção de que a natureza está além do controle humano (posteriormente reafirmada tanto por Platão quanto por Aristóteles) foi completamente esquecida na Modernidade (Capítulo 5).

Esses primeiros filósofos/cientistas estavam amplamente preocupados com o caráter básico das coisas, seu elemento fundamental (Theodossiou e Manimanis 2010, Nicolaides 2017). Eles também se interessavam pela ordem, o que pode ser relacionado ao fato de que percebiam o mundo como um único organismo vivo, um sistema orgânico (Röck 2016).

O Capítulo 1 apresentou a teoria da não-conceitualidade de Hans Blumenberg como um dos fios condutores para o argumento deste livro, e o pensamento pré-socrático é um marco importante nesse sentido. Em parte por causa da polissemia que se desenvolveu em torno da palavra natureza (ou *physis*), mas também por causa das potenciais implicações de alguns dos pensamentos desse período (longamente esquecido) para as questões contemporâneas abordadas por este livro, nomeadamente sustentabilidade e futuros. Tome, por exemplo, Heráclito. Embora Hegel (1770-1831) seja conhecido como o pai da dialética como método lógico, para ele, Heráclito foi o precursor dessa prática como algo mais do que uma técnica para promover a reflexão (Zwart 2022). Heráclito apresenta a natureza como inerentemente dialética: trata-se menos de "ser" do que de "tornar-se" (William 1985). Segundo ele, "a natureza adora se esconder" (Robertson 2017). No entanto, o filósofo exalta a diversidade de opinião e pensamento – algumas podem ser mais verdadeiras que outras, mas a diversidade é importante para uma dialética transformadora (Williams 1985).

A Tabela 2.1 é uma tentativa de sintetizar 250 anos de uma empolgante época de curiosidade, imaginação e descobertas. Ela mostra que o período pré-socrático foi altamente prolífico em teorias sobre a natureza. Muitos desses pensamentos permaneceram influentes e foram parcialmente ou totalmente revisados e incorporados pela ciência moderna, de

Charles Darwin (1809-1882) a Albert Einstein (1879-1955), a Lynn Margulis (1938-2011) e James Lovelock (1919-2022), e pela filosofia moderna, de Martin Heidegger a Bruno Latour. Se fosse necessário sintetizar ainda mais o rico pensamento deste tempo, eu proporia a seguinte narrativa:

> *Nada é puro, tudo é parte de tudo (Anaxágoras), mas tudo é feito da mesma coisa (Tales), o que torna a natureza una (Parmênides). A pluralidade – apesar de toda a bela diversidade planetária – é, portanto, uma ilusão (Zenão), particularmente porque todo ser também está "tornando-se" (Heráclito). Mesmo que reduzamos todos os elementos e seres a um grupo de átomos cercados por vácuo (Demócrito), ou a equações (Pitágoras), a unidade prevalece devido ao amor, como sendo a "cola" predominante (Empédocles).*

Minha conclusão é que a diversidade se torna uma só e inteira quando o amor predomina como força unificadora.

Tabela 2.1. Pensadores pré-socráticos e suas percepções sobre a natureza (com base em Nicolaides 2017).

Pensador	Período a.C.	Principais Pensamentos
Tales	c. 624-545	A água é a substância primordial. Apesar da diversidade, tudo é feito da mesma coisa.
Anaximandro	c. 610-540	O infinito, por ser neutro, é a substância primordial.
Anaxímenes	c. 588-524	O ar é a substância primordial.
Pitágoras	c. 570-495	As coisas são números: o princípio subjacente da natureza é matemático.
Heráclito	c. 540-480	Tudo está em um estado de 'vir a ser', ao invés de 'ser'. O fogo é a substância primordial.
Parmênides	c. 515-445	A natureza é uma e imutável.
Anaxágoras	c. 500-428	Nada é puro. Em tudo há uma parte de tudo.
Empédocles	c. 495-435	A natureza é composta por quatro elementos (ar, terra, fogo, água) e duas forças (amor e discórdia).
Zenão	c. 490-430	Unidade: a pluralidade é uma ilusão.
Demócrito	c. 460-370	Átomos: as menores partículas da matéria cercadas por vácuo.

2.3 Sócrates, Platão e a Natureza Humana

Essa minha narrativa sobre o pensamento pré-socrático não é de forma alguma cronológica. Como este livro percebe o tempo como não linear, sigo a leitura de Russell (1959/2017), de que qualquer tentativa de descrever o pensamento da humanidade (ocidental ou não) a partir de uma perspectiva cronológica falhará. Embora os capítulos nesta primeira seção estejam organizados por períodos cronológicos, dentro e entre os capítulos, eu me movimento para frente e para trás no tempo linear no que diz respeito tanto aos autores quanto às ideias. Valores e ideias não respeitam a linearidade do tempo. Eles podem se tornar hegemônicos ou podem ser esquecidos ou silenciados, mas não morrem simplesmente.

Alguns poderiam argumentar que o pensamento pré-socrático se tornou cada vez mais materialista, como se pode perceber na fase atômica tardia com Demócrito. Em reação a isso, os sofistas como Protágoras (c. 490-420 a.C.) e Górgias (c. 483-375 a.C.) colocaram a questão humana em evidência e pavimentaram o caminho para o humanismo de Sócrates (c. 469-399 a.C.) (Demirci 2012). De fato, ele que não era por si só um sofista, emerge como uma reação à deriva materialista da filosofia pré-socrática tardia (Cornford 1932) e, com ele, a questão sobre a presença dos humanos como parte da natureza torna-se central. O principal contraponto de Sócrates ao pensamento de seus predecessores na ciência e filosofia foi sua preocupação com o lugar dos humanos no universo: o que é que torna os humanos bons como indivíduos? Consequentemente, Sócrates é considerado não apenas o pai da filosofia, mas também o pai da ética (Dhillon e Lim 2016) e, de fato, um desenvolvedor da dialética de Heráclito (tão essencial para meu argumento neste livro). A crença de que o entendimento surgiria a partir de perguntas e resposta é um dos pilares da dialética e foi colocada em prática por Sócrates (Meyer 1980). Abram (1996/2017) explica que a dialética socrática incentivava os interlocutores a se separarem de suas próprias palavras. Na ausência de registros escritos, como naqueles dias, a repetição oral preservava a cultura. Sócrates pôs fim a essa tradição, mesmo sem a transição para a prática escrita. Naquela época, toda prática era oral, tanto que o pensamento socrático acabou chegando até nós por meio dos escritos de outros, como Platão, Xenofonte, Aristófanes. Logo, existe uma considerável controvérsia em torno de sua persona e do que pode ter levado à sua condenação à morte por um júri de cidadãos atenienses (Gower 1992).

Platão foi talvez o pensador-chave a levar adiante a noção de que o mundo físico e seus seres não foram arranjados por acaso ou sem sentido, mas que tinham valor, significado e propósito (Turan 2013). Platão falou da *anima mundi*, a alma do universo e fonte de todas as almas individuais, incluindo a da Terra – nosso planeta deveria ser respeitado, ao invés de explorado (Ruse 2013). Isso sugere uma percepção da Terra e do cosmos como sagrados, o que ecoa as referências de Platão a um nível mais elevado e espiritual da realidade como a substância última ou eterna das coisas, de onde surge um sentido de propósito e significado (Ikerd 2016; veja também os Capítulos 3 e 13). Portanto, é com Sócrates e principalmente Platão, que o cosmos deixou de ser visto como um mecanismo não-humano, mas como algo que funciona de acordo com uma "vontade" relacionada tanto à criação quanto à governança (Turan 2013), e também ao equilíbrio e harmonia (Ruse 2013). A noção de unidade de Parmênides é aprimorada por Platão para uma unidade que é tanto inteligente quanto sagrada. Essa noção provavelmente influenciou o interesse de Platão pelo futuro. Para ele, é importante pensar sobre o futuro para influenciar o que fazemos no presente (Ruse 2013): o tempo como um todo. Platão amalgamou o pensamento pré-socrático (filosofia da natureza) e a perspectiva socrática (filosofia do conhecimento) em uma só lógica (Kahn 2013). Além disso, ele levou a dialética a um ponto onde ela deixou de ser sobre disrupção e passou a ser mais sobre a elevação da alma e o aprimoramento do conhecimento (Stephens 1993, Capítulo 1).

De particular interesse para os temas abordados neste livro são as noções atribuídas a Sócrates (1) de que, para entender a natureza humana, é necessário entender a natureza como um todo (German 2017);

(2) de que não há diferença essencial entre as três grandes categorias de seres vivos – humanos, animais e plantas (Theodossiou e Manimanis 2010); e (3) de que diálogos para o entendimento mútuo são essenciais para construir um mundo comum (Villa 1998). E também aquelas atribuídas a Platão (Ruse 2013): (4) a *anima mundi*, ou a Terra como um organismo vivo inteligente e sagrado; (5) o futuro como uma bússola para o presente (e não o contrário); e (6) de que as conquistas filosóficas dependem de conversas, diálogos. Esses seis pontos reaparecerão nos vários capítulos que se seguem.

2.4 Aristóteles, Teofrasto e História Natural

Aristóteles (384-322 a.C.) e seu aluno, Teofrasto (371-286 a.C.), foram dois dos últimos grandes filósofos/cientistas da Grécia Antiga e são conhecidos como os pais fundadores da Zoologia e Botânica (Thanos 1994) ou, ainda, da ecologia animal e vegetal, respectivamente (Macauley 1996a). Para Aristóteles, a natureza é a gênese das coisas que crescem, e esse crescimento é movimento. Ele traz a noção de ciclos – movimento e descanso, vida e morte – numa série perpétua de novos começos (Holmes 2013). Nesse sentido, outro conceito (ou não-conceito) caro a este livro – regeneração – também foi de interesse para o filósofo. Em "A História dos Animais", Aristóteles (Aristotle 2018, edição inglesa) discute quais órgãos de quais espécies podem ou não "crescer novamente". De fato, a regeneração foi incorporada à grande parte da Mitologia Grega, como nos casos de Prometeu e Hidra (Elliot e Sanchez-Alvarado 2018).

Aristóteles foi o aluno mais famoso de Platão, mas em algumas ocasiões suas visões divergiam das de seu mestre (Ruse 2013), enquanto em outras ele examinava os mesmos pontos com mais detalhes. Por exemplo, Aristóteles argumentava que a alma – um tema tão caro a Platão – tinha três dimensões (Gilleard 2017): uma alma vegetativa (comum a todas as formas de vida: plantas, animais e humanos), uma alma sensitiva (não presente nas plantas) e uma alma racional (apenas presente nos humanos). Para ele, a capacidade de autonutrição, que está relacionada tanto ao crescimento quanto à decadência, é comum a todas as formas de vida, como a alma vegetativa.

No entanto, seu discípulo Teofrasto, o botânico, via as plantas como seres autônomos, em vez de serviçais dos humanos (McKertich e Shilpa 2016). Ele argumentava que as plantas tinham três dimensões da natureza: a natureza da própria planta e seu propósito particular; a natureza do ambiente onde a planta vive; e a agência humana, que poderia afetar tanto a planta quanto seu ambiente (Hughes 1985). As principais mensagens de Aristóteles e Teofrasto que irão ressurgir nos próximos capítulos incluem, no caso do primeiro, a regeneração da vida e os novos começos, e, para o segundo, a autonomia e a agência das plantas. Além disso, ambos avançaram a tradição dialética, embora com várias diferenças em relação à abordagem platônica que uso neste livro (Baltussen 2000).

2.5 'Verdes' e Deusas

O panorama ambiental da antiguidade era por vezes conflituoso e contraditório com algumas das filosofias naturais e filosofias do conhecimento da época, particularmente com a noção transmitida pela maioria desses pensadores sobre a sacralidade da natureza (veja Tabela 2.2). Por exemplo, Platão descreveu o desmatamento nas montanhas de Atenas (Hughes 1983) e o associou a questões relacionadas ao fornecimento de água. Hughes (2014) argumenta até que Platão foi provavelmente um dos primeiros defensores da restauração florestal. Além disso, o filósofo grego também foi quem disse que natureza é tudo o que não se pode controlar. "Qualquer coisa que seja contrária à natureza é perigosa", disse Teofrasto (Hughes 1985), que até especulou sobre variações climáticas como consequência do desmatamento (Coates 1998). Na Roma Antiga, não era diferente, e Vitrúvio (80-15 a.C.) advertiu que a poluição devido às práticas de mineração era perigosa para a saúde dos trabalhadores (Hughes 2014), enquanto Plínio (23-79 d.C.) até evocou a "Mãe Terra" para alertar contra o desmatamento e a mineração (Holmes 2013).

Tabela 2.2. Terminologia filosófica e definições frequentemente usadas na literatura sobre as noções, pensamentos e valores dos pensadores da Grécia Antiga (adaptado de Scofield 1991).

Termo	Definição
Anima mundi	A Terra como organismo vivo.
Animismo	A natureza é viva e inteligente.
Hilozoísmo	A matéria tem movimento, é animada.
Panteísmo	Deus é equacionado com as forças e leis naturais do universo.
Pneuma	Ar, respiração, espírito: o que anima.
Psique ou alma	O princípio vital do desenvolvimento orgânico; a forma que dá origem às características de um organismo.
Simpatheia	Tudo está interconectado e interage dentro do todo da Terra viva e do universo; simpatia cósmica.
Alma do mundo	A alma do cosmos vivo e orgânico que se estende além da Terra em si mesma.

"Mãe Terra" direciona inequivocamente nossos pensamentos para a deusa grega Gaia. Como vimos no Capítulo 1, Gaia é a deusa da Terra, uma teoria científica e uma metáfora atual para a interdependência de todas as coisas no planeta. Agamben (2020), em um ensaio recente, nos lembra que a mitologia grega tem Gaia como a deusa da Terra, desde o solo até a atmosfera. Uma deusa nutridora, materna. No entanto, também existe Ctônia, deusa subterrânea relacionada à escuridão, ao oculto, ao abismo. Alinhado com essa mitologia, Agamben diz que a Terra tem uma realidade dupla: a escuridão do subterrâneo Ctônico contrasta com a superfície florida e brilhante de Gaia. O autor conclui que Gaia alcançou os níveis atuais sem precedentes de devastação e poluição justamente devido ao fato de que os humanos decidiram extrair elementos e energia para suprir suas necessidades de consumo do subterrâneo Ctônico. Ele até chama o subterrâneo, onde o petróleo e outros extrativos minerais estão, de "tanatosfera", a esfera dos mortos.

2.6 Considerações Finais: Contradições e Disputas

Enquanto os filósofos gregos exaltavam a sacralidade da natureza, o desmatamento e a poluição devido à mineração já estavam ocorrendo. Essa contradição, é claro, se estende para tempos futuros e é, sem dúvida, a causa da queda de várias civilizações. Por outro lado, de forma consciente ou inconsciente, muitas das ideias – e particularmente os valores – que emergiram na Grécia Antiga ainda estão presentes na sociedade contemporânea. Elas influenciam a ciência moderna, outras formas de conhecimento e costumes. A teoria de Gaia, por exemplo, é uma evidência disso. Curiosamente, pelo menos de acordo com Agamben, não se deu muita atenção ao lado Ctônico e subterrâneo da Terra. O conhecimento e os valores da Grécia Antiga não devem ser esquecidos à medida que avançamos para o futuro. A dialética, por outro lado, foi se tornando cada vez mais uma disputa do que um processo dialógico em direção a acordos e surgimento do novo, especialmente à medida que a humanidade avançava para a Modernidade. Os próximos capítulos continuarão a explorar as contradições e sinergias entre o pensamento, o discurso e a prática em relação à natureza e à sustentabilidade.

CAPÍTULO 3

Santos, Bruxas e Poetas: Natureza e Religião na Idade Média

3.1 Introdução

A Idade Média é um período que se estendeu por mais de mil anos, entre a Antiguidade Clássica e o Renascimento, aproximadamente do século IV ao século XIV (Pounds 2005). Chamar um período tão longo de "idade das trevas" é desconsiderar a riqueza de ideias e ações que surgiram nesses dias, apesar do domínio religioso, do declínio social e da injustiça na Europa e em outras partes do mundo (Cardoso e Garcia 2009). Alguns argumentariam que as percepções natural-filosóficas da Antiguidade Clássica foram seguidas por uma estagnação medieval (Foster 2020). No entanto, é durante a Idade Média que pensadores religiosos como Agostinho (354-430), Francisco de Assis (1181-1226) e Tomás de Aquino (1225-1274) abordaram com profundidade a relação entre os seres humanos e a natureza. Também foi durante esse período que viveu o profeta Maomé (571-632), seguido pela confecção do Alcorão, que apresenta a natureza como um todo, um sistema complexo com apoio e proteção mútuos entre seus componentes e elementos (Mănoiu et al. 2016). Além disso, foi quando alguns textos gregos essenciais (como os de Aristóteles e Avicena no século XII) e árabes (como o próprio Alcorão) foram traduzidos (Meirinhos e Pulido 2011). Isso permitiu que a ciência avançasse gradualmente, produzindo uma fusão entre a compreensão grega antiga da natureza e a doutrina cristã (Armand 2012). Por outro lado, a violência e a brutalidade do período – infligidas especialmente às mulheres e aos pagãos – também foram fortemente influenciadas pelos tipos de relações que eram percebidos entre esses grupos e a natureza (Riddle 2010). De fato, foi na Idade Média na Europa que a relação entre os seres humanos e os elementos não-humanos da natureza, na prática, passou a se deslocar de um relacionamento de respeito e reverência para um de antagonismo e controle, resultando em crises ecológicas (Aberth 2013).

A natureza também estava muito presente na arte e literatura medieval, frequentemente como analogia ou metáfora do eu humano – ao contrário da natureza moderna, que é abordada na ciência e nas artes como "o outro" (Robertson 2017). Claro, também era uma preocupação para o surgimento do que agora chamamos de ciência moderna. Ball (2008) afirmou que, por volta de 1300, uma visão de mundo científica já estava em vigor, tentando conciliar com a onipresença religiosa da época. Em sua visão, esse esforço acabou resultando na ampla divisão que agora existe entre razão e fé. Por exemplo, a historiografia recente sugere que a alquimia era mais do que a transmutação de metais, e que no final da Idade Média e início do Renascimento, ela combinava teoria e experimentação que se afastavam do esoterismo e se aproximavam da ciência moderna (Martinón-Torres 2011, Newman 2011, Nummedal 2011).

Este capítulo examina a natureza na Idade Média, com foco particular na tensão entre fé e razão, religião e ciência, reverência e controle, e no papel das artes neste período. Esta breve avaliação tem como objetivo não apenas fornecer uma ponte temporal entre a Antiguidade Clássica e o Renascimento, mas também identificar os primeiros sintomas do divórcio entre razão e emoção, e entre humanos e não-humanos, tão típicos da era moderna.

3.2 Santos

Agostinho, na transição do século IV para o V, argumentou que a natureza é boa e, portanto, ou é Deus ou foi criada por Deus (Meirinhos e Pulido 2011). A primeira possibilidade, de a natureza ser Deus, se assemelha à visão panteísta de alguns filósofos gregos (veja o Capítulo 2) e de Spinoza (1632-1677; veja também o Capítulo 5), que, apesar de algumas controvérsias (Parkinson 1977), é comumente associada a ideias de totalidade e unidade (Levine 1994), relevantes para nossa discussão sobre sustentabilidade neste livro. No entanto, Agostinho continua, os seres humanos veem a natureza através da lente da "utilidade" – com ganância ou aversão – e não pelo que ela realmente é (Ledoux 2005). Esse argumento sugere que a percepção da natureza como mercadoria ou como obstáculo não é exclusiva da Modernidade (Koons 2008; veja também os Capítulos 5 e 7), e a afirmação de Agostinho pode indicar que essa é uma característica negativa da humanidade em todos os tempos. A interpretação de Ledoux (2005) sobre a visão agostiniana da natureza também é um pilar para nossa discussão sobre sustentabilidade na Parte B deste livro:

> *"Para Agostinho, o ideal seria ver a natureza como Deus a vê, sentindo profundamente tanto sua beleza quanto sua impermanência, amando a natureza sem se apegar a ela. Com tal clareza, viria o amor e a motivação para uma ação sustent*ável *e habilidosa" (p.331).*

As leituras de Ledoux sobre Agostinho sugerem que há muito em comum entre o cristianismo tradicional e os ecologistas seculares. Ele cita até o Papa João Paulo II, que disse que o princípio do amor ao próximo, incluindo os pobres, deve ser estendido ao amor pela natureza. Já vimos o amor como uma força vinculante no pensador pré-socrático Empédocles (Capítulo 2), e discutiremos mais sobre isso nos Capítulos 4 e 12.

A noção de amor pela natureza como uma extensão do amor ao próximo é também a essência do pensamento e prática de outro personagem sagrado medieval, cerca de 800 anos depois: Francisco de Assis (ou Giovanni di Pietro di Bernardone). Além disso, o amor por si mesmo completa a trindade do amor de Francisco para fundir os três em amor a Deus (Bodo 2000; e veremos mais sobre a trindade do amor nos Capítulos 4 e 12). O Papa Francisco I (1936-2025) destacou São Francisco como o símbolo do cuidado pelos vulneráveis e pela natureza (Francisco I 2015). O cuidado, por sua vez, foi exaltado por

Heidegger (1927) e pelo teólogo da libertação brasileiro Leonardo Boff (2011) como um componente essencial da sustentabilidade (veja também o Capítulo 12). O princípio central de Francisco era que, se os humanos pudessem se ver como irmãos e irmãs dos elementos da natureza, se perceberiam irmãos e irmãs entre si. A simplicidade de seu pensamento e prática era tal que ele recusava o rótulo de "santo", pois não era um teórico da vida espiritual e só falava sobre o que sabia, ouvia e sentia (Spoto 2003). Apesar desta relutância em vida, dois anos após sua morte seria proclamado como tal. Hoje, é conhecido como o Patrono dos Animais e do Meio Ambiente. Curiosamente, no entanto, embora eu tenha usado a palavra "natureza" repetidamente neste parágrafo, São Francisco de Assis nunca a usou. Em vez disso, ele usava "Terra", "mundo" e "todas as criaturas que estão sob os céus", que são os termos encontrados na Bíblia (Sorrell 1988). Outro ângulo de São Francisco de Assis, relevante para este livro, refere-se ao tipo específico de dialética derivada de seus diálogos com os elementos não humanos da natureza. Sorrell (1988) argumenta que essa prática era algo característico dos movimentos ascéticos medievais, caracterizados pela interação com o mundo natural e pela apreciação do meio ambiente.

Pouco depois de Francisco de Assis, Tomás de Aquino surgiu e se tornaria central ao desenvolvimento da escolástica católica, a filosofia medieval que visava conciliar fé e razão (McHugh 2018). Sua perspectiva foi fortemente influenciada por Aristóteles, segundo Bertrand Russell (1959/2017), e até hoje permanece muito influente no pensamento secular ocidental, inclusive na política e na ciência. Sua filosofia se faz presente também no debate ambiental atual: por exemplo, sua clara influência na encíclica *Laudato si'* do Papa Francisco I (Northcott 2016, McHugh 2018). Contudo, isso não se dá sem controvérsia. Benzoni (2005) tem uma leitura antropocêntrica de Aquino e interpreta que, para o santo, a natureza não humana teria valor instrumental para os seres humanos. Por outro lado, Jenkins (2003) vê no filósofo uma atitude não instrumental e mais relacional sobre as criaturas não-humanas e a natureza como um todo. As sutilezas da linguagem (e dos conceitos, conforme discutido no Capítulo 1) nas definições de Aquino sobre a lei eterna e a lei natural na *Summa Theologiae* são, sem dúvida, a base dessa divergência (McHugh 2018, Reyna 2018). Aquino disse que "a participação da lei eterna na criatura racional é chamada de lei natural" (Aquinas 1265-1273; partes I e II, questão 91, artigo 2, p.1511). Assim, todos os seres, humanos e não-humanos, são governados pela lei eterna, que, portanto, incorpora a lei natural (Valenzuela 2017). A lei natural orienta a ação humana (McHugh 2018), e Aquino afirmou que "de todas as criaturas, a racional está sujeita à providência divina (...) provendo para si mesma e para os outros" (Aquinas 1265-1273; partes I e II, questão 91, artigo 2, p.1511). Valenzuela (2017) destaca corretamente que por "outros" o filósofo se refere a todos os seres animados e inanimados da natureza. Desta maneira, a importância de cuidar de outras espécies e de nossa própria espécie humana – promovendo uma atitude de amizade entre espécies (Reyna 2018) – é central para a responsabilidade humana na lei eterna. Aquino também foi examinado sob a perspectiva de sua dialética: Wippel (1985) argumenta que sua dialética é entre o ser e o não-ser, e que a pluralidade é equacionada com a alteridade.

Tabela 3.1. Algumas das principais ideias dos Santos Católicos aplicáveis à discussão sobre natureza, sustentabilidade e futuros neste livro.

Pensador	Período	Principais ideias
Agostinho	354-430	O amor pela natureza como uma extensão do amor ao próximo.
Francisco de Assis	1181-1226	O amor pela natureza, o amor ao próximo e o amor por si mesmo se fundem no amor a Deus.
Tomás de Aquino	1225-1274	Seres humanos provendo para si mesmos e para outras espécies.

3.3 Bruxas

Isabelle Stengers (2018) diz que a nossa sociedade contemporânea tende a esquecer que os ditos modernos descendem daqueles que promoveram a erradicação das bruxas a partir do final da Idade Média, na

Europa. Ela define essa ação como um processo violento de construção do que mais tarde se tornaria um conjunto de crenças modernas, "em nome da civilização e da razão" (p. 103). A Tabela 3.2 fornece uma linha do tempo da feitiçaria e da caça às bruxas na Europa, de acordo com o relato sociológico detalhado de Russell (1972) e acréscimos baseados em Ben-Yehuda (1980).

Por três séculos na Europa (~XV ao XVII) e no final do século XVII nos Estados Unidos (Foster-Feigenbaum 2018) – ou seja, já na Renascença (Capítulo 4), quando as instituições patriarcais acadêmicas, médicas e científicas ganharam prestígio – mulheres foram caçadas, basicamente por serem detentoras de conhecimentos relacionados aos poderes da natureza, especialmente às plantas (Achterberg 1991, Federici 2018). Tal conhecimento feminino foi percebido como uma ameaça por autoridades masculinas da época, inclusive a Igreja, e rotulado como feitiçaria. Isso levaria à morte de centenas de milhares (Ben-Yehuda 1980, Achterberg 1991) a quatro milhões de mulheres (Green Anarchist 2003). Federici (2018) relaciona isso à disciplina capitalista, em sua tentativa de racionalização mecanicista do mundo natural. A publicação de "Malleus Maleficarum" (1486, "O Martelo das Bruxas") acelerou o processo de caça às bruxas e hereges, já que estabelecia diretrizes e procedimentos para detectar e punir brutalmente supostos poderes demoníacos (Brodel 2003).

No entanto, a feitiçaria se faz presente em muitas culturas diferentes e nem sempre é associada a práticas positivas e descomplicadas (como cura, alteração do clima, jardinagem etc.). De fato, termos como "feitiçaria" e "magia" se referem a uma diversidade de práticas, algumas das quais podem ter impactos sociais negativos, como o sacrifício de vidas (Forsyth 2016). Como resultado, Forsyth (2016) aponta as crescentes iniciativas regulatórias e legais promovidas pelas Nações Unidas e pelos governos nacionais, tanto no Sul Global quanto no Norte Global, que demandam mais estudos empíricos sobre o impacto de tais contextos legais.

Tabela 3.2. Linha do tempo da bruxaria na Europa medieval (adaptado de Russell 1972 e Ben-Yehuda 1980).

Anos	Definição	Principais características
300-700	Transformação do paganismo	O cristianismo sintetiza várias tradições culturais europeias e rejeita deliberadamente a magia.
700-1140	Feitiçaria popular e heresia	O paganismo quase desapareceu e a influência da heresia sobre a bruxaria aumentou.
1140-1230	Demonologia, catarismo e bruxaria	A bruxaria e o ódio às bruxas entre os cristãos aumentam. A demonologia cristã se enraíza na concepção judaica do mal. Surgimento do catarismo como movimento cristão herético.
1230-1300	Antinomianismo, escolasticismo e a Inquisição	A Inquisição foi fundada, o escolasticismo estabelecido e as acusações de bruxaria foram permitidas pela primeira vez. Movimentos heréticos antinomianos se multiplicam.
1300-1360	Bruxaria e rebelião	Início da transição para o Renascimento e o poder da Igreja e do império começa a dar sinais de declínio. Peste e Peste Negra. Expansão da bruxaria. Fusão legal da bruxaria com a heresia.
1360-1427	O início da caça às bruxas	Fortemente relacionado com o declínio do poder do império e da Igreja. As mulheres foram 85% dos alvos, mas judeus e hereges também foram perseguidos.
1427-1486	A formulação clássica do fenômeno da bruxaria	A publicação de discursos sobre bruxaria se prolifera e culmina com a publicação do *Malleus Maleficarum* (1486) – tudo isso respaldado e aumentando a repressão.

Stengers (2018) afirma que, hoje, não se trata de "ressuscitar" culturas ancestrais (positivas) de feitiçaria, mas de "reativá-las", como um passo importante para desencadear a imaginação, a abertura e o aprendizado. Kivi (2022) argumenta ainda que a figura da bruxa nos ajuda a compreender a feminilidade e a condição feminina de uma forma não hierárquica. Em última análise, acredito que a relevância de revisitar e discutir essa questão também está na evidência das relações íntimas entre os seres humanos (particularmente as mulheres) e os elementos não-humanos da natureza (e veremos mais sobre isso quando discutirmos o Ecofeminismo no Capítulo 11). Por último, mas não menos importante, investigar a contradição marcante entre algumas das belezas do pensamento medieval cristão e teorias (como acabamos de ver em 3.2) e a brutalidade da caça às bruxas também pode revelar muito sobre a relação entre natureza e poder.

3.4 Poesia e literatura

A poesia e a literatura medievais, especialmente em seu período final, comumente "davam voz" à natureza. Nos tempos contemporâneos, há crítica e ceticismo suficientes em relação àqueles que falam em nome da natureza (Vogel 2006) e, compreensivelmente, há uma discussão sobre se a literatura humanizava a natureza (por exemplo, Barros 2001) ou naturalizava os humanos (por exemplo, Farneti 2009). De qualquer forma, na Idade Média, esse estilo de escrita parece ter surgido como uma reivindicação pela complementaridade entre humanos e não-humanos (Robertson 2017).

Ao contrário da afirmação de Heráclito de que "a natureza adora se esconder" (Capítulo 2), Robertson (2017) argumenta que ela foi "explicita" na literatura medieval europeia tardia: em alguns momentos, personificada em personagens como a Senhora Natureza (*Lady Nature*), outras vezes como animais falantes, a voz da natureza frequentemente se voltava para o tema do amor. A autora sugere que dar um corpo e uma voz à natureza foi tanto ética quanto esteticamente necessário. Outro argumento interessante de Robertson (2017), que faz paralelo com nossa discussão anterior sobre bruxas e caça às bruxas, é que a natureza oscilava entre ser um "isso" (impessoal, imaterial) e ser uma "ela" (personificada, com agência). No entanto, de ambas as formas, a natureza e o amor são uma expressão da vida, da força vital, do nascimento e da regeneração. Spraycar (1980), por exemplo, vê nas linhas iniciais dos *Contos de Canterbury* um paralelo entre o poder regenerativo da natureza na primavera e a capacidade humana de regenerar sua alma através da peregrinação. A regeneração – como vimos ser fundamental para Aristóteles e Teofrasto (Capítulo 2) – ressurgirá nos próximos Capítulos e permanece central para o argumento deste livro.

No Oriente Médio medieval, *As Mil e Uma Noites* (autor anônimo, provavelmente datado do século IX/2015) é um desses exemplos. Ghazoul (1983) argumenta que sua narrativa está mais preocupada com o "ser" do que com o "significar". O mesmo pode ser dito sobre o *Decameron* (1348-1353/1971) de Boccaccio e os *Contos de Canterbury* (1390-1400/2005) de Chaucer na Europa. Talvez não seja coincidência que o cineasta italiano Pier Paolo Pasolini (1922-1975) tenha transformado esses contos da tradição oral em filmes homônimos, coletivamente chamados de *Trilogia da Vida* (*Decameron* 1971, *Contos de Canterbury* 1972 e *Mil e Uma Noites* 1974) – em referência a tempos em que os humanos eram uma parte mais integral da natureza (ver Capítulo 14). O *Decameron* de Boccaccio foi interpretado como uma declaração sobre a transitoriedade dos valores e a permanência dos impulsos e disposições naturais (Farneti 2009). Na mesma linha, a natureza precede a ética nos *Contos de Canterbury* de Chaucer (Stanbury 2004). A percepção de beleza e força no "ser naturalmente humano" tem sido considerada como uma ponte entre a "Humanitas" do filósofo Cícero (106-43 a.C.) na Antiguidade Romana e o surgimento do Humanismo durante o Renascimento (Grudin e Grudin 2012). Nos Capítulos 4 e 5, examinaremos como essa mudança de "tão forte quanto a natureza porque somos natureza" para "mais forte que a natureza" aconteceu.

3.5 Considerações finais: Contradições e disputas

Mil anos de Idade Média também revelaram uma série de contradições e disputas em torno do conceito de natureza e como os seres humanos se relacionam com ela. Desde percepções de totalidade (com o amor como força que une todos os elementos) de alguns dos Santos Católicos até a caça às bruxas pela mesma Igreja Católica; desde tentativas de naturalizar os humanos a abordagens que humanizavam a natureza, através da poesia e literatura. A dialética assumiu novas formas, como no caso de Francisco de Assis e outros movimentos ascéticos medievais que permitiram surgir uma dialética entre humanos e não-humanos, enquanto Tomás de Aquino explorava uma dialética entre o ser e o não-ser. Enquanto isso, a exploração de terras por meio da agricultura aumentava e levava a crises ecológicas, talvez até independentemente de todos os valores em disputa. Contradições desse tipo, como já vimos, também estavam presentes na Grécia Antiga e também serão vistas nos próximos Capítulos à medida que avançamos para o presente. Da mesma forma, várias ideias e valores que surgiram na época medieval ainda estão vivos na sociedade contemporânea, seja de forma ativa ou dormente. Certamente, não devem ser esquecidos à medida que avançamos para o futuro. Os próximos Capítulos continuarão a explorar contradições e sinergias entre pensamento, discurso e prática em relação à natureza e à sustentabilidade.

CAPÍTULO 4

Renascimento: Novo Mundo, Nova Natureza, Novos Humanos

4.1 Introdução

A Modernidade durou 500 anos, desde a pré-Modernidade humanista até a grande aceleração do século XX. Para muitos, ainda estamos vivendo nela, para outros já embarcamos em uma transição para uma nova era, sobre a qual ninguém tem certeza de como será. Claramente, a velocidade das mudanças na Modernidade foi muito maior do que o que ocorreu nos mil anos da Idade Média (Capítulo 3). Isso a ponto de, aproximadamente, cada século da Modernidade ter uma marca própria (Tabela 4.1). Ao todo, esses cinco séculos representaram a escalada e a consolidação do divórcio entre os componentes humanos e não-humanos da natureza (Marés 2017), a ponto da sociedade moderna hegemônica ter conduzido o planeta ao cenário de policrise atual. Enquanto filósofos e artistas medievais se preocupavam com Deus e, em grande parte, com a natureza (Capítulo 3), pensadores do Renascimento (e da Modernidade como um todo) tinham sua atenção voltada para a humanidade (Russell 1959/2017). Isso está na essência das fraturas que originaram muitas das dicotomias da Modernidade: entre ciência e religião, entre colonizador e oprimido, e até mesmo, como Robertson (2017) descreve, entre o amor e a Física. Escritores medievais frequentemente combinavam o conhecimento sobre filosofia natural e talento artístico para personificar a natureza e abordar questões como amor e sexualidade. A personificação da natureza praticamente desapareceu no início da Modernidade, revelando uma desconfiança humanista acerca de uma Natureza antropomorfizada, como se humanos e não-humanos pertencessem a mundos diferentes (Robertson 2017).

No entanto, ao longo da Modernidade, houve exceções notáveis a esse pensamento dualista na ciência, religião, filosofia e artes. Como vimos na Grécia Antiga e na Idade Média (Capítulos 2 e 3), a relação entre humanos e natureza é historicamente um campo de disputa e contradições, e a Modernidade é talvez o período em que isso se tornou mais evidente. O astrônomo e astrólogo Johannes Kepler (1571-1630) é uma dessas exceções notáveis. Seguindo uma longa tradição que remontava quase 2.000 anos conectando o pensamento de Pitágoras, Agostinho e Copérnico, Kepler deduziu da órbita dos planetas um coro celestial no qual Mercúrio seria um planeta soprano, Vênus e Terra contraltos, Marte tenor e Júpiter e Saturno barítonos. Kepler (1619/2010, p.57) disse:

> *"Por meio de seus acordes de várias vozes e através de seus ouvidos, ela [natureza] sussurrou para a mente humana, a filha preferida de Deus, o Criador, como ela existe no seu seio mais íntimo."*

Tabela 4.1. A principal marca de cada um dos séculos que fazem parte da Modernidade (incluindo a pré-Modernidade ou Renascimento).

Século	Marca	Principais eventos
XVI	Humanista	Nova noção de natureza com a chegada dos europeus ao Novo Mundo.
XVII	Científico	A ciência moderna surge e, com ela, a impressão de que a natureza pode ser compreendida e, portanto, controlada.
XVIII	Liberdade e deveres	Revolução Francesa e a Revolução Industrial se dão e a natureza torna-se uma mercadoria.
XIX	Direitos	Materialismo, direitos humanos e preocupações com o estado de conservação da natureza começam a emergir.
XX	Grande aceleração	A velocidade da industrialização provoca mudanças dramáticas nos indicadores médios de funcionamento do sistema terrestre, como aqueles relacionados ao clima.

A leitura musical de Kepler dos planetas é outra evidência da noção de que natureza é uma das palavras mais complexas e polissêmicas que existem, embora possa parecer tão familiar para todos nós que a usamos com grande regularidade (Soper 1995), como vimos em todos os capítulos anteriores. Este capítulo foca nos séculos XVI e XVII, e entrelaça a colonização das Américas pelos europeus e o advento da ciência moderna, além de analisar as implicações desses eventos para as relações entre seres humanos e natureza.

4.2 A Ascensão da Ciência Moderna

Os pioneiros, Nicolau Copérnico (1473-1543), Francis Bacon (1561-1626), Galileu Galilei (1564-1642), René Descartes (1596-1650) e Isaac Newton (1643-1727) desempenharam um papel fundamental no desenvolvimento da ciência moderna, desde o heliocentrismo até o método científico. O reducionismo cartesiano é central para a prática científica moderna e consiste em reduzir a complexidade do todo às suas partes, com o objetivo de entender as partes e, somente então, ao reunir o conhecimento acerca delas, abordar o todo para enfim compreendê-lo (Thomas 2021). Essa prática alcançou o enorme sucesso de tornar a ciência a linguagem dominante para a interpretação da realidade no mundo contemporâneo, por pelo menos os últimos 250 anos. Contudo, apresenta dois problemas. Primeiro, os cientistas se apegaram à compreensão das partes e se distanciaram do todo. O reducionismo é uma parte essencial do processo científico, mas o holismo é igualmente uma abordagem indispensável (Mittelstraβ 2014). O holismo pode levar a empreitadas científicas que descubram propriedades emergentes dos sistemas – um desafio considerável hoje, por exemplo, para a Ciência da Sustentabilidade (Capítulo 8). Segundo, ao se colocar na posição de observador e controlador por meio da ciência e de seu subproduto aplicado, a tecnologia (Capítulo 9), a humanidade alienou-se da natureza. Esses dois pontos estão relacionados ao cenário de policrise atual, que para muitos se convencionou chamar de Antropoceno, apesar da refutação do termo pela ciência (Capítulo 2).

Contudo, no Renascimento, a ruptura entre humanidade e natureza não foi de forma alguma um processo abrupto. De fato, quase 1.500 anos antes, o filósofo romano Cícero (106-43 a.C.) – agora considerado o padrinho do Humanismo – propôs a noção de *humanitas*, influenciando Dante, Boccaccio (Capítulo 3) e, em última instância, o

Humanismo do Renascimento (Grudin e Grudin 2012). A crescente capacidade humana de compreender a natureza por meio da ciência e da alfabetização (a difusão do conhecimento e da informação com o advento da imprensa deu destaque a isso; Russell 1959/2017) parecia agora um superpoder. Nesse sentido, há dois casos ilustrativos. Primeiro, para Thomas Hobbes (1588-1679), o conhecimento era importante para construir uma comunidade ou *Civitas* ("humano artificial"), e sua ciência modelo era a física mecânica. Sua visão contrastava marcadamente com a de Aristóteles, para quem o conhecimento servia para alcançar virtude e uma boa vida, tendo a Biologia como ciência modelo (Capítulo 3). A visão de Hobbes teve um grande impacto no pensamento ecológico moderno e influenciou, por exemplo, "A Tragédia dos Comuns" de Garrett Hardin (1915-2003), que pressupõe que os seres humanos são competitivos por natureza, o capitalismo é uma forma natural de associação e troca, os bens comuns são seu "mercado" e o estado deve controlar questões populacionais (Macauley 1996a). Séculos depois, Karl Marx – que tinha na História a ciência modelo para gerar conhecimento com o propósito de superar a alienação (Capítulo 5) – criticou Hobbes por reduzir o espírito humano à racionalidade em uma sociedade a ser entendida em termos estritamente mecânicos (van Ree 2020).

O segundo caso é a famosa controvérsia entre Descartes e o geômetra Blaise Pascal (1623-1662). Embora cartesiano, Pascal tinha diferenças com algumas ideias de Descartes. Enquanto para Descartes a ciência permitiria entender tudo, Pascal acreditava que as coisas pertencentes ao campo do sagrado não poderiam ser explicadas cientificamente. Em outras palavras, a fé não poderia ser reduzida à razão (Pascal 1670/2005, Collette 2014, Marques 2016). Esse debate, no alvorecer da Era do Iluminismo, de certa forma antecipa uma longa disputa que ocorreria na Modernidade tardia. A afirmação de Pascal ecoa, por exemplo, no pensamento de Mircea Eliade (1907-1986), filósofo da religião do século XX, que argumentou que, ao tentar entender e controlar tudo, os modernos dessacralizaram a natureza, transformando-a em mercadoria (Eliade 1957/2019; Capítulo 5). Essa visão também está em sintonia com o pensador pós-moderno Jean-François Lyotard (1924-1998), que critica o mito do conhecimento científico objetivo (razão) promovendo progresso e emancipação, enquanto guerras violentas, caos ecológico e desigualdades sociais prevalecem (Lyotard 1979/2021). Simultaneamente, o humanismo de Pascal é evidente quando ele argumenta que, mesmo que o Universo esmagasse a humanidade, os humanos seriam mais nobres que o Universo, porque sabem que o Universo pode fazer isso, enquanto o Universo nada sabe (Pascal 1670/2005).

Curiosamente, alguns dos principais pensadores da pré-Modernidade não se encaixavam facilmente em uma categoria ou outra, o que talvez seja mais uma evidência da fase de transição que o Renascimento representou da Idade Média para a Modernidade tardia. Por exemplo, Bacon e Newton eram alquimistas tanto quanto cientistas e religiosos (Bauer 2019). Pascal era religioso, cientista e filósofo. Descartes talvez seja o exemplo mais marcante dessa mistura: um homem religioso, considerado por alguns como o "Pai da Filosofia Moderna" e por outros como o "Fundador da Ciência Moderna" (Descartes 1641/2022, Goldman 2021, Lorenzini 2021). Talvez não seja tão surpreendente, portanto, que a interpretação da natureza pelos cientistas do Renascimento, como Bacon (Serjeantson 2014), estivesse muito alinhada com sua interpretação da Bíblia (Gaukroger 2006). Spinoza (1632-1677), no entanto, é outro caso interessante, pois, para ele, um judeu religioso, Deus e Natureza eram dois nomes para a mesma realidade (Ruse 2013), algo semelhante à visão inicial agostiniana (Meirinho e Pulido 2011, Capítulo 3). Bauer (2019) argumenta que essa ligação sem precedentes entre ciência, religião e poder estatal foi "forjada" pela conquista europeia das Américas: para ele, os segredos da natureza no Novo Mundo foram transformados em segredos de estado. E a ciência foi alinhada a esse projeto. Bauer cita Francis Bacon, que disse em 1603 que a navegação e o comércio encontrariam o avanço do conhecimento no que ele chamou de "outono do mundo". A chegada europeia às Américas foi um marco significativo para que a natureza se tornasse mercadoria no imaginário e na prática moderna.

4.3 A Era das Descobertas para Uns e das Invasões para Outros

Como observou Stefan Zweig (1942/2019), na década de 1492 a 1502, os europeus fizeram mais descobertas do que em todo o milênio anterior. Novas terras, novas naturezas e novos povos representaram uma profunda mudança na compreensão do mundo e, com isso, surgiram oportunidades e riscos. Muitos dos grandes navegadores escreveram cartas aos seus patrocinadores nas cortes europeias exaltando a riqueza material que observaram nas Américas: madeira, ouro, metais. Por exemplo, Colombo afirmou que quem possui ouro tem o direito de levar almas ao paraíso (Bauer 2019). O navegador português Pero Vaz de Caminha, escrivão da frota comandada por Pedro Álvares Cabral que chegou ao Brasil em 1500, escreveu ao rei português Dom Manuel que, nessas terras, o que quer que se plante crescerá (Scarano 2018). Embora tanto Colombo quanto Vaz de Caminha tenham visto nas Américas, respectivamente, o "Jardim do Éden" e o "paraíso", a opção histórica foi a de dominação e usurpação, escravidão e massacre de muitos povos indígenas nos primeiros cem anos de ocupação e, posteriormente, durante a Modernidade, intensa degradação dos ecossistemas e desmatamento. Curiosamente, há uma vasta literatura que trata do paraíso celeste tanto no final da Idade Média quanto um século após as descobertas. Exemplos respectivos são a *Divina Comédia* (1304-1321/2017) de Dante Alighieri (1265-1321) e *Paraíso Perdido* (1667/2017) de John Milton (1608-1674). Evans (1996) vê nesta última uma metáfora para as ambivalências percebidas na Grã-Bretanha em relação à colonização das Américas.

A carta intitulada *Mundus Novus* (*Novo Mundo*, Vespúcio 1503/2013), escrita pelo navegador florentino Américo Vespúcio (1454-1512) aos seus mecenas portugueses, é um marco importante na história moderna. Zweig (1942/2019) tentou esclarecer algumas das controvérsias e mistérios sobre Vespúcio, que, em sua opinião, era um bom escritor. Ele também argumenta que a carta, supostamente escrita na costa sudeste do Brasil, foi pelo menos parcialmente responsável por dar ao continente recém-descoberto pelos europeus tanto o nome (América) quanto o apelido (Novo

Mundo). Vespúcio diz na carta que, se existe algo como um paraíso na Terra, não deve estar muito longe daquele lugar. Como ele descreve, esse paraíso terrestre seria a soma da beleza natural da Mata Atlântica costeira com os principais traços dos habitantes locais, os indígenas Tupinambá. Para ele, todos pareciam amigáveis e calmos, não tinham posses pessoais (todas as coisas eram compartilhadas) e cada um era seu próprio comandante, pois não havia rei ou chefe. A carta foi provavelmente uma grande influência para a obra *Utopia*, de Thomas More, publicada em 1516, treze anos após a carta (Logan e Adams 2009). Um personagem fictício do livro havia retornado recentemente de viagens ao Novo Mundo, escoltando o próprio Vespúcio! Embora *Utopia* – também influenciada pela *República* de Platão (Russell 1957/2019) – seja um tanto ambígua quanto às possibilidades de planejar uma sociedade justa, aos traços inerentemente bons dos seres humanos ou mesmo ao princípio de viver em harmonia com a natureza, o livro é uma crítica social, especialmente à desigualdade e ao tratamento dado aos pobres (Claeys 2013).

Além disso, *Mundus Novus* parece sugerir discretamente que os europeus poderiam talvez aprender algo com os povos indígenas locais. Cem anos depois, o filósofo natural Robert Boyle (1627-1691) compartilhou uma impressão semelhante e sugeriu que os médicos deveriam aprender com os povos indígenas americanos (e outros detentores de conhecimentos não científicos, como parteiras e mulheres mais velhas) sobre os poderes dos remédios naturais e como usá-los (Gaukroger 2006). Da mesma forma, a naturalista alemã Maria Sybilla Merian (1647-1717) – uma das poucas mulheres a realizar esse tipo de atividade na época – também aprendeu com mulheres escravizadas africanas sobre os poderes curativos das plantas (Schiebinger 2004). No entanto, apesar dessas e de algumas outras vozes isoladas, o fato é que a Modernidade não aprendeu o suficiente com a América e seus habitantes nativos ou escravizados vindos de outras partes do Sul Global. Somente em 2002 as Nações Unidas reconheceram a necessidade de fomentar um diálogo entre o conhecimento científico e os saberes indígenas e locais, seguido por iniciativas específicas em 2011 e 2017 (Thaman et al. 2013, Unesco 2017).

Pode parecer ainda mais paradoxal que, enquanto a ciência moderna começava a florescer e os europeus chegavam às Américas, a Inquisição ainda estava em curso. Ela não apenas caçava bruxas (Capítulo 3), mas também perseguia e executava cientistas como o napolitano Giordano Bruno (1548-1600) por heresia, já que suas ideias desafiavam o escolasticismo dominante nas universidades. Bruno expandiu a visão heliocêntrica de Copérnico, especulando sobre a existência de um número infinito de mundos celestes, o que foi considerado um panteísmo herético (Karolides et al. 2011). Schiebinger (2004) argumenta que essa ignorância culturalmente induzida não é meramente uma ausência de conhecimento, mas o resultado de uma luta cultural e política. Ela se refere à "agnotologia" de Robert N. Proctor (2008), o estudo de ignorâncias culturalmente induzidas, seja por negligência, miopia, segredo, destruição, repressão ou outras formas de seletividade. A agnotologia, como vimos no Capítulo 1, é uma das maneiras pelas quais abordaremos o desafio da sustentabilidade nas Partes B e C deste livro. Enquanto a sociedade moderna caminha para um cenário cada vez mais sistêmico de policrise – apesar de toda a ciência e tecnologia disponíveis –, a questão parece ser mais sobre "o que não sabemos" e "por que não sabemos" do que "o que e como sabemos". Parte do que é esquecido ou reprimido é resgatado, como no caso de Bruno, mas muito se perde, especialmente devido ao extermínio ou silenciamento de diversas formas de ser e saber não-hegemônicas (veja Croissant 2014, para propriedades epistemológicas da agnotologia).

4.4 Empirismo e Liberalismo

O filósofo britânico e empirista John Locke (1632-1704) é um marco importante no pensamento político e filosófico renascentista. Seu empirismo, ao contrário do racionalismo prevalente de Spinoza e Leibniz na época, não pressupunha que o conhecimento perfeito era alcançável e enfatizava a importância da experiência sensorial. O liberalismo (cada pessoa pode se relacionar com Deus à sua maneira) e a tolerância também faziam parte da agenda de Locke. No entanto, ele acreditava que seria razoável permitir às pessoas sua liberdade desde que tivessem igual conhecimento das leis às quais estavam submetidas – mas achava que a disparidade entre os seres humanos, no que diz respeito à capacidade de raciocínio, era grande demais (West 2012). O estado de natureza, para Locke, compreendia paz, boa vontade, cooperação e proteção, o que, para Bloch (1959/1995), é comparável à *Utopia* de More. No entanto, Locke confiava que a natureza pertencia à humanidade como um todo e, para alguns, reconhecia apenas o valor utilitário da natureza para as pessoas (Benton 2007, mas veja West 2012). Essa linha de pensamento está alinhada ao tipo de uso que os europeus daquela época davam à natureza das Américas. Sua noção de liberdade (relativa às supostas "capacidades diferentes de raciocínio"; West 2012) também parece tristemente alinhada à escravização e ao genocídio indígena nas Américas.

Num tom mais positivo, Locke foi simultaneamente influente na filosofia crítica de Kant (Russell 1959/2017), na fenomenologia de Edmund Husserl (Murphy 1996) – importante para meu argumento neste livro (mais a ser visto no Capítulo 5) – e na Revolução Francesa. Locke dividiu ideias em dois tipos: ideias sensoriais, que se originam de nossas observações do mundo externo, e ideias reflexivas, que emergem quando a mente observa a si mesma (Russell 1959/2017). Nesse sentido, sua dialética era muito diferente da escolástica que dominava a Renascença (Duschinsky 2012).

4.5 Considerações Finais: Contradições e Disputas

Os dois séculos do Renascimento foram um período de disputas entre iluminação e violência, e entre encantamento e ganância. O conhecimento da natureza e do mundo teve avanços sem precedentes, mas, em paralelo, o período preparou o terreno para maior dominação, genocídios, escravização e injustiças. A caça às bruxas, por exemplo, comumente associada à Idade Média, intensificou-se no final dos anos 1400 e continuou até 1650, bem dentro da pré-Modernidade (Capítulo 3). Cientistas, como Giordano Bruno, também foram queimados por acusações de heresia. O abismo que os europeus criaram entre si e aqueles com visões de mundo diferentes, bem como com os elementos não-humanos da natureza, ampliou-se naqueles dias e definiu o tom do que ocorreria na Modernidade tardia. A fratura entre humanos - nomeadamente europeus modernos versus nativos americanos e africanos escravizados - também foi evidenciada pela ignorância culturalmente induzida dos europeus, que aprenderam muito pouco com os habitantes do Sul Global. Quinhentos anos após Vespúcio descrever o que parecia ser uma visão utópica de paz e amor - inspirada no estilo de vida do povo indígena brasileiro Tupinambá –, a aspiração não apenas não se cumpriu, mas se transformou na distopia do presente. No entanto, a utopia de Vespúcio de alguma forma persiste, agora sob o apelido de sustentabilidade, que também está em disputa, como veremos na Parte B deste livro.

CAPÍTULO 5

O Divórcio Moderno entre Natureza e Cultura

5.1 Introdução

Platão dizia que os objetos do mundo emulam ideias ou modelos ideais (Ruse, 2013). Para Bruno Latour (2004), a noção moderna de natureza é moldada pelos modelos propostos pela filosofia grega antiga (Capítulo 2), pelo cartesianismo francês (Capítulo 4) e pelas áreas protegidas norte-americanas. Ele argumenta que a Modernidade não está apenas associada ao surgimento do Humanismo, mas também às noções complementares de "não-humanidade" (outras espécies, coisas, objetos) e de um "Deus descartado, relegado às margens" (Latour 1991, p.13). Enquanto as fronteiras que dividiam natureza e cultura, ciência e religião, ainda eram um pouco turvas durante o Renascimento (Capítulo 4), na Modernidade tardia essas fraturas se tornaram mais claras e interrelacionadas. Em paralelo, entretanto, reações a essa tendência surgiram de vários lados na ciência, nas artes e nas políticas públicas.

Durante os três séculos da Modernidade tardia, a ciência passou de enxergar a natureza como uma coleção de coisas para abordá-la como uma entidade sujeita a um processo em constante evolução. No entanto, essa visão era aplicada a partes separadas, e raramente ao todo. O reducionismo é uma prática central da ciência moderna desde Descartes (Mittelstraß 2015), mas, como descreve Rees (2015, p. 135), "é verdadeiro de certa forma (...), mas raramente é verdadeiro de forma útil". Além disso – apesar de toda a sofisticação crescente da ciência e da filosofia – a dominação, a escravização (explícita e implícita) e a degradação da natureza persistiram. Contudo, isso não é de forma alguma linear ou simples. Concordo plenamente com Russell (1959/2017) que, dado o número de linhas de pensamento e a multiplicidade de eventos, é quase impossível abordar a Modernidade de forma exaustiva ou cronológica. Nem este capítulo, nem o livro como um todo têm o objetivo de apresentar um tratado histórico do pensamento ocidental (ou planetário). Este capítulo (e o livro) mostrará que alguns dos pensamentos mais belos da Antiguidade ou da Idade Média persistem na Modernidade ou, até mesmo, tornaram-se mais elaborados. O fato de isso não ter sido suficiente para promover uma transição positiva que evitasse o desembarque no atual cenário de policrise, não significa que a mudança ainda não esteja por vir. Este é um capítulo-chave para sustentar o argumento do livro de que uma transição profunda para a sustentabilidade – no sentido mais amplo do bem-estar planetário – virá por meio do diálogo: entre aqueles que foram principalmente o foco do livro até agora – os europeus ocidentais – e aqueles que durante a Modernidade permaneceram oprimidos por eles: seres humanos e não-humanos não modernos.

5.2 Naturphilosophie: Eu e o Não-Eu

O século XVIII presenciou tentativas científicas de classificar tudo o que é vivo e não vivo, como o *Systema Naturae* (1735), de Lineu, e a *Encyclopédie* (1751-1772), de Diderot e D'Alembert. Na sua segunda metade, esse século testemunhou tanto a Revolução Industrial (1760-1820) quanto a Revolução Francesa (1789-1799) e a associação da ciência e tecnologia ao poder emergente que destronou a religião e as monarquias (Russell 1959/2017). Na filosofia, no entanto, Immanuel Kant (1724-1804) é um exemplo interessante do pensamento humanista e da filosofia natural percorrendo linhas paralelas. Por um lado, ele desenvolveu, com seu pragmatismo, os Imperativos Categóricos, que eram literalmente "mandamentos" ou deveres humanistas para servir como referências éticas na nova onda de liberdade típica daquele século (Lüttge e Scarano 2013). Por outro lado, ele via a natureza de forma mecanicista, embora – ao contrário de Aristóteles

– acreditasse que a Biologia seria incapaz de explicar a maioria dos aspectos relacionados ao funcionamento da vida (Ruse 2013). Outras duas vozes importantes desse século sobre a natureza foram Jean-Jacques Rousseau e Friedrich Wilhelm Joseph von Schelling. Rousseau (1751/2018) mantinha uma forte crítica à ciência, à cultura e ao ser humano dito civilizado (moderno). Para ele, a ciência está carregada de interesses vis, a cultura evoca necessidades antinaturais e os humanos modernos são corruptos. Ele vê virtude e nobreza apenas no *beau sauvage* (Russell 1959/2017). Schelling, influenciado por Johann Gottlieb Fichte (1762-1814) e contrário à tendência reducionista da época, desenvolveu uma dialética holística da complementaridade do “Eu” e do “Não-Eu”, que se estende à interdependência de consciência e intuição, atividade e passividade, razão e emoção, o eu e o outro e, em última análise, os seres humanos e a natureza (Schelling 1797/1995). A perspectiva de Schelling é um dos fios condutores deste livro, já que representa um desenvolvimento da dialética platônica, como vimos no Capítulo 1: uma terapia para a alma que leva ao conhecimento, superando a ignorância patológica (Stephens 1993). O resultado de sua abordagem é chamado de Filosofia da Natureza ou, como Schelling proporia, uma filosofia do “Absoluto”. Para ele, uma filosofia da natureza é generativa, ou seja, é um processo por meio do qual o natural se produz, emerge (Grant 2006). Em suas palavras (Schelling 1797/1995, p. 10-11):

> *“Assim que o homem se coloca em oposição ao mundo externo (...), ele separa, desde já, o que a Natureza sempre uniu, separa o objeto da intuição, o conceito da imagem, finalmente (...) ele próprio de si mesmo. (...) Entre ele e o mundo, portanto, nenhuma ruptura deve ser estabelecida, contato e ações recíprocas devem ser possíveis entre os dois, pois só assim o homem se torna homem.”*

“Rupturas estabelecidas” são precisamente as fraturas entre os humanos e tudo o que os cerca, a alienação humana, como postula Hannah Arendt (Macauley 1996a, Capítulo 2). Ao contrário da abordagem de Schelling, as dialéticas modernas eram comumente tão reducionistas quanto a ciência do período. Talvez, como uma consequência esperada da ascensão do industrialismo, o século XIX tomou um desvio utilitarista. Malthus (1766-1834) e suas preocupações com o crescimento populacional no final do século influenciaram tanto a teoria da evolução por seleção natural de Charles Darwin (1809-1882), em 1859, quanto a teoria econômica e política de Karl Marx (1818-1883), que ficaria conhecida como Marxismo (Russell, 1959/2017). Embora pertençam a campos de investigação distintos, Darwin, Marx - e também outro ilustre contemporâneo, Sigmund Freud (1856-1939) - seguiram a lógica dialética de Hegel (1770-1831), Fichte e Schelling: tese, antítese e síntese resultante (Althusser e Montag 1991, Richards e Ruse 2016). Contudo, isso foi feito em grande parte dentro dos limites de seus campos específicos de interesse, embora eles tenham possivelmente se influenciado mutuamente, além, claro, de toda uma legião de seguidores (Clark et al. 2007).

Para os objetivos deste livro, a complementaridade desses pensadores é de particular interesse em relação ao ângulo de abordagem de cada um sobre a natureza. Não foi apenas Darwin que se dispôs a desvendar os segredos da natureza multiespécies, mas também Freud, na busca pelos segredos da natureza humana individual (especialmente o inconsciente), e Marx, em suas tentativas de revelar os segredos sociais da natureza (particularmente do capitalismo). Natureza do ego (Freud), natureza do social (Marx), natureza das espécies (Darwin) - reducionismo? Apesar de suas abordagens dialéticas na busca de uma síntese do Eu e do Não-Eu - como Fichte e Schelling chamariam - nenhum deles foi suficiente para abordar o "Eu" do todo, ou o "Absoluto". Assim, Darwin, Marx e Freud não escaparam às críticas. Herbert Marcuse (1898-1979), em sua provocativa obra *Eros e Civilização* (Marcuse, 1955/1975), argumentou que os impulsos humanos para o controle e destruição da natureza resultam da repressão do instinto. Enquanto Freud acreditava que a repressão do instinto era intrínseca à vida civilizada, Marcuse distinguia entre "repressão básica" (essencial para a cooperação social) e "repressão excessiva" (imposta pela ordem de dominação social por uma dada elite). Para Marcuse, a liberação do Eros é essencial para a reconciliação entre os seres humanos e a natureza. Sua crítica mais implícita a Marx aparece quando ele argumenta que Prometeu é o herói cultural (um dos favoritos de Marx) do esforço laborioso, da produtividade e do progresso por meio da repressão e, muitas vezes, do dano à natureza. Em vez disso, Marcuse defende a busca de heróis no lado oposto, como Dionísio e Orfeu, por sua imagem de alegria e felicidade, pela atitude pacífica que contrasta com os labores da conquista e pela "liberação do tempo que une humanos a Deus e humanos à natureza" (Marcuse 1955/1975, p. 147). Uma crítica relevante a Darwin vem de outro famoso contemporâneo: Friedrich Nietzsche (1844-1900). Ele argumentava que a teoria da evolução buscava regras e padrões onde não deveriam existir (Pence 2011) – uma crítica um tanto semelhante ao que Pascal pensava sobre o projeto cartesiano de compreender tudo (Capítulo 4).

5.2 Fenomenologia: intuição e consciência

Embora não exista uma escola de Schelling ou discípulos óbvios, sua *naturphilosophie* influenciou, entre outros, o existencialismo, o idealismo, o marxismo e a fenomenologia (Norman e Welchman 2004). Edmund Husserl enfatizou o papel da subjetividade na relação entre ser – ideia – coisa (Husserl 1921/1988) e destaca-se como o pioneiro da fenomenologia transcendental (Tabela 5.1). Seu seguidor, Maurice Merleau-Ponty (1908-1961) – um dos principais nomes associados a essa tradição – definiu a fenomenologia como uma filosofia transcendental que tenta descrever a experiência com base em um mundo presente, não alienado. Esta abordagem presta menos atenção às explicações causais derivadas de racionalidades psicológicas, sociológicas, históricas ou científicas (Merleau-Ponty 1945/2018), enquanto valoriza a intuição. A intuição é o tipo de atividade mental diretamente sintonizada com o mundo que cerca o ser – é a forma mais elevada de instinto (Russell 1959/2017). Nesse aspecto, o filósofo francês Henri Bergson – contemporâneo de Husserl – foi responsável por uma virada filosófica no início do século XX para o tempo, a corporeidade e a intuição (Kelly 2010). A própria discussão sobre se Bergson se encaixa melhor na tradição fenomenológica ou existencialista, ou mesmo como pioneiro do pós-modernismo (Riley 2002, Kelly 2010, Bianco 2013), é evidência de que ele é um dos pensadores mais influentes do final do século XIX e início do século XX.

Dois conceitos foram caros a Bergson e também são a este livro: intuição e duração. Intuição, em oposição ao intelecto, é prática e emerge da experiência. O tempo sobre o qual a intuição opera não é o tempo cronológico, artificial: é o tempo "real", que Bergson chama de "duração". Duração do tempo de vida, composta tanto de instantes qualitativamente diferentes quanto de momentos únicos. Esses momentos e instantes se interpenetram e se conectam para formar "durações" (Poli 2017). A consciência guarda tudo e, com a ajuda da memória, conecta passado e presente para antecipar futuros intuitivamente. Para Bergson (1901-1913/2019), o presente é uma membrana puramente teórica, permeável, e a consciência não tem presente, navegando entre passado e futuro. Consciência e espírito, para o filósofo francês, são quase sinônimos, o que é paradoxal em uma perspectiva moderna que frequentemente associa consciência à racionalidade e espírito ao irracional. Finalmente, ele confiava que, para que a incompletude e a indefinição da intuição se tornassem perenes, seria necessário entrar em um modo de fluxo contínuo entre o espírito e a natureza. Se reduzirmos a "continuidade indivisível", como Bergson a chamava, a subsistemas, essas subdivisões não são partes do todo, "são apenas visões parciais do todo" (Bergson 1907/2019, p. 34). Mais uma vez, é a totalidade indivisível, que remete ao significado original de natureza (Capítulo 1), à filosofia pré-socrática (Capítulo 2), a Agostinho (Capítulo 3), a Spinoza (Capítulo 4) e a Schelling (acima).

Tabela 5.1. As principais linhas de investigação filosófica relacionadas à natureza e aplicáveis às questões de sustentabilidade. Todas elas possuem componentes modernos e pós-modernos.

Século	Linhas	Características principais e nomes
XIX	*Naturphilosophie*, a filosofia da natureza	A filosofia da natureza é um processo gerativo por meio do qual a natureza emerge da relação entre o humano e o não-humano, entre o ser e o não ser. É uma filosofia do "Absoluto". Schelling (1775-1854) é o nome central desta vertente.
XIX/hoje	Fenomenologia	Fenomenologia é uma filosofia transcendental que valoriza a experiência, a intuição e os sentidos, com mais ou menos equilíbrio com a racionalidade lógica, dependendo do autor. Alguns dos principais nomes são Husserl (1859-1938), Bergson (1859-1941) e Merleau-Ponty (1908-1961).
XIX/hoje	Ambientalismo e ecologia radical	O movimento ambientalista oscila entre uma perspectiva romântica, quase anti-humana, e uma perspectiva mais engajada socialmente. Dessa tensão, emerge, possivelmente, a sustentabilidade como um valor. Entre os muitos nomes importantes estão: Rousseau (1712-1778), Fourier (1772-1837), Thoreau (1817-1862), Emerson (1803-1882), Muir (1838-1914), Heidegger (1889-1976) e Arne Næss (1912-2009).
XIX/hoje	Naturalistas e cientistas	Enquanto naturalistas como Humboldt (1769-1859) e Martius (1794-1868) traziam uma visão mais abrangente da natureza como um todo, a ciência tornou-se progressivamente mais reducionista, mesmo em disciplinas esperadas para tratar do todo, como a Biologia. Vernadski (1863-1945) foi uma exceção importante. Na ciência, após Darwin, a ecologia, o neodarwinismo e – com menor impacto – a teoria de Gaia convergiram com campos não biológicos para dar origem à Ciência da Sustentabilidade.

Pode-se ainda adicionar a essa lista Merleau-Ponty, que foi o primeiro fenomenólogo a argumentar que a transcendência não era algo apenas intelectual, mas, ao invés disso, uma capacidade do corpo fisiológico. Subjetividade, consciência – e, acrescento, antecipação – são inerentes às nossas relações sensoriais e corporais com o mundo ao redor (Abram 1996). A biosfera, para ele, era a "carne" do planeta, um tecido intrincado do qual os seres humanos seriam uma humilde parte (Merleau-Ponty 1964/2018). Isso, por sua vez, ecoa a famosa declaração do Chefe Seattle em 1855 (1786-1866): "o homem não teceu a teia da vida; ele é apenas um fio nela" (ver Weiss 1990). O Chefe – e a maioria, se não todos, dos ameríndios – é então outra adição à longa lista de pensadores que percebem a natureza como um todo, do qual os seres humanos não são mais que uma parte.

5.3 Ambientalistas e Ecologistas Radicais

Enquanto Husserl e Bergson aplicaram a fenomenologia como uma investigação da consciência, e Merleau-Ponty como a primazia da percepção (Abram 1996), Martin Heidegger a explorou como uma abordagem ao ser (Crowell 2013). Como vimos nos Capítulos 1 e 2, para Heidegger o desenvolvimento da metafísica ocidental foi um processo degenerativo de "esquecimento do ser", e tal esquecimento teve implicações negativas para a própria essência de ser humano (Heidegger 1927). Ele também condenou a destruição da natureza pelas economias modernas que tratavam humanos e não-humanos como mercadorias (Zimmerman 1996). Para ele, as pessoas são responsáveis por cuidar de si mesmas, mas também da natureza não-humana – uma visão que influenciou alguns de seus seguidores, como Arendt e Jonas, como veremos nos próximos capítulos. Embora Heidegger não se encaixe facilmente nos rótulos de fenomenólogo ou ambientalista, parte de seu pensamento influencia a ecologia radical, o ambientalismo e a concepção de sustentabilidade (Zimmerman 1996).

A história do ambientalismo remonta a Rousseau e ao movimento romântico europeu no século XVIII, mas ganhou força nos séculos seguintes. McNeil e Mauldin (2012) fornecem um relato detalhado da história ambiental e do ambientalismo em todo o planeta, que não será revisitado aqui. Contudo, é relevante destacar que desde seus primórdios (e em grande parte até hoje), o ambientalismo desconfia da capacidade humana de lidar com a natureza não-humana de forma harmoniosa. Nos Estados Unidos, no final do século XIX, Ralph Waldo Emerson, Henry David Thoreau e John Muir – com sua ética romântica-transcendental de conservação (Groom et al. 2006) – destacaram que a natureza possui usos além do ganho econômico, por vezes de maneira poética e quase religiosa. Emerson (1836/2009), por exemplo, afirmou que a história natural nos ajuda a compreender a história sobrenatural. Eles deram destaque à noção de "selvagem" (*wilderness*), que se tornou essencial para a criação de áreas protegidas, como parques nacionais, e que levou, em última instância, ao *Wilderness Act* de 1964, nos Estados Unidos. Esta lei reconheceu a necessidade de proteger "comunidades de vida" em áreas "não manipuladas pelo homem" (ver Johnson 2020). Hoje, as áreas protegidas como ferramenta de conservação são implementadas em todo o planeta (ver Capítulo 10), mas a premissa principal por trás desse instrumento de política é que seres humanos e elementos não-humanos da natureza devem ser mantidos separados, em benefício de outras espécies. Mais tarde, no século XX, o ambientalismo como movimento social deu origem a uma série de organizações não governamentais internacionais e nacionais que continuam muito influentes nas práticas ambientais de governos e do setor privado. Da década de 1970 ao final do século XX, grande parte do ambientalismo era "ecocêntrico", focado na natureza, o que encontrou uma oposição crescente de cientistas sociais por várias razões, incluindo o impacto da conservação sobre povos e culturas locais e as conexões com a noção capitalista de progresso e desenvolvimento (West e Brockington 2012).

Dessa tensão, surgiram críticas na forma de ambientalismo radical ou ecologia radical. Linhas de pensamento e movimentos como ecologia profunda, ecologia integral, Ecossocialismo e Ecofeminismo emergiram – todos radicalmente contra a visão antropocêntrica da natureza (Zimmerman 1996). Mas, pode-se argumentar, a ecologia radical também surgiu no início do século XIX com Charles Fourier. Marcuse (1970) e Roelofs (1996, 2018) descrevem a abordagem utópica e anarquista de Fourier como influente no marxismo, feminismo, movimento *hippie* e na "teoria vermelho-verde". Sua proposta controversa de recriar radicalmente um "mundo amoroso" (Roelofs 2018) – já que desafiava a família, a monogamia e a natureza como mercadoria – remete à "trindade do amor" de Vespúcio, tal qual ele viu nos ameríndios Tupinambá no Brasil: amor a si mesmo, amor ao próximo, amor à natureza (Capítulo 4). Fourier também valorizava marcadamente o instinto e a intuição, como fazem os fenomenólogos (Roelofs 1996).

A ecologia profunda possui várias abordagens, mas a de seu fundador, Arne Næss, trata da interação da ecologia com tradições espirituais, filosóficas e religiosas que abordam a natureza de forma ecocêntrica (Walsh et al. 2021), sendo classificada por alguns como um tipo de ecosofia (Levesque 2016, ver também Capítulo 6). Para Esbjörn-Hargens e Zimmerman (2017), ela se encaixa sob o guarda-chuva mais amplo da ecologia integral, que está preocupada, de forma geral, em alcançar um futuro no qual humanos e não-humanos estejam integrados em relações pacíficas e sustentáveis – esse propósito acolhe uma ampla variedade de abordagens (Mickey et al. 2017). A ciência e a militância em prol da sustentabilidade, como argumentei anteriormente (Scarano 2019b, Capítulo 8), emergem de alguma forma da disputa entre os vários tipos de ecologias existentes. Veremos mais sobre alguns desses movimentos, como o Ecofeminismo, no Capítulo 11.

5.4 Naturalistas e Cientistas

As preocupações do pensamento filosófico e dos movimentos sociais durante o século XIX, e especialmente no século XX, em relação à necessidade de reconectar os seres humanos com a natureza, estavam muito relacionadas aos relatos de viajantes naturalistas, especialmente nas Américas. Karl Friedrich Philipp von Martius, naturalista alemão que desempenhou um papel de destaque na descrição da biodiversidade brasileira, acreditava que a história do Brasil estava intimamente ligada ao cruzamento das três raças que formaram a nacionalidade – os povos indígenas, os africanos e os caucasianos (Martius 1845, Costa 2009). Essa visão, sempre cercada de controvérsias, seria consolidada e aprofundada pelo antropólogo e sociólogo brasileiro Gilberto Freyre (1900-1987) (Vainfas 1999). Em *Casa-grande e Senzala* (1933) – em um período que marcou um dos picos do racismo global – ele afirmou que a mestiçagem racial e cultural ocorrida no Brasil teria um valor especial para a civilização. A importância da contribuição de Freyre levou estudiosos recentes a apontá-lo como um dos primeiros teóricos da globalização (Gerstenberger 2013).

Alexander Von Humboldt, outro naturalista alemão, que viajou extensamente pela Amazônia setentrional, produziu um tratado em cinco volumes chamado *Kosmos* (1845-1862). Nele, descreveu a Terra como uma totalidade natural animada e complexa, ao descrever a vida como uma grande cadeia de causas e efeitos, na qual nada poderia ser considerado de forma isolada (Wulf 2016). Andrea Wulf nos conta, curiosamente, que ele cogitou chamar o livro de *Gäa*, em referência à deusa grega. Veremos mais sobre a teoria que também carrega o nome de Gaia no próximo Capítulo 6.

No campo científico, os casos de Darwin, Marx e Freud são inquestionavelmente notáveis. Contudo, conforme já discutido, cada um deles manteve uma abordagem reducionista que confinava suas análises a algo menor que o todo. Por exemplo, James Lovelock (1919-2022) – um dos pais da teoria de Gaia, junto com Lynn Margulis (1938-2011) (Capítulo 6) – perguntou-se o que teria acontecido se Darwin considerasse o organismo planetário como um todo, em vez de seus módulos biológicos individuais como partes de sua teoria evolutiva (Lovelock 2010). Cerca de 50 anos antes da teoria de Gaia, o bioquímico russo Vladimir Vernadsky (1926/2019) propôs uma definição mais ampla para o conceito de biosfera. Para ele, a biosfera abrange desde alguns metros abaixo do solo até a interface entre a atmosfera e a estratosfera. É composta por seres vivos e por materiais inertes, devido à sua interconectividade. A vida, em sua visão, é uma força geológica que torna a Terra única entre os planetas conhecidos – um todo indivisível. As semelhanças com a teoria de Gaia eram tais que Lynn Margulis – previamente desconhecedora do trabalho do cientista russo – foi uma das redatoras do prefácio da primeira tradução de seu livro *Biosfera* para o inglês (Vernadsky 1926/1998). Vernadsky e um de seus admiradores, o jesuíta e filósofo Teilhard Chardin, serão examinados mais detalhadamente no Capítulo 9, quando discutiremos tecnologia.

Na Biologia, a abordagem reducionista prosperou, como na perspectiva centrada no gene do neodarwinismo, que, de muitas maneiras, silenciou a teoria de Gaia por várias décadas (Castell et al. 2019, Capítulo 6). A própria Ecologia também seguiu uma perspectiva reducionista, se especializando em suas diversas subdivisões: genética, organismos, populações, comunidades, ecossistemas etc. Nesse sentido, Timothy Morton (2007, p. 178) argumentou que a ciência ecológica "transformou o meio ambiente em uma gigantesca biblioteca (...), um livro da natureza (...) sem índice". Finalmente, e em direção ao final do século XX – diante do estado irreversível de transformação planetária devido à ação humana – a convergência de muitos módulos científicos disciplinares levou ao surgimento da Ciência da Sustentabilidade (a ser discutida no Capítulo 8).

5.5 Considerações Finais: Grande Aceleração, Grande Contradição

Ainda que a era do Antropoceno tenha sido refutada pela ciência, é indiscutível que muitos dos indicadores da Terra teriam mudado além da variação apresentada durante o Holoceno, devido à ação humana. Steffen et al. (2015a) propuseram que essas mudanças em grande medida resultam da "Grande Aceleração" pós-1950. Argumentaram também que, como resultado disso, teríamos ultrapassado limites planetários, indo além do "espaço operacional seguro", especialmente no que diz respeito à integridade da biosfera e às mudanças climáticas (Steffen et al. 2015b). Embora o conceito de limites planetários também não esteja isento de críticas (por exemplo, Montoya et al. 2017), a ciência não tem dúvidas sobre o impacto humano na Terra, seus efeitos no clima e na vulnerabilidade dos sistemas naturais e humanos a essas mudanças (IPCC 2014a).

Ingressar nesse novo estado, como resultado do divórcio da humanidade com a natureza, é uma das maiores contradições da jornada do *Homo sapiens* na Terra. O rápido avanço da ciência, os desenvolvimentos sofisticados da filosofia humanística e a veloz industrialização ocorreram em paralelo à degradação da natureza e ao aumento das desigualdades sociais e da violência. A liberdade – o valor central por trás de muitas mudanças na Europa no século XVIII – não foi traduzida pelos europeus modernos no fim da escravização de pessoas e da dominação violenta no Sul Global, nem em relações de trabalho mais justas no Norte Global. Como tal declínio poderia acontecer em paralelo ao crescente conhecimento e à consciência da nossa espécie sobre sua interdependência mútua com os demais elementos humanos e não-humanos da natureza? Este capítulo mostra que, sim, a Modernidade transformou a natureza (incluindo a espécie humana) em mercadoria, mas a ciência, a filosofia, a religião e o conhecimento ancestral muitas vezes mostraram que deveríamos agir de outra forma. Como nossa espécie não tomou atitude? Como ainda não a tomamos? A descrença na Modernidade levou ao surgimento do movimento pós-moderno, que discutiremos no próximo Capítulo 6.

CAPÍTULO 6

Pós-moderno ou Pós-normal? Estamos mais distantes ou mais próximos da natureza?

6.1 Introdução

Vivemos em tempos de "pós-tudo": pós-verdade, pós-humanismo, pós-feminismo, pós-normal, pós-moderno e até pós-pós-moderno. Paul (2021) explica que os pós-conceitos estabelecem uma "cerca" em torno de uma parte da realidade e a rotulam como algo do passado. Ele também argumenta que isso não é um hábito exclusivo do século XXI, mas já está presente desde a primeira metade do século XX. No entanto, a linguagem "pós-" tornou-se cada vez mais comum com o livro *La Condition Postmoderne* de Jean-François Lyotard (1924-1998) (Lyotard 1979/2019). Pós como prefixo comum pode sugerir afinidades ou até mesmo relações de parentesco entre os vários pós (Paul 2022). Eles também, à primeira vista, sugerem transição para algo desconhecido ou incerteza ao descrever a situação atual (Salazar 2021). Neste capítulo, abordo dois "pós-adjetivos" – pós-moderno e pós-normal – examinando seus posicionamentos acerca da relação entre o ser humano e a natureza. Diferente dos capítulos anteriores, aqui não estou tratando de uma era *per se*, mas de um contramovimento (pós-modernismo) e de uma fase de transição (tempos pós-normais), que possuem várias afinidades e, por vezes, se sobrepõem, mas também possuem diferenças muito significativas (Tabela 6.1).

Tabela 6.1. Atributos relacionados ao pós-modernismo e aos tempos pós-normais (Funtowicz e Ravetz 1993, Horrocks 2002, Dingler 2005, Sardar 2010, 2015, Mayo 2020).

	Pós-modernismo	Tempos pós-normais
O que é	Filosofia, movimento artístico ou ideologia política com uma abordagem niilista	Período de transição em direção a um futuro desconhecido, marcado por caos, contradição e complexidade
Grandes narrativas	Objetiva demoli-las, porém não oferece alternativas práticas	Postura crítica, com uma teoria de mudança
Significado	Ausente	Em busca de
Ferramentas	Ironia, cinismo	Observação crítica e experiência
Período	Principalmente, a segunda metade do século XX	Possivelmente coincide com o fim dos anos 1980 e início dos anos 1990
Natureza	Um discurso de poder	Um sistema complexo que devemos manejar, acomodar e ajustar
Ciência	Uma construção que cria a realidade à sua própria imagem	Pluralidade de conhecimentos

Apesar das diferenças apresentadas na Tabela 6.1, não é apenas difícil separar autores e temas em cada um desses compartimentos, mas, não raramente, também é complicado distingui-los do pensamento moderno. Vamos tomar como exemplo a prática secular de conservação da natureza. Inicialmente (no final do século XIX, mas ainda presente hoje), a ação de proteger áreas selvagens dos seres humanos (veja o Capítulo 5) poderia ser chamada de pós-moderna, pois se opunha à narrativa da natureza como mercadoria. No entanto, mais tarde, essas áreas também passaram a servir a propósitos relacionados ao turismo, lazer e até à provisão de serviços ecossistêmicos para garantir a segurança alimentar, hídrica, climática e energética. Nesses termos pode-se argumentar que essas áreas protegidas foram incorporadas pela prática capitalista e, logo, se encaixariam bem no rótulo moderno. Finalmente, se essas mesmas áreas fossem reexaminadas à luz das mudanças climáticas, e os praticantes decidissem alterar os limites e a extensão dos parques para melhor acomodar processos como a migração de animais e plantas dentro de um novo alcance geográfico, isso seria uma atitude pós-normal. Esta lógica também foi incorporada à linguagem da ciência, e exemplos de como a ciência pós-normal (veja também o Capítulo 8) está sendo aplicada à biodiversidade já estão presentes no Sul Global, em países como Austrália (Colloff et al. 2017) e África do Sul (Buschke et al. 2019). Outro exemplo são as abordagens pós-moderna e pós-normal sobre a relação entre o ser humano e a natureza (Tabela 6.1). Se a abordagem pós-moderna estabelece como dicotômica a escolha entre o humano ser "parte" ou ser "apartado" da natureza, Schroeder (2007), a partir de observações locais, inferiu que é possível incorporar simultaneamente os dois estados. Essa conclusão pós-normal sugere que a relação ser humano-natureza é uma experiência dialética.

Curiosamente, também vivemos em tempos de "eco-tudo" (Jacoby 2020). O uso do prefixo "eco" ainda não é tão frequente quanto o do prefixo "pós", mas também está presente: ecofeminismo, ecofenomenologia, ecomaterialismo, ecossocialismo, ecovilas e até ecoansiedade. Isso parece sugerir que muitas vezes "pós" é "eco". É como se tivéssemos cercado tudo o que é passado como "não-eco" ou até "anti-eco". "Eco" é tanto uma atitude pós-moderna quanto pós-normal. De fato, Gare (1995) argumentou quase três décadas atrás que os discursos pós-modernos e ambientalistas deveriam se envolver com mais frequência em trocas e conversas. Este capítulo também mostrará que isso já ocorre em certa medida, tanto na ciência quanto na filosofia, como no caso das teorias científicas holísticas e das ecosofias – todas desfilando no espectro que vai do pós-moderno ao pós-normal.

6.2 Premissas

Minha primeira premissa é que, durante pelo menos nos últimos 25 anos, vivemos em tempos pós-normais. Este é um período complexo, contraditório e caótico de transição de um normal para um novo normal (Sardar 2010, 2015). Funtowicz e Ravetz (1991, p.138) argumentaram que, neste tempo, "os fatos são incertos, os valores estão em disputa, os riscos são altos e as decisões são urgentes" (veja também o Capítulo 1). No atual tempo pós-normal, coexistem ou competem três categorias de visões de mundo: tradicional, moderna e pós-moderna

(Hedlund-deWitt 2012). A visão de mundo tradicional se refere a uma diversidade de casos nos quais a ciência não é a única forma de conhecimento, e manifestações religiosas ou outras manifestações culturais locais também são igualmente ou mais relevantes. A visão de mundo moderna (Capítulo 5) subscreve à lógica e valores econômicos, bem como enxerga na ciência a única forma relevante de conhecimento. Para a visão de mundo pós-moderna, a ciência não é a única forma relevante de conhecimento, devendo dialogar com as artes e com a diversidade de espiritualidades existentes, religiosas ou não. Objetivamente, de acordo com Michel Foucault (1926-1984), as visões de mundo não são nem verdadeiras nem falsas, pois estão sujeitas a relações entre conhecimento e poder (Foucault 1980). No entanto, são precisamente esses tipos de relações que tornam a visão de mundo moderna hegemônica, no sentido de que ela geralmente silencia ou subjuga visões de mundo tradicionais, ao mesmo tempo em que é atacada pela crítica pós-moderna.

Minha segunda premissa é que futuros desejáveis que podem vir a surgir após os tempos pós-normais abraçam múltiplas formas de "bem-estar planetário", definidas por Kortetmäki et al. (2021) como "um estado em que a integridade do sistema da Terra e dos processos ecossistêmicos permanece intacta a tal ponto que as espécies e populações podem persistir no futuro e os organismos têm a oportunidade de alcançar o bem-estar". Esta definição não faz distinções entre humanos e não-humanos. A perspectiva de Sardar (2021) possui dois imperativos: primeiro, evitar a real possibilidade de colapso societal, e em segundo lugar, uma visão coletiva e colaborativa em direção a "futuros viáveis e prósperos para a humanidade em uma Terra ecologicamente saudável". Este estado "transnormal", como Sardar o chama, e que ele espera que seja o novo normal do futuro, é mais antropocêntrico do que a noção de bem-estar planetário, pois ainda mantém a humanidade e o resto da Terra em caixas separadas.

Minha terceira e última premissa é que esse estado de bem-estar planetário pode ser expresso pela palavra "sustentabilidade", que – assim como a palavra "natureza" (Parte A deste livro) – atualmente está sequestrada pela visão de mundo moderna e, portanto, tem um "preço" associado a ela (veja os Capítulos 1, 5 e a próxima Parte B). Sustentabilidade, no sentido amplo de bem-estar planetário, não é a resposta a uma pergunta sobre "onde", mas a uma pergunta sobre "o quê". Não é um único lugar de chegada, mas um estado que de forma alguma será homogêneo, pois permitirá a coexistência e colaboração de diferentes visões de mundo.

A seguir, apresentarei duas linhas de pensamento interrelacionadas que têm origens modernas, uma atitude pós-moderna e, a meu ver, são convites abertos para diálogos pós-normais: a teoria de Gaia e as ecosofias. Tais conversas estão no escopo da pergunta "como": como a sociedade permitirá que esse novo estado (digamos, utópico) de sustentabilidade (no sentido de bem-estar planetário) surja? Esses diálogos eu abordarei em mais detalhes, especialmente nas partes C e D do livro, após examinarmos na parte B o estado atual da sustentabilidade como valor e prática.

6.3 Gaia: da Grécia Antiga à Teoria Pós-moderna e até à Metáfora Pós-normal

A teoria de Gaia - nomeada em referência à deusa grega da Terra, mãe de toda a vida - propõe a noção de estabilidade dinâmica da vida ao longo do tempo (Lovelock e Margulis 1974). Ela sugere que, na Terra, entidades vivas e não vivas interagem e evoluem por meio de um mecanismo de autorregulação que mantém a vida, que é autopoiética, ou seja, é capaz de reproduzir os componentes dos quais é composta (Maturana e Varela 1984). Poli (2017) acrescenta que, para os sistemas autopoiéticos, o ambiente ao redor não é "outro", mas parte do sistema. A relação entre o sistema e o ambiente é reflexiva, pois são um só, um todo. O cientista russo Vladimir Vernadsky (1926/1989), ainda pouco conhecido no Ocidente, argumentou que a vida é um "todo indivisível e indissolúvel" e expandiu o conceito de biosfera. Na conceituação original, ela seria a esfera da vida, bastante fina, estendendo-se desde alguns metros na geosfera até vários metros acima, em direção ao topo da atmosfera, ou seja, a troposfera. Para Vernadsky, mais que uma esfera de vida, a biosfera seria o resultado da interação do vivo com o não-vivo, ou seja, com a matéria inerte. Do ponto de vista da teoria de Gaia, da teoria da autopoiese e do conceito expandido de biosfera, o planeta funciona como um único supraorganismo vivo, com os humanos como parte de sua vasta teia de vida. A vida seria a força geológica que torna a Terra diferente de outros planetas conhecidos. Isso nos traz de volta à noção de totalidade, como discutido no Capítulo 5, que remete ao significado original de "natureza" (Capítulo 1), à filosofia pré-socrática (Capítulo 2), a Agostinho (Capítulo 3), a Spinoza (Capítulo 4), a Schelling e sua *naturphilosophie*, à fenomenologia de Bergson e Merleau-Ponty, bem como ao líder ameríndio Chefe Seattle – para citar apenas alguns (Capítulo 5).

Vernadsky também argumentou que a biosfera tinha duas propriedades emergentes: a tecnosfera e a noosfera. A tecnosfera é o conjunto de objetos técnicos e tecnológicos que o ser humano construiu e instalou no planeta. Esta esfera de matéria artificial e construída pode em breve superar a massa de todos os seres vivos do planeta (Elhacham et al. 2020). A noosfera expressava a preocupação do cientista russo com o impacto da consciência humana na Terra: é a esfera do conhecimento, pela qual a mente humana, por meio da ciência e da engenharia, se tornaria a principal força motriz para a mudança ambiental global (Vernadsky 1938/1997). Ele parecia antecipar a contemporaneidade (Guillaume 2014).

O filósofo francês e jesuíta Teilhard de Chardin (1881-1955) conheceu Vernadsky e desenvolveu sua própria noção sobre a noosfera. Para ele, era uma consciência coletiva, que surgiria da interação das mentes humanas. Ele pensava que, à medida que as redes humanas cresciam com o transporte e as telecomunicações (a tecnosfera), a noosfera expandiria sua integração, consciência e unificação, culminando no Ponto Ômega, uma organização hiperpessoal da humanidade. Para ele, a evolução era uma ascensão em direção à consciência coletiva e o "Cristo Cósmico" seria o princípio organizador do Universo (Chardin 1955/2008). Chardin também via um papel para a tecnologia nesse processo. Ele acreditava que o rádio e a televisão antecipavam a comunicação telepática (Chardin 1946/2007) – podemos apenas imaginar o quanto ele teria se tornado ainda mais otimista se tivesse visto a *internet*.

Vernadsky e Chardin, Lovelock e Margulis, Maturana e Varela – todos tinham uma visão holística da vida. Enquanto Chardin era mais tradicional (de acordo com a classificação de visões de mundo de Hedlund-deWitt 2012), sua visão tinha componentes tecnológicos modernos. Enquanto a visão de Vernadsky estava à frente de seu tempo, ela era muito moderna, com uma perspectiva pós-normal: por exemplo, para ele, a Ecologia deveria ser tratada em escala planetária, como a Ciência do Sistema Terra faz hoje (Guillaume 2014). Os teóricos de Gaia e da autopoiese eram definitivamente pós-normais, e possivelmente pós-modernos também. Latour transformou a teoria de Gaia em uma metáfora para lidar politicamente com as crises planetárias globais: sua "política de Gaia" (Latour 2018) é provavelmente tanto pós-moderna quanto pós-normal.

6.4 Ecosofia: Regenerando Gaia

A ecosofia ou filosofia ecológica é uma estrutura filosófica e um estilo de vida baseado em ações cotidianas ecologicamente orientadas e no engajamento político (Levesque 2016). Sob o guarda-chuva da ecosofia, Levesque inclui tanto Arne Næss, o fundador da ecologia profunda (Capítulo 5), quanto Félix Guattari (1930-1992). Vernadsky talvez tenha tido uma influência sobre ambos: na expectativa de Næss de uma interação positiva entre os seres humanos e seu entorno (Levesque 2016), e no conceito de Guattari de mecanosfera, que de várias formas lembra a tecnosfera, ou ainda, a biotecnosfera (Saldanha e Stark 2016). No caso de Guattari, outra grande influência foi a noção de ecologias da mente, da sociedade e do planeta de Gregory Bateson (1904-1980) (Bateson 1972/1987), que incidiu sobre as suas três "ecologias": ambiental, social e individual (Guattari 1989/2000). Ambas as iniciativas, de Næss e Guattari, surgiram para promover uma conscientização socioambiental, até então quase inexistente conscientização popular sobre questões ambientais. Guattari (1989/2000), por exemplo, é explícito sobre a prática das três ecologias podendo levar a uma reformulação dos objetivos das lutas emancipatórias, como as do feminismo, antirracismo e o ambientalismo em si.

Mais tarde, Guattari – juntamente com seu longo parceiro de escrita Gilles Deleuze (1925-1995) – anunciou uma "geofilosofia", ainda dentro do mesmo paradigma da ecosofia. Esta tratava de um "retorno" à Terra, à natureza (Deleuze e Guattari 1991/1994). A "geossociologia" de Maffesoli (2017/2021) é equivalente a isso e exige uma "sensibilidade ecosófica" para sentir tal conexão. A interpretação de Saldanha e Stark (2016) sobre a ecosofia de Deleuze e Guattari é que a relação moderna entre humanos e não-humanos dificulta esse retorno à natureza por ser materialista, geográfica e ter fortes relações com o capitalismo, a família, o racismo e o estado. Portanto, para eles, a vida é coletiva e política. A ecologia profunda de Næss envolve a interação da ecologia com dimensões espirituais, filosóficas e religiosas, e sua abordagem é ecocêntrica (Walsh et al. 2021, Capítulo 5). Por exemplo, certa vez ele afirmou: "os humanos, e apenas os humanos, não têm direito de interferir nos processos naturais" (Næss 1984). Próxima da ecologia profunda, pode-se posicionar a ecofenomenologia quase religiosa de Anna-Teresa Tymieniecka (1923-2014), cuja abordagem filosófica visa deslocar a intencionalidade humana em direção à Terra e ao Cosmos de uma prática instrumental para uma ação amorosa (Totaro 2018).

Se concordarmos que o princípio das três ecologias é relevante, assumimos que a conexão com o eu, com o social e com o ambiente é um passo-chave na transição para futuros sustentáveis, em um estado de bem-estar planetário. Por outro lado, e como propunha Hannah Arendt, se os humanos modernos de fato teriam se alienado de tudo que os cerca (outros humanos e os elementos não-humanos da natureza; Macauley 1996, Capítulos 2 e 5), isso significa que as conexões individuais e comunitárias com o eu, o social e o ambiente estão rompidas. Consequentemente, uma atitude individual e coletiva importante nos tempos pós-normais é regenerar os elos perdidos que tínhamos com nós mesmos, com outras pessoas e com o mundo não-humano ao nosso redor (Scarano 2019a). Como vimos no Capítulo 1, "regeneração" emerge como uma metáfora para a "sustentabilidade" (Gibbons 2020, Poelina et al. 2022). A regeneração é um processo que se aplica à reparação de sistemas, relações e direitos, e, desta forma, é inclusiva de outras visões de mundo, ao contrário da noção mais restrita (moderna, capitalista) de desenvolvimento sustentável (Scarano 2019b). O bem-estar planetário (que como já vimos é outra metáfora concorrente com a sustentabilidade) – inclusivo de todos os humanos e não-humanos, como vimos na segunda premissa estabelecida no início deste Capítulo – seria a orientação, a bússola.

Como argumentei nos Capítulos anteriores, essa reconexão exigirá processos regenerativos conversacionais, dialógicos e dialéticos, para finalmente alcançar o estágio descrito por Américo Vespúcio ao se deparar com o estilo de vida dos Tupinambá no Brasil: amor a si mesmo, amor ao próximo, amor à natureza (Capítulo 4). A visão de Vespúcio, expressa 500 anos antes, está incrivelmente alinhada com a das três ecologias (e já era definitivamente pós-moderna e pós-normal nos anos 1500).

6.5 Considerações Finais: Rumo à Sustentabilidade

Nos tempos pós-normais, existem diferentes visões de mundo que podem ser divididas em grandes categorias como tradicional, moderna e pós-moderna, sendo a moderna a hegemônica. Nem sempre é fácil discerni-las, mas cada vez mais parece que atitudes que reconciliam os humanos com a natureza são não apenas desejáveis, mas necessárias. Um eventual "retorno à Natureza", "retorno ao lar", parece ser uma aspiração do século XXI por um número crescente de vozes humanas diferentes. Essa intenção evoca sentimentos e percepções de totalidade, tão presentes em alguns dos pensamentos e práticas que vimos nos Capítulos anteriores, e que abrangem cerca de 2.500 anos.

Não é por acaso que este Capítulo, ao final da Parte A ("Natureza Através dos Tempos"), faz convergir uma riqueza de ideias e experiências em um conjunto de princípios que sempre estiveram presentes na sociedade humana, embora em algumas ocasiões pareçam esquecidos ou desprezados: amor, confiança, respeito, bondade. Esses valores – que agora parecem emergir ou reemergir – dizem respeito às relações humanas com outros humanos, com elementos não-humanos da natureza e consigo mesmos. São forças vinculativas que nos mantêm inteiros uns com os outros, como Gaia, como Terra. No entanto, esses princípios continuam reprimidos pela busca individualista do mundo moderno, que está repleto de grandes narrativas pelas quais a maioria das pessoas vive. Por um lado, o pós-moderno as refuta. Por outro lado, os tempos pós-normais exigem atenção tanto para as grandes narrativas quanto para suas críticas. Esse exercício – frequentemente confuso – ativa a memória, que por sua vez também tem um papel regenerativo. Para construir ou reconstruir um senso de totalidade, argumento que conversas e diálogos são etapas importantes que podem desencadear a regeneração de memórias e conexões perdidas. Esses diálogos devem ser inclusivos de toda a diversidade de vozes humanas e não-humanas, como no parlamento de Gaia imaginado e proposto por Latour. Eles devem se basear nos conceitos dialéticos e nas práticas de Platão (Capítulo 2) e Schelling (Capítulo 5) – que tratam mais da elevação da alma e do aprimoramento do conhecimento do que de conflitos improdutivos. Este Capítulo e a Parte A como um todo sugerem que a humanidade ainda tem um longo caminho a percorrer para retornar ao lar, à natureza, mas as reflexões até agora podem convidar a embarcar na Parte B ("A Sustentabilidade Emerge") com um conjunto mais amplo de expectativas.

Uma passagem de uma carta de 1950 de Albert Einstein, citada por Mickey et al. (2017, p.xiv), parece adequada tanto para o final da Parte A quanto para nos conduzir à Parte B:

> *"O ser humano é parte de um todo, chamado por nós de universo, uma parte limitada no tempo e no espaço. Ele experimenta a si, seus pensamentos e sentimentos, como algo separado do resto... uma espécie de ilusão de ótica de sua consciência. Essa ilusão é uma espécie de prisão para nós, restringindo-nos aos nossos desejos pessoais e ao afeto por algumas pessoas mais próximas a nós. Nossa tarefa deve ser nos libertarmos dessa prisão, ampliando nosso círculo de compaixão para abraçar todas as criaturas vivas e toda a natureza em sua beleza."*

Parte B

A Sustentabilidade Emerge

CAPÍTULO 7

A Sustentabilidade como Valor Moral Exige uma Nova Ética

7.1 Introdução

Valores individuais e societais sustentam a ética que, por sua vez, antecede o desenho de políticas e, consequentemente, as transformações sociais. A transição de valores para a ação política pode ocorrer dentro de um determinado período de tempo, um dado "normal", ou pode ser a própria causa da mudança de um "normal" prestes a se tornar passado para um novo futuro normal (Sardar 2015). Isso não é de forma alguma linear e novas políticas podem evocar valores antigos de maneira circular, ou ainda, espiralada (Rupprecht et al. 2020, Virtanen et al. 2021, Poelina et al. 2022). Como vimos na Parte A, as mudanças nos valores estiveram fortemente relacionadas a mudanças na forma como os humanos se relacionavam com outros elementos da natureza no tempo e no espaço. Durante quase 2.500 anos de história, a hegemonia moderna transformou a natureza de algo sagrada em mercadoria. Isso ocorreu independentemente dos não modernos que não compartilhavam esses valores. Além disso, muitos dos que não seguiam o pensamento hegemônico foram silenciados ou até mesmo mortos no processo (Capítulos 1 e 4). Juntamente com essas mudanças, e como resultado delas, o planeta agora se encontra em um estado de policrise, por muitos ainda reconhecido como Antropoceno (Salas-Zapata e Ortiz-Muñoz 2019, Folke et al. 2021, Ruggerio 2021; veja também os Capítulos 1 e 5).

O termo nunca passou sem polêmica (por exemplo, Malm e Hornborg 2014), até que em março de 2024, a União Internacional de Ciências Geológicas e a Comissão Internacional de Estratigrafia informaram que o Grupo de Trabalho sobre o Antropoceno rejeitou a proposta para denominação de uma "Época do Antropoceno" como uma unidade formal da escala de tempo geológico. No entanto, o termo já é de uso público. O Antropoceno, como originalmente definido, seria a atual era geológica dominada pelos humanos, caracterizada pelo impacto das atividades da nossa espécie sobre o Sistema Terra (Crutzen e Stoermer 2000, Crutzen 2002). As opiniões sobre o início do Antropoceno também variavam. Para alguns, começaria com a invenção da máquina a vapor por James Watt em 1784 (Crutzen 2002), para outros, o gatilho teria se dado durante a "Grande Aceleração" pós-1950 (Steffen et al. 2015a). De qualquer forma, e apesar da insuficiência de evidências nos estratos geológicos, os indicadores gerais do Sistema Terra mostram mudanças além do alcance da variabilidade do Holoceno, impulsionadas pelas atividades humanas. Essas atividades transgrediram os limites planetários e levaram a humanidade além de um espaço operacional seguro, especialmente em relação às mudanças climáticas e à integridade da biosfera (Steffen et al. 2015b), o que impõe riscos (veja também o Capítulo 5). Os riscos deste tempo são sistêmicos e decorrentes de atividades humanas, da conectividade socioecológica global, e exibem uma complexa integração em múltiplas escalas que podem desencadear mudanças sistêmicas não-lineares (Keys et al. 2019). É irreversível, mas para mitigar e combater tais riscos a transição para a sustentabilidade parece essencial. A sustentabilidade – que nos anos 1970 ainda era uma perspectiva e movimento marginal (Tulloch 2013) – se tornou um valor e despertou novas abordagens para a ética (Scarano 2019b). Agora, ela se apresenta como um antídoto para os males do tempo, que por cerca de 20 anos se popularizou chamar de Antropoceno.

Para tal transição, pontos de alavancagem são necessários. Donella Meadows (1999) argumentou que existem diferentes "profundidades" dentre os doze pontos de alavancagem que aponta. Podem ser resumidos em quatro categorias, da mais rasa à mais profunda: materiais, processos, *design*, intenção (Abson et al. 2017, Leventon et al. 2021). Materiais, processos e *design* estão mais ligados à ciência e tecnologia (Capítulos 8 e 9) e à política e diplomacia (Capítulos 10 e 11). Pontos mais superficiais são relevantes, mas produzem apenas pequenas mudanças no sistema. A intenção é o ponto de alavancagem para uma transformação profunda na mentalidade e nos paradigmas e toca as causas que estão na raiz da insustentabilidade. Intenção tem a ver com valores e ética, temas deste capítulo.

7.2 Sustentabilidade como Valor

Como valoramos as coisas? Himes e Muraca (2018) argumentam que a valoração surge no espaço de encontro entre o sujeito e o objeto (que chamo aqui de "coisa", pois pode ser material ou ideal). Ao combinar elementos objetivos e subjetivos, a valoração é essencialmente relacional. De fato, existe um elemento consciente de valoração enquanto identificamos as coisas, e um elemento inconsciente, um senso intuitivo de importância que captura nossa atenção quando a coisa importa. A Tabela 7.1 distingue entre três tipos de conceitos de valor: valor intrínseco, valor instrumental e valor relacional (Stålhammar e Thorén 2019). Com base nessas definições, pode-se perceber a sustentabilidade como tendo um valor intrínseco, como um fim em si mesma, na forma de uma conduta moral em relação à Terra. No entanto, ela também pode ser percebida como um meio para um fim, como um antídoto para os riscos do tempo atual, e assim pode emergir um valor instrumental. Em decorrência disso, já aparece como um "rótulo" para produtos que o mercado quer nos vender: recebeu um preço. Por fim, a sustentabilidade é também – e talvez acima de tudo – relacional: um valor que emerge de nossos relacionamentos com outras pessoas, com os elementos não-humanos da natureza e com nós mesmos. Relações que proporcionam um senso de integridade, respeitosas das diferenças e da diversidade, lembram a visão que Américo Vespúcio teve ao entrar em contato com o povo Tupinambá – aquilo que chamei de 'trindade do amor' no Capítulo 4: amar a natureza não-humana, os humanos e a si mesmo. Esse estado está em profundo contraste com a visão de mundo moderna que colocou os elementos não-humanos da natureza fora da comunidade moral, vendo a natureza como uma coleção de objetos a serem usados como mercadorias, voltadas para o benefício dos proprietários (Koons

2008). Em grande medida, o capitalismo também transformou outras pessoas em mercadorias e fez o mesmo conosco. O argumento de Hannah Arendt de que a Modernidade impôs uma dupla alienação (da Terra e do mundo que nos rodeia) é particularmente adequado neste contexto (Macauley 1996). De fato, parece até uma 'tripla alienação': da natureza não-humana, dos outros humanos e de si mesmo.

No entanto, a sustentabilidade, de acordo com a visão hegemônica, encontra seus pilares em outra trindade, conhecida como o "tripé da sustentabilidade": social, econômico e ambiental. Purvis et al. (2019) buscaram uma descrição rigorosa desses três pilares e não encontraram nenhuma, o que acreditam que dificulta uma operacionalização rigorosa do conceito. Eles julgam que isso se deve ao fato de que a lógica da sustentabilidade surgiu de diferentes escolas de pensamento.

Tabela 7.1. Os três tipos de valor, com base em Stålhammar e Thorén (2019).

Valores	Escopo e definição
Intrínseco	Aquilo que tem valor por si só, como um fim em um sentido moral. Disso decorre que é não instrumental, intangível. Também pode ser percebido como valioso devido às suas propriedades intrínsecas, sendo assim, não relacional. Por fim, pode ser visto como valor objetivo, ou seja, valor que independe de um sujeito avaliador.
Instrumental	Aquilo que tem valor como meio para um fim; é tangível. Pode ser expresso em formas monetárias ou não monetárias.
Relacional	Aquilo que emerge da relação com as coisas, sejam elas outras pessoas, elementos da natureza, lugares, filosofias etc. Dessa maneira, varia imensamente entre diferentes culturas e visões de mundo. Sua aplicação recente inclui áreas como ética ambiental, valoração de serviços ecossistêmicos e psicologia ambiental.

O debate entre sustentabilidade "fraca" (predomínio do componente social) vs. sustentabilidade "forte" (predomínio do componente ambiental) está diretamente relacionado ao tripé da sustentabilidade e mostra que a sustentabilidade como valor está em disputa (mesmo dentro da visão hegemônica), principalmente porque as três dimensões ainda não superaram eventuais antagonismos e conflitos (*trade-offs*).

Beckerman (1995) admite que a sustentabilidade forte está relacionada a valores morais quando argumenta que há "algum valor intrínseco nas formas não-sencientes de capital natural" (p.173). Mas ele também alerta que "as sociedades democráticas devem ter muito cuidado com aqueles que afirmam, sem uma explicação detalhada, que as atividades que eles preferem deveriam ser elevadas a algum valor moral superior ao qual os indivíduos deveriam se sacrificar voluntariamente" (p.175).

Na sociedade moderna, a sustentabilidade tornou-se um objetivo normativo (ou seja, um desejo baseado em crenças e valores), e avançar significa integrar ainda mais os módulos social, econômico e ambiental. Paralelamente, também é uma questão relacionada a bens e relações coletivas, comuns, e como tal, os atores individuais podem não ter um incentivo imediato para resolver problemas de sustentabilidade (Geels 2010). Surge um dilema: as autoridades públicas e a sociedade civil são esperadas como impulsionadoras de uma possível transição para a sustentabilidade, mas os atores individuais – que em grande parte definem a ação e atitude das autoridades públicas e da sociedade civil – podem não se sentir incentivados a mudanças, por exemplo, na produção e no consumo. Claro, mesmo dentro da perspectiva moderna, isso exige mudanças na mentalidade individual para preocupações mais coletivas que incluem as gerações presentes e futuras de seres humanos e não-humanos. Tal mudança na mentalidade e paradigmas – intenção – é precisamente o ponto de alavancagem mais forte para a transformação em direção à sustentabilidade, de acordo com Meadows (1999). A transformação interior continua sendo uma dimensão pouco estudada da transformação da sustentabilidade (Woiwode et al. 2021) e é pelo menos tão importante, se não um pré-requisito, para a transformação exterior. Isso será examinado mais adiante nos Capítulos 8, 11 e 13.

No entanto, a perspectiva moderna sobre sustentabilidade, embora hegemônica, não é a única. O IPBES (2022, p.4) afirma que "a maioria das abordagens de formulação de políticas priorizou um conjunto restrito de valores em detrimento da natureza e da sociedade, bem como das gerações futuras, e muitas vezes ignorou os valores associados às visões de mundo dos povos indígenas e das comunidades locais". Eu acrescentaria que até outras formas de interpretação da realidade do mundo eurocêntrico, como as artes, as espiritualidades e diversos movimentos sociais, não fazem parte dessa conversa, como será discutido na Parte C.

7.3 Ética da Sustentabilidade

Em 1972, quase que paralelamente à Conferência de Estocolmo da ONU, o filósofo alemão Hans Jonas (1903-1993) – discípulo de Martin Heidegger (Capítulo 5) – argumentou sobre a necessidade de uma nova ética global voltada para as gerações futuras: uma ética da espécie. Esta se daria em contraponto à ética kantiana tradicional, que é localmente baseada e voltada para o tempo presente: uma ética do indivíduo (Jonas 1979, 2017). A ética da responsabilidade que Jonas propõe é voltada para as gerações futuras: tanto pessoas que ainda não nasceram, como as que, no presente, não têm voz ou capacidade de "lobby". Logo, a sustentabilidade, como valor moral, combina valores humanitários e ambientais relacionados à justiça intergeracional.

Isso provocou o surgimento de princípios ecocêntricos, como a ética ambiental (por exemplo, Barrett e Grizzle 1999) e o apelo por uma jurisprudência mais ecocêntrica (Berry 1999). Berry (1999) chamou de "Grande Obra" a transição da sociedade moderna de ser uma força disruptiva para se tornar uma presença benigna na Terra. Para isso, é necessária uma nova jurisprudência, na qual os elementos vivos e não-vivos do sistema terrestre sejam tratados como bens comuns, o que talvez exigiria, como Latour (2004) chama, um "parlamento das coisas": um fórum onde os modernos poderão dialogar com vozes hoje ignoradas, como as de espécies não-humanas, de crianças, de humanos com dificuldades de expressão, de seres humanos silenciados, do sobrenatural, entre tantos possíveis outros. A Grande Obra de Berry e o parlamento de Latour estão, de muitas formas, alinhados aos princípios da ética da responsabilidade de Jonas. A visão de Berry é relatada como tendo inspirado os conceitos de "Jurisprudência da Terra" e "Direito Selvagem" (Garver 2019). A Jurisprudência da Terra trata de repensar a lei para revalorizar a natureza, considerando seu *status* moral (Koons 2008). O

Direito Selvagem apareceu pela primeira vez como um manifesto propondo direcionar a lei humana para ser "mantenedora do todo" dos sistemas planetários (Anker 2021).

Já existem instituições e centros de Jurisprudência da Terra no Reino Unido, África do Sul, Austrália, Nova Zelândia, Estados Unidos, entre outros (Kauffman e Martin 2017). Tendências análogas também podem ser observadas na América Latina. Em 2008, o Equador foi o primeiro país a reconhecer os direitos da natureza em sua constituição (Beling et al. 2017, Kauffman e Martin 2017). Na Bolívia, a legislação relacionada aos Direitos da Mãe Terra surgiu logo depois e possui componentes relacionados a: (1) direito à vida e à diversidade da vida; (2) direito de estabilizar as concentrações de gases de efeito estufa na atmosfera em um nível que evite a interferência antropogênica perigosa no sistema climático, e em tempo suficiente para permitir que os componentes da Mãe Terra se adaptem naturalmente às mudanças climáticas; (3) não mercantilização das funções ambientais da Mãe Terra; (4) direito de apoiar a restauração e as capacidades de regeneração de todos os seus componentes que permitam a continuidade dos ciclos da vida; e (5) direito ao ar limpo e a viver sem contaminação (Pacheco 2014). Essa lógica começa a se espalhar. No Brasil, pela primeira vez na história, um rio (Rio Doce, nos Estados de Minas Gerais e Espírito Santo), representado por uma ONG (Associação Pachamama), entrou com uma ação judicial pedindo o reconhecimento de seus direitos à vida e exigindo um plano de redução de risco de desastres para a população local na bacia hidrográfica deste rio (Scarano et al. 2018). Isso aconteceu em 2017, dois anos após o rio ser impactado pelo pior desastre ambiental da história do Brasil, com o colapso de uma barragem e o derramamento de 40–62 milhões de m^3 de rejeitos de mineração no rio (Garcia et al. 2017, Pires et al. 2017). O rio Doce não ganhou a batalha na justiça, mas na Colômbia, outro rio, o Rio Atrato, foi reconhecido como sujeito de direito pela Corte Constitucional nacional (Câmara e Fernandes 2018).

É claro que esses princípios éticos e inovações legais desafiam diretamente o paradigma capitalista hegemônico pela intenção e são pontos de alavancagem importantes para a transformação. Por exemplo, isso é claramente afirmado pelo movimento ecofeminista, que se opõe à exploração capitalista das mulheres e da natureza e defende os "bens comuns" (do inglês, *commons*), ou seja, "novas e já existentes relações sociais ('futuros anciãos') que defendem e constroem o controle compartilhado sobre os meios de vida, enquanto priorizam aqueles que são mais explorados e marginalizados pelo capitalismo" (Giacomini et al. 2018, p. 5). Essa referência a 'futuros anciãos' é análoga ao que alguns chamam de 'futuros ancestrais' (por exemplo, Wildförsters e Zyman 2016, Krenak 2022), que, por sua vez, trazem as visões de mundo dos povos indígenas e locais sobre a natureza para o centro da discussão ética sobre sustentabilidade. Brondizio et al. (2021), em uma revisão minuciosa do tema, listam uma série de perspectivas indígenas que desafiam as visões modernas hegemônicas sobre sustentabilidade e também estão relacionadas aos bens comuns, como a saúde da terra, o cuidado com o território e a responsabilidade recíproca (veja também os Capítulos 11 e 13). Tanto no caso das ecofeministas quanto dos povos indígenas, está claro que uma ética para a sustentabilidade é necessária não apenas para a relação entre seres humanos e a natureza não-humana, mas também para as interações entre os humanos. Assim, é necessária uma abordagem pluralista para a sustentabilidade não apenas para valores e ética relacionados à biodiversidade (por exemplo, Pascual et al. 2021), mas também aos direitos humanos (por exemplo, Obani e Gupta 2014).

Por fim, as mudanças na ética com o surgimento da sustentabilidade como valor trazem desafios adicionais para a ciência e para a política. Por exemplo, as consequências das mudanças climáticas e do declínio da biodiversidade – como grandes desastres e episódios pandêmicos – implicam perdas para as pessoas. As guerras também fazem o mesmo. A perda se dá quando as pessoas são despojadas das coisas com as quais se relacionam e que valorizam; coisas que não podem ser substituídas: desde saúde e segurança, até liberdade e autoestima, passando por lugares, coesão social e culturas (Barnett et al. 2016). O Mecanismo Internacional de Varsóvia para Perdas e Danos e o Artigo 8 do Acordo de Paris, ambos no escopo das Nações Unidas, abordam essa preocupação. A Jurisprudência da Terra e iniciativas análogas também podem abordar algumas dessas questões, mas ainda existem muitas lacunas em relação aos mecanismos de compensação (Boyd et al. 2021). Será que a ciência será capaz de apoiar cada vez mais a justiça climática ou qualquer tomada de decisão que permita justos processos voltados para a compensação, superação, minimização ou prevenção das consequências destrutivas das perdas?

7.4 Considerações Finais

O pluralismo como atitude e mentalidade é um ponto de alavancagem crucial para a transição da sustentabilidade. A Parte A deste livro mostra que a sociedade passou de uma visão pluralista da natureza para uma visão hegemônica e, por vezes, contrária a muitas das tradições ancestrais do mundo. Como isso levou o planeta ao tempo atual de policrise, a sociedade não deve insistir no mesmo trajeto e, portanto, não transformar a sustentabilidade em algo relacionado apenas ao paradigma moderno. O antídoto esperado para os riscos impostos pelo tempo presente não pode ser construído sobre os mesmos valores e ética que nos trouxeram para essa nova e perigosa época. A partir da sustentabilidade como valor relacional, já começa a emergir uma nova ética que é inclusiva das vozes humanas e não-humanas historicamente silenciadas e que agora exigem diálogos construtivos. Essas conversas envolverão as perspectivas predominantemente modernas de ciência, tecnologia e política (Capítulos seguintes na Parte B), mas também outras visões de mundo e distintas formas de interpretação da realidade (Parte C).

CAPÍTULO 8

Ciência ou Ciências da Sustentabilidade?

8.1 Introdução

A palavra "ciência", de sua raiz latina (*scientia*), significa "conhecimento". No entanto, como vimos no Capítulo 5, ciência se tornou sinônimo de ciência moderna, que é um entre muitos tipos de conhecimento. A abordagem reducionista da ciência moderna foi a de reduzir o todo em partes, para entender primeiro as partes e, com base nisso, em seguida tratar de entender o todo. Quase 500 anos depois, as subdivisões continuam. No entanto, existem alguns ramos da ciência moderna que tentam abordar o todo. A Ciência da Sustentabilidade é um desses casos. Seu surgimento como um novo arcabouço de pesquisa é evidenciado pela existência de vários periódicos científicos importantes e conferências dedicadas ao tema (Clark 2007, Bettencourt & Kaur 2011, Spangenberg 2011). Foi inaugurada há cerca de trinta anos e levou por volta de vinte anos para alcançar um todo conceitual e prático mais robusto, a partir das metodologias comuns projetadas para conectar conhecimentos e métodos de uma variedade de disciplinas tradicionais (Bettencourt e Kaur 2011). Apesar da abundância de estudos teóricos e estruturais (por exemplo, Kumazawa et al. 2009, Jerneck et al. 2011, Miller et al. 2014) e de estudos empíricos (por exemplo, Gruen et al. 2008, Ostrom 2009), o impacto da pesquisa em sustentabilidade nas transformações sociais foi (Van der Leeuw et al. 2012, Wiek et al. 2012) e, em grande parte ainda é, menor do que o desejado (Ives et al. 2020). Por quê?

Claramente, apesar de sua tentativa de uma abordagem mais holística, a Ciência da Sustentabilidade ainda possui muitas subdivisões. Elas têm sido descritas como resultado de tensões construtivas (Wiek et al. 2012) entre abordagens críticas (ou descritivo-analíticas) e de resolução de problemas (ou transformacionais) (Jerneck et al. 2011, Wiek et al. 2012). Enquanto as primeiras buscam entender os desafios da sustentabilidade, a segunda visa soluções práticas para essas questões. As várias definições e comentários sobre a Ciência da Sustentabilidade na Tabela 8.1 revelam essa tensão.

No entanto, durante a última década, a Ciência da Sustentabilidade e a transdisciplinaridade coevoluíram para preocupações mais transformacionais, o que a aproxima da definição de uma ciência pós-normal: uma ciência de natureza transdisciplinar que informa a tomada de decisões e a sociedade em geral (Funtowicz e Ravetz 1993). A questão que permanece refere-se ao que seria afinal um conhecimento transformacional.

Há mais de uma década, foram definidos três tipos de estrutura de conhecimento para a transdisciplinaridade (Becker 2002, Jahn et al. 2012): (1) conhecimento sistêmico, ou o conhecimento envolvido na compreensão e descrição de um dado fenômeno; (2) conhecimento orientador, ou o conhecimento que informa a tomada de decisões; e (3) conhecimento transformador, que aponta como realizar a prática que virá a ser transformadora. Essa distinção está relacionada à usabilidade da ciência: o conhecimento sistêmico é útil, o orientador é usável e o transformador é pronto para o uso (Lemos 2015, Wiek e Lang 2016, Toomey et al. 2017). Em suma, mesmo que se concordarmos que toda ciência é potencialmente útil, ela não é necessariamente utilizável ou pronta para o uso (Lemos 2015). Brink et al. (2016, 2018) aplicam esse esquema de usabilidade do conhecimento para tratar questões de sustentabilidade, o que traça um claro paralelo entre as tensões da sustentabilidade e as da transdisciplinaridade.

A usabilidade do conhecimento científico tem sido associada à sua credibilidade, relevância e legitimidade. Neste modelo CRELE, o componente de legitimidade exige transdisciplinaridade, ou seja, ir além das barreiras acadêmicas (Sarkki et al., 2014, 2015, Heink et al. 2015). A Ciência da Sustentabilidade está cada vez mais desenvolvendo uma rotina de gerar conhecimento acionável, pronto para o uso, e intenso diálogo e ação fora da academia (veja também o Capítulo 10), incorporando tanto o conhecimento não científico quanto lidando com diferentes valores e interesses políticos (Popa et al. 2015). No entanto, algumas divisões ainda permanecem e mais integração é necessária (Lang et al. 2017). Este capítulo examina as divergências atuais e o potencial de convergência entre os campos da Ciência da Sustentabilidade para abordar a questão de se esta ciência e é uma ou muitas.

Tabela 8.1. Algumas definições e afirmações sobre a Ciência da Sustentabilidade.

Definições	Referências
"Busca entender o caráter fundamental das interações entre a natureza e a sociedade."	Kates et al. (2001)
"Transcende as preocupações de suas disciplinas fundacionais e foca em entender as dinâmicas complexas que surgem das interações entre os sistemas humanos e ambientais."	Clark (2007)
"Tem seu próprio corpo específico de conhecimento e estrutura com os quais abordar questões de sustentabilidade, mesmo mantendo relações com outras disciplinas (...) atualmente um trabalho em andamento e, portanto, pode-se argumentar que ainda é cedo para discutir o que é a Ciência da Sustentabilidade."	Kajikawa (2008)
"Um esforço dinâmico e evolutivo transdisciplinar que aborda a simbiose entre a atividade humana e o ambiente, fornecendo visões e cenários que indicam caminhos de transição para a sustentabilidade global, enquanto elucida decisões e agentes relevantes (...) Pesquisa que fornece as percepções necessárias para tornar operacional o conceito normativo de sustentabilidade e os meios para planejar e implementar etapas adequadas para esse fim."	Spangenberg (2011)
"Um esforço orientado para soluções" que "deve abordar duas correntes adicionais de questões de pesquisa: primeiro, a questão normativa de como os sistemas humanos-ambientais acoplados funcionariam e se pareceriam, em conformidade com uma variedade de metas e objetivos carregados de valores (...); e, segundo, as questões estratégicas e operacionais que exploram quais caminhos de transição são viáveis para sistemas humanos-ambientais acoplados e estratégias que encontrariam soluções para os problemas de sustentabilidade."	Wiek et al. (2012)
"Busca abordar os principais desafios da sociedade, garantindo que o bem-estar humano não seja diminuído e que os sistemas vitais da Terra continuem a operar."	Redman (2014)
"A transformação para a sustentabilidade pode ser definida como mudanças físicas e/ou qualitativas em forma, estrutura ou significação, mas também pode ser entendida como um processo psicossocial, envolvendo a liberação do potencial humano para se comprometer, cuidar e efetuar mudanças para uma vida melhor."	Horlings (2015)
"Investiga as interações entre os sistemas globais, sociais e humanos, os complexos mecanismos de degradação desses sistemas e os riscos concomitantes para o bem-estar humano."	Saito et al. (2017)

8.2 Disputas

A Tabela 8.2 exibe as disputas atuais no campo da Ciência da Sustentabilidade. A principal disputa, amplamente relacionada aos valores, é entre uma visão substancialista e uma visão relacional. A substancialista está tipicamente dentro do paradigma moderno, aborda o desenvolvimento sustentável e foca nas interações entre entidades, ou seja, os componentes sociais, econômicos e ambientais de um determinado sistema são abordados como diferentes categorias que interagem (por exemplo, Clark e Harley 2020). A relacional pretende abordar um dado sistema como um todo, com processos e relações que se desdobram continuamente, promovendo interações entre visões de mundo modernas e não modernas, abrangendo assim disciplinas, compromissos, teorias e ideias distintas (por exemplo, West et al. 2020).

Tabela 8.2. Divisões (vs) ou potencial de integração (+) na Ciência da Sustentabilidade, dentro e entre diferentes linhas de pesquisa. Tipicamente, diferentes abordagens especializadas competem (vs), mas há um grande potencial de convergência (+) dentro e entre as linhas de pesquisa.

Substancialista (desenvolvimento sustentável)		Relacional (sustentabilidade holística)
Social (vs/+) Econômica (vs/+) Ambiental (vs/+)	Socioecológica (vs/+) Sociotécnica	Individual (vs/+) Social

8.2.1 A Perspectiva Substancialista

A perspectiva substancialista predomina na história da Ciência da Sustentabilidade e é a abordagem mais comumente utilizada para guiar políticas e transformações sociais. Contudo, ela apresenta diversas contradições. Primeiramente, se o paradigma moderno de crescimento econômico levou o planeta ao atual estado de policrise, não está claro como o desenvolvimento sustentável, com seu pilar econômico, pode reverter essa situação (Biely et al. 2018; ver também os Capítulos 1 e 11). Em segundo lugar, ao fazer isso, exclui outras visões de mundo, algumas das quais foram vítimas do empreendimento capitalista moderno (Caniglia et al. 2020). Em terceiro lugar, essa perspectiva ainda não atende às expectativas de integração de seus três elementos – econômico, social e ambiental. Por exemplo, até 2012, o pilar econômico tinha o menor número de artigos publicados, mas era o mais integrativo, enquanto o pilar ambiental tinha o maior número de artigos, mas era o que menos incorporava disciplinas externas (Schoolman et al. 2012). Por fim, há uma aparente falta de uma concepção teórica sólida, o que dificulta a operacionalização rigorosa do conceito de sustentabilidade sob a perspectiva dos três pilares (Purvis et al. 2019).

O debate entre sustentabilidade fraca e forte (por exemplo, Buriti 2019) é mais uma evidência do reducionismo prevalente na visão substancialista. A sustentabilidade fraca baseia-se na premissa de que o pilar econômico pode compensar eventuais perdas ambientais por meio da tecnologia. Em outras palavras, o crescimento econômico e o consumo de recursos poderiam ser dissociados, pois a extração de recursos atualmente seria justificável ao ser reinvestida no desenvolvimento de tecnologias que permitem menor uso de materiais e energia. Para Biely et al. (2018), a sustentabilidade fraca é ilegítima e contraditória, pois o atual paradigma econômico insustentável é baseado nela. Já a sustentabilidade forte não considera a economia superior ao meio ambiente e não espera que as inovações tecnológicas forneçam a única solução para o desafio da sustentabilidade. Esse debate sustenta escolas distintas na Ciência da Sustentabilidade: a divisão entre a pesquisa em sistemas socioecológicos e em sistemas sociotécnicos, em geral estudados de forma separada (Pant et al. 2015).

Pesquisas sobre sistemas socioecológicos analisam como a sociedade é impactada e, eventualmente, se adapta (ou é resiliente) a diversos choques e pressões impostos por mudanças climáticas, perda de biodiversidade, desertificação etc. As pesquisas sobre sistemas sociotécnicos interessam-se pelas interações da sociedade com ciência e tecnologia para uma eficaz gestão de mudanças, promovendo transições para sistemas de baixo carbono em diversos setores industriais e empresariais – agricultura e pesca, energia, indústrias extrativas, turismo etc. (Pant et al. 2015, Scarano 2017; ver também os Capítulos 9 e 10).

Alguns dos desafios apresentados pelas divisões dentro da visão substancialista da Ciência da Sustentabilidade poderiam ser enfrentados caso essa ciência se tornasse mais transformadora. Clark e Harley (2020) afirmam que ela deveria avançar para construir seis capacidades: medir o desenvolvimento sustentável, promover a equidade, adaptar-se a choques e surpresas, transformar o sistema em caminhos mais sustentáveis, conectar conhecimento com ação e criar arranjos de governança que permitam às pessoas trabalharem juntas no exercício das demais capacidades. No entanto, ainda seria necessária uma maior integração com a perspectiva relacional.

8.2.2 A Perspectiva Relacional

A perspectiva relacional propõe uma mudança de paradigma em relação à abordagem substancialista na Ciência da Sustentabilidade, que é orientada para o desenvolvimento sustentável, argumentando que tal mudança é essencial para a transformação social. Ela segue a virada relacional nas humanidades e ciências sociais para contrariar dicotomias modernas, assumindo que tal abordagem promove uma visão mais holística da conexão entre ser humano-natureza e corpo-mente, além de incluir conhecimentos mais situados e diversos para a tomada de decisão e intervenções práticas baseadas em relações locais (West et al. 2020). Um princípio-chave aqui é que os processos e relações são constitutivos de entidades e sujeitos, em vez de serem derivados (Muraca 2011). West et al. (2020) reconhecem quatro temas no pensamento relacional: processos continuamente em desenvolvimento, experiências incorporadas, reconstrução de linguagem e conceitos, e ética/práticas de cuidado. Leituras críticas sobre o pensamento relacional aplicado à sustentabilidade destacam desafios metodológicos e aplicações práticas (Raymond et al. 2021). No entanto, tanto os entusiastas do pensamento relacional (West et al. 2020, 2021, Walsh et al. 2021) quanto seus críticos (Raymond et al. 2021) parecem concordar que não se trata de uma escolha entre uma abordagem ou outra, mas de promover reflexividade e diálogos para convergência.

Há ainda outra disputa localizada dentro do campo da Ciência da Sustentabilidade relacional, que diz respeito ao foco em transformação individual ou social como ponto de alavancagem. O argumento levantado por Ives et al. (2020) é que a preocupação com fenômenos externos e estruturas sociais coletivas resultou na negligência dos mundos interiores individuais. O princípio de que as emoções são motores importantes da motivação e ação para a transformação (McShea 2017) é uma premissa forte da "agenda interior" para a sustentabilidade. Além disso, a transição para a sustentabilidade exigirá mudanças profundas em mentalidades, crenças e valores, que começam individualmente (Horlings 2015). Práticas como *mindfulness*, meditação, religião e espiritualidade agora fazem parte da agenda de pesquisa em sustentabilidade (Hitzhuzen e Tucker 2013, Dhiman e Marques 2016, Siqueira e Pitassi 2016, Wamsler e Brink 2018). Críticos veem essa virada interior como uma "forma extrema de individualismo metodológico" (Boda et al. 2022, p. 291) e, embora reconheçam a importância da perspectiva individual, acreditam que mudanças surgem de ações coletivas por meio de movimentos sociais. Defensores da perspectiva da sustentabilidade individual (como Woiwode et al. 2021) enxergam várias frentes para o desenvolvimento da dimensão interior da sustentabilidade como programa de pesquisa, incluindo teoria (por exemplo, como as transformações interiores se relacionam com a transição para a sustentabilidade e a transdisciplinaridade) e prática (por exemplo, pesquisa empírica baseada em localidade e estudos transculturais).

8.3 Convergência de uma Ciência Pós-Normal

Em estudo anterior (Scarano 2019b), utilizei o arcabouço teórico do filósofo argentino Mario Bunge (2003) sobre emergência para abordar o surgimento da sustentabilidade, sempre ciente de que existem muitas conotações e abordagens para tal conceito (Banzhaf, 2014). Naquele momento, meu foco estava mais em como a sustentabilidade surgiu como uma novidade; agora, estou mais interessado em seu possível futuro como uma prática científica voltada para a transformação. Bunge (2003) concentra-se na emergência como novidade: ela "ocorre toda vez que surge um todo qualitativamente novo". É interessante, no entanto, que, embora holística por natureza, a Ciência da Sustentabilidade possua partes e disputas, como vimos anteriormente. Na lógica de Bunge, a emergência requer convergência entre "abordagens e campos inicialmente separados". Convergência, nesse sentido, é sinônimo de unificação, fusão e integração, e exige o que Bunge chama de conceitos ou hipóteses "adesivas", "colas", para unir diferentes componentes ou módulos. Por outro lado, a emergência também pode ocorrer como resultado da divergência ou fragmentação de uma entidade inteira.

Minha argumentação era de que a sustentabilidade (no sentido moderno) surgiu como uma novidade a partir de linhas independentes de investigação, como sociologia, economia e ecologia no âmbito científico, e da tensão entre ambientalismo e desenvolvimentismo como movimentos sociais ou ideológicos. Em outras palavras, a sustentabilidade emergiu da colaboração interdisciplinar na ciência e do diálogo multissetorial na arena política (Scarano 2019b). Esse novo todo, a Ciência da Sustentabilidade, com seu foco inicial no desenvolvimento sustentável, aparentemente divergiu em várias novas linhas de investigação. Como isso ocorreu principalmente na última década, essas novas linhas de pesquisa permanecem conectadas e – até certo ponto – em diálogo (Ives et al. 2020, West et al. 2020, 2021, Raymond 2021, Boda et al. 2022). O tom da maioria dos artigos revisados aqui indica que esses novos "módulos" (como Bunge chama essas unidades menores e divergentes) podem convergir para dar origem a uma Ciência da Sustentabilidade mais robusta e inclusiva. Para que isso aconteça e para que a Ciência da Sustentabilidade se torne tão transformadora quanto aspira ser, serão necessários mais do que conceitos "cola", que Bunge considerou essenciais para a convergência. Serão necessários também "valores-cola", "políticas-cola" e "diálogos-cola", que serão examinados nos próximos capítulos.

A ciência pós-normal, como definida por Funtowicz e Ravetz (1993), lida com a complexidade e espera-se que tenha uma natureza transdisciplinar e informe a tomada de decisão e a sociedade. A Ciência da Sustentabilidade se encaixa bem nessa definição, como vimos até agora. Além disso, afirma-se que a ciência pós-normal é necessária quando a informação é incompleta ou incerta, quando há valores diversos em disputa, quando os riscos são altos e as decisões urgentes

– como se dá nos tempos em que vivemos (Capítulo 6). Ela depende de uma comunidade de prática ampliada que visa produzir conhecimento adequado para os usuários finais, sem as restrições de paradigmas científicos consolidados (Buschke et al. 2019). Dado esse alinhamento, não é surpreendente que a sustentabilidade seja o valor central da ciência pós-normal, já que o objetivo final desta última é "contribuir para formas de desenvolvimento mais sustentáveis" (Kønig et al. 2017, p. 17). É surpreendente, no entanto, que esse alinhamento entre a Ciência da Sustentabilidade e a ciência pós-normal tenha sido raramente explorado na literatura (veja Raymond et al. 2019). Há espaço para maior convergência nessa fronteira.

8.4 Considerações Finais

Existem muitos módulos de pesquisa a serem convergidos para que uma Ciência da Sustentabilidade mais robusta possa emergir, especialmente porque a predominante abordagem moderna, de caráter substancialista, não é suficiente. O fato de que os trinta anos da Ciência da Sustentabilidade não resultaram em avanços decisivos para o desenvolvimento sustentável desejado pela perspectiva hegemônica talvez seja evidência disso. Como vimos no capítulo anterior e neste, valores diversos, incluindo os não modernos, devem fazer parte do diálogo sobre transformações e também sobre a produção de conhecimento. Muitos desses valores estão fora do escopo da ciência moderna, que teve como um resultado infeliz a "ditadura da razão" (Saul, 1992). Não é culpa da ciência, mas de todos aqueles que usaram a ciência moderna para simplesmente substituir uma hegemonia por outra (ver Capítulos 3-6). Se a ciência moderna é apenas uma entre muitas ciências e formas de saber na conversa da qual a sustentabilidade irá emergir, talvez devamos estar abertos à possibilidade de existirem muitas ciências da sustentabilidade. Isso tem implicações profundas sobre como vemos e usamos a tecnologia (Capítulo 9), como abordamos políticas públicas e privadas (Capítulos 10 e 11) e como dialogamos com outras visões de mundo (Parte C) para construir novos futuros, mais desejáveis que o presente (Parte D).

CAPÍTULO 9

Quão sustentável é a tecnosfera?

9.1 Introdução

A tecnosfera é a esfera da matéria artificial construída pelos humanos ao longo da história. Este conjunto de objetos técnicos e tecnológicos criados e instalados no planeta (Folke et al. 2021) pode em breve exceder a massa de todos os seres vivos na Terra (Elhacham et al. 2020). Este conceito – segundo seu criador, o cientista russo Vladimir Vernadsky (Vernadsky 1938/1997) – diz respeito a uma das duas propriedades emergentes do componente humano da biosfera. A outra, chamada por ele de noosfera, seria a esfera da consciência e do conhecimento humano. Profeticamente, entre as duas Guerras Mundiais, Vernadsky afirmou que a mente humana, através da ciência e da engenharia, se tornaria a principal força motriz da mudança ambiental global, antecipando assim o tempo que alguns ainda chamam de Antropoceno (Guillaume 2014). Sua visão influenciou Teilhard de Chardin, jesuíta e filósofo, que acreditava que a tecnologia ajudaria os humanos a se relacionarem cada vez melhor entre si, a ponto de sugerir que o rádio e a televisão antecipavam a comunicação telepática (Chardin, 1946/2007 veja também o Capítulo 6 para mais sobre esse debate).

A discussão maniqueísta sobre a tecnologia ser boa ou má tem uma longa tradição e ainda persiste. Afinal, é a partir dela que ao mesmo tempo se curam doenças e se produzem armas de destruição em massa. Neste capítulo, adoto a premissa central do livro *A Questão da Técnica* de Martin Heidegger (1949/1977): se a tecnologia não é aplicada para alcançar o bem-estar planetário (como estou chamando a sustentabilidade em seu sentido mais amplo, incluindo seres humanos e não-humanos), é porque ainda não percebemos sua essência – melhorar as condições de vida. No entanto, Heidegger reconhecia o fato de que há uma linha tênue que separa a tecnologia que resolve problemas de forma sustentável da tecnologia que se torna arriscada e perigosa. Um exemplo do paradoxo referido por Heidegger é o da tecnologia e do trabalho, explorado por Bertrand Russell (1935/2002) em *Elogio ao Ócio*. Ele argumentava então – muito antes dos dias do transporte e comunicação de alta velocidade – que, com toda a tecnologia disponível (note bem que diz isso antes da II Guerra Mundial), os humanos não precisariam de mais de trinta horas semanais de trabalho para realizar suas tarefas. Isso nos permitiria ter mais horas de ócio produtivo, para criar, relacionar-se, cuidar. Em vez disso, a tecnologia parece nos fazer trabalhar mais, já que somos invadidos por diversos meios de comunicação durante e além do horário de trabalho na "modernidade líquida", definida por Zygmunt Bauman (2008/2011).

A tecnosfera está presente na Terra a tal ponto que a "carne" do planeta (como Merleau-Ponty 1964/2018 chamou a biosfera) por vezes se vê misturada com a tecnologia até o ponto de indistinção. Existem dutos, metrôs, galerias subterrâneas e túneis subaquáticos, cidades e construções, todos os tipos de ferramentas de transporte e comunicação, robôs, computadores, organismos geneticamente modificados. A lista é interminável. Os seres humanos também parecem embarcar em um processo de fusão e até hibridização com a tecnologia, e as filosofias pós-humanistas e transumanistas emergem, como discutirei mais adiante neste capítulo. Tudo isso leva alguns a chamarem essa era de Tecnoceno. Hornborg (2015), por exemplo, argumenta que as transformações pelas quais o planeta está passando não são diretamente causadas por humanos, mas por uma propriedade emergente de nossa forma de organização social, baseada em tecnologia e capital – a saber, o capitalismo. Isso, é claro, leva a uma multiplicidade de nomenclaturas: Capitaloceno, Plantationceno, Chthuluceno, conforme resumido e/ou proposto por Donna Haraway (2015). Independentemente do rótulo, é dentro desse paradigma que tanto os benefícios quanto os impactos negativos da industrialização são distribuídos de forma desigual por diferentes camadas sociais. James Lovelock (2019), que na década de 1970 propôs a teoria de Gaia com Lynn Margulis, fala do Novaceno – uma era em que inteligências mais rápidas e superiores à humana serão geradas pela tecnologia. Para ele, isso não se encaixaria na definição de Tecnoceno, porque humanos e máquinas precisariam trabalhar juntos para sustentar Gaia.

No Capítulo 6, vimos que os prefixos "pós" e "eco" agora são abundantemente usados para apontar uma época ou visão de mundo que difere ou nega as anteriores. Parece que o sufixo "ceno" também está se tornando de uso comum por razões semelhantes: indicar que a história mudou ou está mudando. Contudo, quando no Capítulo 6 falei de visões de mundo tradicionais, modernas e pós-modernas, referia-me a coisas que coexistem (embora uma delas, a moderna, seja hegemônica). O sufixo "ceno" sugere irreversibilidade. O Antropoceno – ainda que o estabelecimento científico refute o termo – é irreversível (Corlett 2015, Bińczyk 2019), assim como as mudanças climáticas às quais agora precisamos nos adaptar (IPCC 2014b). Se nosso uso da tecnologia nos trouxe a este estado, pode parecer surpreendente que Pacala e Socolow (2004) tenham argumentado, há quase 20 anos, que, com o repertório tecnológico disponível à época, os humanos poderiam atender às demandas energéticas dos 50 anos seguintes com um perfil de baixo carbono. Por que isso não foi feito e por que a sociedade global continua a aumentar as emissões de gases de efeito estufa a cada ano? Talvez o capitalismo explique isso. Se a irreversibilidade é uma palavra-chave, à medida que ultrapassamos os limites planetários (Steffen et al., 2015; Capítulo 5), a tecnologia pode se tornar a nova base da ecologia se a habitabilidade humana na Terra se tornar cada vez mais uma questão tecnológica. Este capítulo abordará a questão de onde reside a inovação para a sustentabilidade, mas, primeiro, introduzirei o que entendo por "inovação" neste livro.

9.2 Quão Nova é a Nossa Visão sobre Inovação?

Com a emergência da sustentabilidade como valor e ciência (Capítulos 7, 8), há uma demanda coletiva por transições e transformações para superar a insustentabilidade dos sistemas socioecológicos. O termo "transição" costuma ser aplicado a mudanças em subsistemas, como energia, mobilidade e agricultura, enquanto "transformação" refere-se a mudanças de grande escala em tecnologias, instituições e meio ambiente, abrangendo aspectos sociotécnicos e ecológicos (Hölscher et al. 2018). Ambas exigem inovações.

Por conseguinte, a questão de quão inovador é o que chamamos de inovação torna-se altamente relevante. A história da industrialização dos últimos 250 anos, conhecida como a "Primeira Grande Transição", revela várias falhas que precisam ser corrigidas, especialmente os desafios duplos da degradação ambiental e das desigualdades sociais (Schot e Kanger 2019). Esses mesmos autores acreditam que uma "Segunda Grande Transição" pode já estar em andamento, considerando novas tendências alternativas em práticas alimentares, de mobilidade e energia, assim como políticas globais de sustentabilidade que emergiram nas últimas décadas (Kanger e Schot 2019; Capítulos 10, 11). Contudo, o arcabouço da Grande Transição é exclusivamente sociotécnico e assume que a inovação para a transição sustentável ocorrerá nesse âmbito, negligenciando processos socioecológicos. Isto é fortemente contraditório, dado que os principais impactos negativos da Primeira Grande Transição são de ordem socioecológica (Kanger e Schot 2019).

A inovação pode ocorrer em nível de processo, produto ou mentalidade (Kahn 2018). Inovações orientadas para a sustentabilidade, idealmente, exigem todos esses eixos desde o início, assumindo que a mentalidade de sustentabilidade (em uma perspectiva de "bem-estar planetário"; Capítulo 6) ainda se faz pouco presente. Por exemplo, do ponto de vista empresarial moderno, tais inovações também devem apresentar resultados econômicos favoráveis, envolvendo fatores relacionados às tecnologias disponíveis, forças de mercado, imagem, regulamentações governamentais, entre outros (Bull et al. 2019). Dada a complexidade que os sistemas de inovação implicam, políticas específicas e governança para promover inovações voltadas para a transição são peças-chave no quebra-cabeça da sustentabilidade (Fagerberg 2018).

Otto et al. (2020) listaram um conjunto de intervenções necessárias para promover a transição para sociedades neutras em carbono até 2030, com resultados econômicos positivos esperados, e que exigirão políticas e governança de inovação: 1) acabar com subsídios e desinvestir em ativos ligados a combustíveis fósseis; 2) revelar as implicações morais dos combustíveis fósseis e divulgar informações sobre emissões de gases de efeito estufa, fortalecendo a educação e o engajamento climático; 3) incentivar a geração descentralizada de energia; e 4) construir cidades neutras em carbono. Isso está em harmonia com um recente relatório do Fórum Econômico Mundial, que demonstra que grandes transições precisarão ocorrer em três grandes sistemas sociotécnicos – alimentação, uso do solo e oceanos; infraestrutura e ambiente construído; e energia e extrativos – o que, no processo, também reduziria a perda de biodiversidade (WEF 2020). Este relatório também estima os custos dessas transições e os retornos potenciais sobre o investimento.

Entretanto, todas essas opções permanecem no escopo do que Kanger e Schot (2019) chamam de Primeira Grande Transição, o mesmo paradigma que levou o planeta ao estado atual. Quer sejam exclusivamente sociotécnicas (Otto et al. 2020) ou sociotécnico-ecológicas (WEF 2020), essas abordagens permanecem dentro do arcabouço moderno e capitalista, o que levanta dúvidas sobre sua capacidade de superar o duplo desafio existente de desigualdade social e degradação ambiental. Não que não sejam transições necessárias, mas seriam suficientes ou viáveis para desencadear transformações em escala global? Provavelmente não, especialmente se considerarmos que há vinte anos já existia a tecnologia necessária para uma mudança planetária para um modo de baixo carbono (Pacala e Socolow 2004), mas desde então o mundo segue batendo recordes de emissões de gases de efeito estufa anualmente.

9.3 Abordagens Holísticas para Transição e Transformação

Dentro do tríptico humanidade-natureza-tecnologia, é comum associar inovação a algo que se dá na interface entre humanidade e tecnologia. Estudos sobre transições sustentáveis demonstram que a tecnologia é apenas um dos muitos elementos presentes em sistemas sociotécnicos onde a inovação pode desempenhar um papel na promoção da transição (Köhler et al. 2019). Mercados, comportamento do consumidor, cultura, políticas, cadeias de suprimento etc., fazem parte desses sistemas e podem ser objetos de inovação.

Impulsos para mudanças radicais são confrontados com forças da estabilidade e da dependência de trajetória (Köhler et al. 2019). O espaço de inovação na agricultura – onde a estabilidade tende a ser associada a um tipo de tecnologia que busca alcançar metas econômicas relacionadas à produtividade – mostra indicações de uma ênfase crescente na relação humanidade-natureza, buscando maior equilíbrio entre metas sociais, econômicas e ambientais. Por conseguinte, diversas vertentes da agroecologia surgem como inovações importantes. Por exemplo, na frente científica, a agroecologia é interdisciplinar e transdisciplinar, incluindo disciplinas como Agronomia, Ecologia, Economia e Sociologia, além de conhecimento não acadêmico. No campo, tem estimulado o diálogo entre saberes científicos e tradicionais e incorporado agendas de movimentos sociais (como igualdade de gênero e racial, soberania alimentar) e ambientais (como conservação da agrobiodiversidade e combate aos agrotóxicos) (Andrade et al. 2020). O estudo de Andrade et al. (2020) examinou o caso da agricultura sintrópica como abordagem inovadora para práticas agrícolas sustentáveis no Brasil. Os autores argumentaram que essa prática agroecológica é escalável e tem sido adotada no país e em outros lugares. Ela alcança com sucesso metas de produtividade, ao mesmo tempo em que promove sucessão e regeneração de ecossistemas nativos. Esse padrão resulta da combinação de uma lógica que mistura conhecimentos científicos e tradicionais, uma prática que utiliza tecnologias de impacto nulo ou baixo e uma filosofia que percebe humanidade e natureza como integradas e interdependentes.

Há também um viés quando se considera inovação tecnológica. Por exemplo, o desenvolvimento de tecnologias socialmente inclusivas não costuma ser a primeira opção que vem à mente. Siddiqi e Collins (2017) argumentam que é mais comum haver tecnologias inovadoras voltadas para o aumento de lucro ou poder (que, não raramente, reforçam desigualdades) do que aquelas que atendem os pobres ou os necessitados. Eles defendem que inovações de produtos e processos que incluam os pobres, seja como produtores ou consumidores, desempenham um papel importante na superação da exclusão. Outra fronteira tecnológica para inovação, segundo eles, é o *design* voltado para atender o maior número possível de pessoas ou grupos (por exemplo, idosos, pessoas com deficiência etc.), ampliando a base de usuários desassistidos.

9.4 Psicologias Coletivas e Individuais Usando Tecnologia

O geógrafo brasileiro Milton Santos (1926-2001) discutiu a relação entre a tecnosfera e a psicosfera. A psicosfera, como ele definiu, é onde o significado é produzido, a esfera das ideias e da ação intersubjetiva (Santos 1997). É, portanto, mais local do que o conceito de noosfera que vimos anteriormente aqui e no Capítulo 6. A psicosfera abrange tanto a racionalidade hegemônica quanto as racionalidades alternativas em um determinado território. Racionalidades alternativas são uma forma de resistência à lógica hegemônica e ao uso local puramente instrumental ou lucrativo da tecnosfera (ver também Albagli 2017). Essa resistência emerge de áreas específicas da psicosfera, e seu fortalecimento é de grande importância. Santos – um pioneiro nos estudos críticos da globalização – descreveu um atraso temporal para que a energia social inclua objetos técnicos no "movimento da vida", como ele chamava (Santos 1997). Scarano et al. (2024b) examinaram vários movimentos sociais com foco em sustentabilidade, orientados para o diálogo. Este tipo de iniciativa tem se tornado cada vez mais parte significativa do "movimento da vida" no Brasil, especialmente durante e após a pandemia de covid-19. Talvez como reflexo do horror imposto pela doença e também pelo cenário político à extrema-direita no país (2019-2022), as pessoas passaram a buscar cada vez mais alternativas por meio de diálogos que agregam múltiplas visões sobre vida e sustentabilidade. Logo, espaços digitais tornaram-se um espaço de expressão de racionalidades alternativas. Esse caso parece sugerir a necessidade de capacidades digitais ampliadas, que possam ir além do mero uso de ferramental e da avaliação crítica de fontes de informação, mas também abranger a compreensão de nossa sociedade cada vez mais algorítmica (como na política, mercados de trabalho e habitação) e a proteção da atenção em um mundo abundante em informações em excesso.

A psicologia individual dos consumidores (e produtores) também importa como espaço para inovação no uso (ou não uso) da tecnologia. Desde o transporte urbano (compartilhamento de carros, veículos elétricos, transporte público), hábitos alimentares (abandono ou redução do consumo de carne, participação em redes de consumidores de alimentos orgânicos), até o uso de energia (solar, lâmpadas e eletrodomésticos eficientes, fornos eficientes para combustão de lenha em áreas rurais) – sempre que o consumidor tem a opção – podem surgir formas positivas de usar diretamente ou indiretamente a tecnologia para a transição sustentável (Gioda et al. 2019, Köhler et al. 2019). Muitas dessas decisões resultam de transformações internas relacionadas à conscientização, preocupações com a saúde física, conexão ser humano-natureza, ativismo relacionado às escolhas de consumo, entre outros (Woiwode et al. 2021), a serem explorados no Capítulo 12.

9.5 Tecnofuturos

Ao movermos para a perspectiva individual, vale introduzir brevemente dois conceitos: transumanismo e pós-humanismo. Apesar da falta de consenso em torno de suas definições, o transumanismo é frequentemente visto como o movimento ou filosofia que aspira ao aprimoramento de várias capacidades humanas (longevidade, comunicação, cognição etc.) por meio da ciência e tecnologia (Ferrando 2013). Da expansão dessas capacidades podem emergir os pós-humanos (Bostrom 2003). No entanto, em seu sentido mais estrito, o pós-humanismo deriva do pós-modernismo e nega o antropocentrismo (que é típico do transumanismo), propondo o desaparecimento gradual das fronteiras que separam humanos, outras espécies e tecnologia (Bolter 2016). Já o transumanismo prevê a possibilidade dos humanos atingirem um *status* quase divino, exercendo controle, criando vida e eventualmente se tornando imortais. O pós-humanismo, por sua vez, vê a espécie humana com modéstia e ceticismo (Fuller e Lipinska 2011). Um ponto interessante sobre o pós-humanismo é que ele nega o dualismo corpo-mente e defende um conceito holístico de mente incorporada e vida que pode incluir agência tecnológica e vida orgânica (Ferrando 2013,

Förster 2019). Apesar dessas diferenças, ambos compartilham a ideia de que a natureza humana mudará em coevolução com o ambiente, a cultura e a tecnologia, já que não é fixa nem pré-determinada (Förster 2019). Embora esses tópicos possam parecer próprios da literatura de ficção científica, pode-se argumentar que já estão acontecendo, considerando as ajudas tecnológicas – algumas aparentemente indispensáveis e eventualmente inseridas em nossos corpos – das quais dependemos para memória, saúde, capacidades sensoriais etc. O "Novaceno" de Lovelock pode não estar tão distante, afinal. Resta saber quais serão as implicações dos pós-humanos e transumanos para a sustentabilidade e o bem-estar planetário, à medida que o planeta se torna cada vez mais uma biotecnosfera (Grinevald e Rispoli, 2018).

9.6 Considerações Finais: Tecnosfera em Disputa

O argumento central deste livro é que os diálogos interespécies e interpessoais serão a espinha dorsal das transições e transformações para a sustentabilidade. Este capítulo mostra uma bem-vinda expansão na percepção da inovação sociotécnica, que agora vai além das tecnologias de ponta para englobar uma ampla gama de processos e produtos, resultantes de diálogos inter– e transdisciplinares.

Em alguns sistemas sociotécnicos intensivos em tecnologia, como a agricultura, há muito mais espaço para inovação na conexão ser humano-natureza do que antes, como evidenciado pela expansão da agroecologia. O *design* e a tecnologia inclusivos atendem tanto aos pobres quanto aos necessitados, seja para propósitos sociais e/ou para expansão de mercado. A *internet* está se tornando cada vez mais um espaço tecnológico onde ocorre um diálogo sobre sustentabilidade, até mesmo entre forças modernas hegemônicas e movimentos verdes de resistência. Essa ampla gama de atores e interesses relacionados à tecnologia e aos sistemas sociotécnicos exige algum nível de políticas de governança, especialmente porque a natureza humana começa a se fundir com componentes tecnológicos, e uma filosofia pós-humana está em curso. Os Capítulos 10 e 11 abordarão políticas e práticas de sustentabilidade e como a ciência (Capítulo 8) e a tecnologia se relacionam com isso.

CAPÍTULO 10

Políticas e Diplomacia da Sustentabilidade

10.1 Introdução

O desenvolvimento sustentável/sustentabilidade, como política, surgiu da convergência entre aspirações desenvolvimentistas e ambientalistas (Scarano 2019b). Essas aspirações foram representadas pelo desenvolvimentismo como a tendência capitalista hegemônica e pelo ambientalismo como um movimento social. A convergência, segundo Mario Bunge (2003), é um passo importante para o surgimento do novo. Nesse sentido, convergência é sinônimo de unificação, fusão ou integração entre perspectivas, visões ou campos inicialmente separados ou até conflitantes. Requer o que Bunge chama de "conceitos-cola" para unir diferentes componentes ou módulos. O desenvolvimento sustentável emergiu precisamente como um conceito-cola para unir desenvolvimentismo e ambientalismo.

O desenvolvimentismo, em um sentido amplo, refere-se ao paradigma convencional de desenvolvimento. Inclui tanto o desenvolvimentismo em si quanto o liberalismo econômico (Bresser-Pereira 2017). O primeiro, em sentido estrito, é uma faceta do capitalismo que combina estado e mercado de forma equilibrada, enquanto o segundo dá total primazia ao mercado. As muitas críticas ao desenvolvimentismo incluem questões relacionadas a gênero (Icaza e Vásquez 2016), desigualdade social (Hickel 2017) e meio ambiente (Crook e Short 2020). Por outro lado, chama a atenção o argumento desenvolvimentista que esta abordagem "melhor atende aos objetivos de reduzir a desigualdade e proteger o meio ambiente" do que o liberalismo (Bresser-Pereira 2017, p.681). Além disso, alguns evocam uma integração da "visão ecológica" com o desenvolvimentismo (Guarini e Oreiro 2022). Parece um tanto tardio, dado que essa proposta surge 50 anos após a Conferência das Nações Unidas sobre Meio Ambiente Humano (1972, Estocolmo).

Em relação ao ambientalismo há controvérsias significativas. Alguns argumentam que está morto (Shellenberg e Nordhaus 2004, Blühdorn 2011) ou que foi cooptado pelo capitalismo (Engel 2019), enquanto outros afirmam que persiste (Dauvergne 2009). Contudo, todos reconhecem que o ambientalismo passou de marginal, em seus primeiros dias, a central (por exemplo, Abidin et al. 2020), influenciando políticas, sociedade civil e até a ciência, com a consolidação da disciplina da conservação da biodiversidade. Por outro lado, embora difundido em várias frentes da sociedade, este movimento social sempre enfrentou três grandes obstáculos: (1) a desconexão entre a percepção popular e o conceito de meio ambiente; (2) sua incapacidade de superar a cultura mais ampla de consumo; (3) e o discurso negacionista (Anderson 2010). Essas dificuldades transformaram o ambientalismo em um movimento "zumbi", para usar a analogia de Anderson (2010). Ele afirma que, para prosperar, seriam necessários reformulação e alinhamento com outros discursos e identidades, mantendo simultaneamente seu impulso ambientalista convencional. Quando essa mudança se dá, o ambientalismo se aproxima do discurso de sustentabilidade (veja também os Capítulos 5 e 6). Logo, não surpreende que muitos acreditem que a sustentabilidade seja um novo regime do ambientalismo (Bothello e Djelic 2015, Sánchez García e Díez Sanz 2018).

Eu discordo parcialmente dessa noção, porque a sustentabilidade – ou mais precisamente sua perspectiva de desenvolvimento sustentável – foi incorporada "de nascença" ao discurso do paradigma vigente, enquanto o ambientalismo em sua forma pura era marginal e, em certa medida, radical. Como já vimos (Capítulo 7), isso ocorreu porque a sustentabilidade já havia emergido como um valor para muitos. Isso é claramente expresso na série de convenções e acordos das Nações Unidas (ONU) que dominaram o cenário global desde os anos 1970. O multilateralismo permeou o desenvolvimento sustentável como conceito e prática em todo o planeta e, nesse processo, se deparou com uma diversidade de realidades e atores locais, como governos, empresas, movimentos sociais e indivíduos, bem como suas políticas e práticas. Isso, por sua vez, impactou o multilateralismo. A seguir, examino esses variados atores no contexto da sustentabilidade/desenvolvimento sustentável.

10.2 Multilateralismo

Os nomes das três conferências emblemáticas da ONU sobre o tema são evidências de convergência: Ambiente Humano (1972, Estocolmo), Ambiente e Desenvolvimento (1992, Rio de Janeiro) e, finalmente, Desenvolvimento Sustentável (2012, Rio de Janeiro). A conferência de 1972 concluiu que, diante dos riscos socioecológicos, as questões ambientais e de desenvolvimento deveriam ser tratadas conjuntamente. Quinze anos depois, em 1987, foi publicado o relatório Brundtland, que cunhou o termo "desenvolvimento sustentável", definido como "um desenvolvimento que atende às necessidades do presente sem comprometer a capacidade das gerações futuras de atender às suas próprias necessidades" (WCED 1987). É interessante, no entanto, que, apesar da aspiração política de convergir ambientalismo e desenvolvimentismo expressa neste documento, a decisão diplomática na conferência do Rio de Janeiro em 1992 foi criar três convenções setoriais: a Convenção-Quadro das Nações Unidas sobre Mudança do Clima (UNFCCC), a Convenção sobre Diversidade Biológica (CDB) e a Convenção das Nações Unidas de Combate à Desertificação (UNCCD) (Tolefson e Gilbert 2012).

Foram necessários 20 anos para que essas convenções convergissem e se encontrassem novamente no Rio de Janeiro, em 2012. Até então, haviam se passado 25 anos antes de uma conferência da ONU finalmente ser intitulada "Desenvolvimento Sustentável", o termo cunhado pelo relatório Brundtland em 1987. Nesta ocasião, chefes de Estado assinaram um documento chamado "O Futuro que Queremos" (veja Griggs et al. 2013) – que soa como uma continuação do relatório Brundtland, ou "Nosso Futuro Comum" (WCED 1987). Esse processo se traduziu nos Objetivos de Desenvolvimento Sustentável (ODS) anunciados pela ONU em 2015, abordados no Capítulo 11 (veja a Tabela 10.1 para uma breve linha do tempo dos eventos).

Há uma mistura de otimismo e decepção com o multilateralismo e os acordos globais de sustentabilidade. A visão otimista é que a diplomacia da sustentabilidade é essencial para construir, ainda que a longo prazo, uma consciência e cultura de sustentabilidade; promover novas parcerias em ciência, tecnologia e financiamento; e informar políticas nacionais e locais. A visão pessimista é que os esforços até agora têm sido ineficazes e as tendências relacionadas às emissões de gases de efeito estufa, perda de biodiversidade e desigualdade social não foram revertidas. Soma-se a isso que os acordos não incluem diversos atores, especialmente aqueles relacionados às chamadas minorias sociais, econômicas, de gênero e étnicas (Tolefson e Gilbert 2012).

Contudo, o Acordo de Paris da UNFCCC em 2015 trouxe uma nova perspectiva "híbrida" ao multilateralismo. Kuyper et al. (2018) explicam que a novidade reside principalmente em dois aspectos. Primeiro, e ao contrário das décadas anteriores de diplomacia da sustentabilidade, agora as metas são definidas de baixo para cima, por meio das contribuições nacionalmente determinadas (NDCs, na sigla em inglês), que são compromissos nacionais não vinculantes juridicamente. Segundo, e complementarmente, atores não estatais (como organizações não governamentais-ONGs, empresas, governos subnacionais e redes transnacionais) são mais formalmente evocados por dois elementos do acordo: o Marco de Transparência e o processo de Balanço Global. Espera-se com isso que atores não estatais estejam envolvidos em medições, relatórios e verificações de metas para alimentar um processo global de balanço em mitigação, adaptação e financiamento (veja também Winkler et al. 2017). Além disso, atenção à justiça e à legitimidade no escopo do acordo – embora ainda necessitando de maior desenvolvimento – é convidativa para um acesso mais amplo, maior participação e agência de atores não estatais. Estímulos semelhantes na direção de diálogo mais amplo e práticas mais participativas estão ocorrendo também para a CDB (por exemplo, Sayer et al. 2021) e a UNCCD (Mastrojeni 2019), apontando para a necessidade de uma mudança de mentalidade (Wamsler et al. 2020).

10.3 Governos

Para muitos países, particularmente os em desenvolvimento, os compromissos globais assumidos em acordos multilaterais muitas vezes não estão alinhados com as políticas nacionais. Assim, há uma grande variação entre os países na taxa de alcance de metas comuns. Isso tem sido atribuído tanto a lacunas de ambição quanto de implementação (Roelfsema et al. 2020), como aquelas relacionadas a financiamento (Clark et al. 2018), ciência (Montoya et al. 2017), tecnologia (Rao et al. 2019) e capacitação (Sachs et al. 2019). Alguns atribuem até à possível confusão criada pelo grande número de metas a serem alcançadas e indicadores para medi-las, ao se considerar todas as convenções e acordos globais (Scarano et al. 2018, Andersen et al. 2021). Entender sinergias e antagonismos (do inglês, *trade-offs*) entre metas dentro de um dado acordo global (Di Marco et al. 2015, Pradhan et al. 2017) e entre acordos distintos (Von Stechow et al. 2016, Le Gouvello et al. 2017) também é um passo importante para reduzir dúvidas e melhorar o foco na formulação e implementação de políticas em nível nacional e local.

Quando os acordos multilaterais de sustentabilidade chegam aos governos nacionais, subnacionais e locais, eles frequentemente se deparam com estruturas organizadas de maneira setorial. Áreas como economia, meio ambiente, bem-estar social, saúde, ciência e tecnologia, energia, agricultura, entre outras, geralmente possuem suas próprias políticas e ministérios ou secretarias correspondentes. Como as pressões de desenvolvimento habitualmente superam ou têm mais peso que as preocupações socioecológicas, os resultados de políticas setoriais geralmente são pouco ou nada sustentáveis, particularmente em países em desenvolvimento (Scarano et al. 2018). Abordar um único fator ou questão setorial com um olhar centrado no problema pode ignorar as variáveis interativas de sistemas complexos. Logo, as políticas de sustentabilidade exigem análises transdisciplinares integradas antes da implementação (Bennett et al. 2016) ou combinações de políticas existentes (chamadas, em inglês, de *policy mix*). As combinações de políticas reconhecem ou promovem interações e interdependências entre diferentes políticas (em geral setoriais) para alcançar resultados desejados (Flanagan et al. 2011).

Tabela 10.1. Marcos do processo de inserção da sustentabilidade/desenvolvimento sustentável em políticas globais.

Acrônimos:
ONU = Organização das Nações Unidas
IPCC = Painel Intergovernamental sobre Mudanças Climáticas
ODS = Objetivos de Desenvolvimento Sustentável
IPBES = Plataforma Intergovernamental de Políticas Científicas sobre Biodiversidade e Serviços Ecossistêmicos.
UNFCCC = Convenção-Quadro das Nações Unidas sobre Mudanças Climáticas

Ano	Eventos
1950s	Início da Grande Aceleração
1960s	O ambientalismo se consolida como movimento social
1970s	Primeiros passos da ciência da conservação
1972	Estocolmo: Conferência da ONU sobre Meio Ambiente Humano
1987	Relatório Brundtland: surge o conceito de desenvolvimento sustentável
1987	Primeiros passos da Ciência da Sustentabilidade
1988	Lançamento do IPCC
1992	Rio de Janeiro: Conferência da ONU sobre Meio Ambiente e Desenvolvimento
1992	Rio de Janeiro: Criação das três convenções da ONU: clima, biodiversidade e desertificação
1997	Protocolo de Kyoto é assinado e países desenvolvidos são pressionados a anunciar metas de baixo carbono
2000	Estrutura da Ciência da Sustentabilidade começa a se consolidar
2000s	Sustentabilidade se dissemina em manifestos governamentais e missões de grandes corporações
2007	IPCC ganha o Prêmio Nobel da Paz
2012	Rio de Janeiro: Conferência da ONU sobre Desenvolvimento Sustentável (Rio+20)
2012	Lançamento da IPBES
2015	Anúncio dos ODS pela ONU como continuidade do Rio+20
2015	Acordo de Paris da UNFCCC
2020	Pandemia de covid-19 desafia acordos globais
2022	Redefinição de metas até 2030 em todas as três principais convenções
2025	Conferência das Partes #30 (COP30) da UNFCCC, pela primeira vez realizada em uma cidade amazônica: Belém, Brasil

Essas combinações são vistas como estratégicas para abordar sistemas complexos com realidades definidas pela presença de múltiplas escalas e diversidade de atores, como nos casos de sistemas socioecológicos e sociotécnicos que demandem transições sustentáveis (Edmondson et al. 2019, Kern et al. 2019, Capítulo 9). Por exemplo, uma política setorial voltada exclusivamente para a mitigação de carbono, mesmo que alcance este objetivo, geralmente não consideraria demandas em nível comunitário ou a conservação da biodiversidade. Por outro lado, se o objetivo for simultaneamente voltado para reduzir gases estufa e vulnerabilidades sociais e riscos relacionados às mudanças climáticas – por exemplo, por meio da redução da pobreza e da prevenção da degradação ambiental – a política em questão tem mais chances de atingir metas de sustentabilidade. Logo, tais políticas de adaptação – sempre que bem-sucedidas em evitar ou reduzir riscos climáticos sem impactar negativamente sistemas humanos e naturais – tornam-se estratégicas para a promoção de transições sustentáveis (Agrawal e Lemos 2015, Pant et al. 2015, Juhola et al. 2016, Kasecker et al. 2018). Como já mencionado, elas podem ser novas políticas formuladas de forma a integrar olhares de distintos setores, ou aproveitando políticas setoriais já existentes e aplicando-as em sinergia para alcançar os objetivos desejados. As chamadas abordagens de "nexo" são linhas emergentes de pesquisa na interface ciência-política que, argumenta-se, podem favorecer tais integrações (Liu et al. 2018).

Como as políticas de sustentabilidade demandam integração ou combinações para seu desenho e implementação, participação e diálogo são essenciais para o sucesso. Há evidências robustas de que parcerias e processos participativos contribuem para uma ampla classe de situações voltadas para a resolução de problemas e podem apoiar uma governança bem-sucedida para a sustentabilidade (Ernst 2019). Diálogos e parcerias também são fundamentais para ampliar soluções locais em políticas nacionais e, eventualmente, para a diplomacia global – um caminho muitas vezes mais desafiador do que os já difíceis esforços para trazer compromissos globais ao nível local. Há um número crescente de casos relatados de escalonamento de políticas relacionados a ecovilas (Singh et al. 2019), ao compartilhamento de dados (Creutzig et al. 2019) e ao paradigma biocultural (Merçon et al. 2019).

10.4 Empresas

A crescente conscientização sobre as mudanças climáticas (IPCC 2021) e as taxas aceleradas de extinção de espécies (IPBES 2019) aumentam a pressão por uma contribuição eficaz do setor empresarial para resolver os desafios da sustentabilidade. Relatórios oficiais recentes e estudos acadêmicos têm clamado por transformações profundas na maneira como as empresas se relacionam com a sustentabilidade e a natureza (WEF 2020, Dasgupta 2021, IRP 2021, UNEP 2021, Bennett et al. 2025). A União Europeia concordou e lançou um *Green New Deal* (Comissão Europeia 2019), e esforços semelhantes foram propostos no Brasil, China e Estados Unidos (Tagliapietra e Wolff 2021, Aguiar et al. 2023). Isso era de se esperar, dado que o setor privado é responsável por 60% do Produto Interno Bruto (PIB) global (Sukhdev 2012) e 72% do PIB dos países da Organização para a Cooperação e Desenvolvimento Econômico (OCDE; Manyika et al. 2021), o que implica uma pegada socioambiental significativa (Moran e Kanemoto 2017; Addison et al. 2018). Diante disso, as corporações deveriam ser "guardiãs éticas dos recursos planetários compartilhados" em vez de "exploradoras egoístas dos bens comuns" (Sukhdev 2012). A posição de uma empresa nesse espectro – de "guardiã" a "exploradora" – é determinada pelo equilíbrio entre custo e benefício ambiental e impactos sociais resultantes de suas ações (Barkemeyer et al. 2015, Boiral e Heras-Saizarbitoria 2017). Isso depende do tamanho, setor, história e valores da empresa, e para mudar essa posição é necessária muita inovação. Inovações dessa escala começam em geral com uma nova mentalidade empresarial antes de se difundirem em processos e resultados. Como discutido no Capítulo 9, a inovação não ocorre apenas na fronteira de tecnologias avançadas, mas também pode incluir mudanças significativas no desenvolvimento de tecnologias socialmente inclusivas ou novas abordagens na relação entre ser humano e natureza. Mudanças transformadoras no setor privado exigem medidas políticas sólidas combinadas com mudanças estruturais de valores e instituições (Turnhout et al. 2021). Assim, já não é suficiente para um negócio competitivo o mero cumprimento de regulações governamentais de sustentabilidade. Atualmente, as empresas também precisam construir imagem e marca que respondam a demandas locais ou internacionais crescentes por produtos sustentáveis, já que todos esses fatores impactam os ganhos financeiros de médio a longo prazo (Gradinaru 2014, Dragomir 2018). No cenário internacional, reformas urgentes em políticas de investimento e compras verdes vêm promovendo terreno fértil para negócios sustentáveis prosperarem (Turnhout et al. 2021).

O conceito de *Environmental, Social and Governance* (ESG) é a tendência mais recente nas práticas de sustentabilidade empresarial. Embora tenha sido introduzido há quase duas décadas no relatório de 2004 do Pacto Global das Nações Unidas sobre mercados financeiros em um mundo em mudança, o conceito ESG tornou-se mais amplamente debatido apenas na última década (Martins 2022). Atualmente, existem métricas disponíveis para ESG, algumas das quais se aplicam às classificações de bolsas de valores, como é o caso da B3 brasileira e seu índice "S&P/B3 Brazil ESG Index" (Amato Neto et al. 2022). Enquanto em países desenvolvidos há uma relação direta e positiva entre investimentos ESG de empresas e seu desempenho financeiro, isso não ocorre em países em desenvolvimento como o Brasil (Garcia e Orsato 2020, DuqueGrisales e AguileraCaracuel 2021; mas ver Miralles-Quirós et al. 2018). Também existem lacunas a serem preenchidas nas métricas e classificações ESG, especialmente em relação à biodiversidade (Doni e Johannsdottir 2020). Um relatório da PricewaterhouseCoopers (PwC 2019) indicou que, entre 1141 empresas de 31 países e sete setores da indústria, os ODS 14 e 15 – que tratam da biodiversidade – eram os de menor preocupação, indicando sua baixa prioridade entre os indicadores ESG (Schleich 2021).

10.5 Movimentos Sociais, ONGs e Consumidores Individuais

Movimentos sociais são ações coletivas que desafiam ou apoiam estruturas ou autoridades existentes e promovem estratégias e táticas em campanhas por mudanças sociais (Almeida e Chase-Dunn 2018). As formas de buscar mudanças variam, desde iniciativas informais e espontâneas até organizações mais formais – como partidos políticos, sindicatos e ONGs (Thompson e Norris 2021). Muitas vezes são auto-organizados e estruturados de "baixo para cima", mas nem sempre. Frequentemente, surgem de insatisfações com o estado das coisas em um determinado contexto (Blumer 1995), mas suas inclinações políticas variam desde a esquerda até à direita (Almeida e Chase-Dunn 2018), assim como seu alcance ou foco, que pode ser desde local até transnacional ou global (Masuda et al. 2018). Movimentos sociais dependem de estratégias de comunicação eficazes para divulgar com clareza seus objetivos e, como consequência, engajar pessoas na causa abraçada pelo movimento. O mesmo se aplica à sustentabilidade como movimento social, no qual a comunicação é tão relevante (Weder 2021), como veremos nos Capítulos 15 e 16.

A sustentabilidade é percebida por alguns como um movimento social (Sheehy e Farneti 2021), enquanto outros discordam, pelo menos em parte, com base na ideia de que alguns discursos sobre sustentabilidade não são realmente sobre mudança transformadora, mas sobre adaptação do paradigma atual (Thompson e Norris 2021). Independentemente dessa discussão, o fato é que movimentos sociais organizados na forma de ONGs estão cada vez mais engajados com a agenda de transformação ou transição sustentável (ver movimentos juvenis de sustentabilidade no Capítulo 15).

As ONGs são um fenômeno moderno, existem desde o século XIX, mas proliferaram especialmente a partir da década de 1950 (Silva e Chennault 2017). Curiosamente, tanto ONGs ambientais quanto humanitárias/desenvolvimentistas incorporaram a sustentabilidade em seu repertório. A ampliação do escopo, de forma a incluir também questões sociais nas organizações de viés ambiental e de questões ambientais nas de viés social (Berny e Rootes 2018, Murphy-Gregory 2018, Pascucci 2021), as tornou mais semelhantes em abordagem devido a essa convergência. Contudo, as ONGs também variam entre puro ativismo (focado no problema) e abordagens mais orientadas à ciência ou diplomacia (focadas na solução). Neste último caso, existem várias zonas cinzentas que têm sido alvo de críticas e estudos. Por exemplo, parcerias de ONGs com empresas ou governos são elogiadas por alguns como importantes para legitimidade, inovação e resultados positivos (Berrone et al. 2017, Lambin e Thorlakson 2018) e por outros criticadas como práticas de *greenwashing* ou ineficazes na promoção de transformação (Robinson 2012, Ruiz-Blanco et al. 2022). Relações competitivas entre ONGs transnacionais e nacionais também podem ser desafiadoras (Dinerstein et al. 2007, Rodriguez et al. 2007), assim como algumas colaborações entre academia e ONGs (Scarano e Martinelli 2010, Vohland e Nadim 2015).

Indivíduos – diante de tantas camadas de instituições, organizações e regulações – podem se sentir impotentes em relação à relevância do seu papel individual na transição global para a sustentabilidade. Claro, o voto pode ter impacto direto na atitude governamental em relação à sustentabilidade, assim como o ativismo em movimentos sociais. No entanto, uma terceira frente que também pode ser eficaz, e que pode se dar em nível mais doméstico e individual, é a do consumo. O consumo sustentável está relacionado ao lado da demanda do mercado, potencialmente impactando a produção pelo setor privado e exigindo regulamentação e incentivos governamentais (Schröder et al. 2019, Mak e Terryn 2020). Com base na premissa de que o consumo sustentável é um importante motor da produção sustentável, Lim (2017) distingue três abordagens. O consumo responsável refere-se a traduzir preocupações sociais, ambientais e éticas em escolhas de consumo pessoal. O anti-consumo trata de rejeitar, abandonar ou evitar práticas ou produtos específicos de consumo. Por fim, o consumo consciente trata de plena consciência e atenção às escolhas de consumo. Claramente, todas as três práticas são interrelacionadas. Um consumidor consciente tipicamente abordaria um conjunto de questões antes de adquirir um produto: é cíclico? é solar? é seguro? é social? é ambiental? é eficiente? Essas questões podem pertencer tanto a uma abordagem orientada ao impacto quanto a uma abordagem orientada à intenção em relação ao consumo sustentável, mas são mais comumente abordadas de maneira fragmentada do que coletiva por consumidores distintos (Geiger et al. 2018).

10.6 A Interface Ciência-Política

A transferência de conhecimento entre ciência e sociedade é promovida por organizações de interface (*boundary organisations*) (Gustafsson e Lidskog 2018). Essas organizações podem assumir diversas formas, mas os painéis científicos da ONU estão entre os mais conhecidos. O Painel Intergovernamental sobre Mudanças Climáticas da ONU (IPCC) foi criado em 1988, quatro anos antes da Convenção do Clima ser sancionada, e desde então fornece relatórios de avaliação periódicos. Já a Plataforma Intergovernamental de Políticas Científicas sobre Biodiversidade e Serviços Ecossistêmicos (IPBES) foi criada muito mais tarde, em 2012. Antes de sua existência, a convenção sobre biodiversidade era orientada cientificamente pelo Órgão Subsidiário de Assessoria Científica, Técnica e Tecnológica (SBSTTA). As respectivas convenções da ONU, portanto, são os usuários mais imediatos do IPCC e da IPBES (Compagnon e Kramer 2016), antes de seus resultados se disseminarem para tomadas de decisão nacionais, locais, públicas, privadas e individuais (Tinch et al. 2018). Para facilitar a compreensão social das principais mensagens que emergem dos relatórios de avaliação e relatórios especiais produzidos por esses painéis, os documentos são resumidos nos chamados "Sumários para Tomadores de Decisão" (*Summary for Policy-Makers*) (Carraro et al. 2015). Espera-se que tanto o tamanho quanto a linguagem desses documentos sejam acessíveis para não acadêmicos, embora o resultado final em termos de clareza por vezes seja alvo de críticas (Barkemeyer et al. 2016).

Como a IPBES foi concebida duas décadas mais tarde, teve a oportunidade de contornar algumas reconhecidas limitações do "irmão mais velho", o IPCC. Por exemplo, a estratégia de engajamento de partes interessadas da IPBES é mais inclusiva em relação a perspectivas não acadêmicas do que a do IPCC (Vohland e Nadim 2015, Tengö et al. 2017). Entretanto, e talvez como resultado dessa abordagem, surgiram disputas internas e acusações de controle ideológico na plataforma (Masood 2018). Independentemente disso, o fato é que ainda assim governos têm poder de veto sobre declarações nos relatórios de ambos os painéis, sempre que discordam de que as evidências científicas sejam suficientemente robustas (Vardy et al. 2017). Desde 2015, o Brasil conta com o que é provavelmente o único caso no mundo de um painel científico independente para biodiversidade, parcialmente inspirado no modelo da IPBES, e chamado de BPBES. Este painel produz relatórios nacionais e temáticos que combinam consultas e engajamento de múltiplos atores, além de preocupações com a comunicação para públicos não especializados. Ele se define como uma organização de interface que conecta diversas organizações acadêmicas e não acadêmicas dentro de uma "cadeia de interface" no espaço ciência-política (Scarano et al. 2019). Cadeias de interface surgem do engajamento de duas ou mais organizações de interface que já desenvolveram relações de confiança com potenciais usuários de informações científicas (Lemos et al. 2012). Os desafios do BPBES incluem evitar a fadiga típica de processos participativos extensos, lidar com a representatividade dos atores selecionados e desenvolver uma estratégia de financiamento de longo prazo (Scarano et al. 2019).

10.7 Considerações Finais

A política trata de transformação: é o meio que permite aos atores envolvidos alcançar os efeitos desejados. Idealmente, esse desejo precisa ser acordado entre diferentes partes. Como a sustentabilidade é um conceito (ou não-conceito) em disputa (ver Capítulo 1), as políticas derivadas podem se tornar disfuncionais quando esses diálogos não são inclusivos e abrangentes o suficiente. Essa dificuldade talvez explique parcialmente por que, apesar de todo o avanço científico (Capítulo 8), a transição para a sustentabilidade ainda está em seus estágios iniciais, já que, por exemplo, a sociedade continua quebrando recordes anuais de emissões de gases de efeito estufa e de declínio e extinção de espécies. Para estar pronta para ser aplicada a transformações, a ciência precisa ser crível, relevante e legítima (Capítulo 8). Para ser legítima, exige que aqueles que serão afetados pela transformação projetada também a desejem e, além disso, se vejam como parte da solução. No próximo capítulo (Capítulo 11), veremos como esse diálogo está fluindo (ou não) em relação aos ODS, a atual utopia oficial.

CAPÍTULO 11

Objetivos de Desenvolvimento Sustentável: Pode o Capitalismo Mudar?

11.1 Introdução

Este capítulo aborda os Objetivos de Desenvolvimento Sustentável (ODS), anunciados pelas Nações Unidas (ONU) em 2015, como a mais recente utopia oficial. Há consenso acadêmico em torno da ideia de que utopias devem ser preferencialmente abertas, mutáveis e voluntárias, em vez de serem programadas de maneira dogmática. Em outras palavras, utopias devem emergir como um "discurso de sociabilidade voluntária" para evitar desdobramentos distópicos (Claeys 2017). Logo, há uma distinção entre utopias abertas e as utopias programáticas (*blueprint*, na linguagem de Bregman 2017). Estas últimas projetam um futuro específico com regras imutáveis, funcionando como uma espécie de "receita oficial" para o futuro (Scarano 2019b).

No caso dos ODS – 17 objetivos que compreendem 169 metas – alguns os veem como um roteiro ou uma utopia programática enquadrada no paradigma capitalista moderno, como por exemplo, ao assumir o crescimento econômico (ODS 8) como premissa para o desenvolvimento sustentável. Isso é algo contraditório, já que o impulso econômico é precisamente o que trouxe o planeta ao estado de policrise, um dia chamado de Antropoceno (Holden et al. 2017, Reid et al. 2017, Nature Editorial 2020; ver também capítulos anteriores deste livro). Sob essa perspectiva, os ODS apenas prolongariam as realidades e hegemonias do presente, como Macauley (1996) argumenta ser o caso das utopias programáticas. Outros, de forma mais otimista, veem os ODS como uma caixa de ferramentas, e não como um roteiro, argumentando que um diálogo mais próximo entre ciência e política poderia ajudar a alcançar suas metas (ver Costanza et al. 2016, Stafford-Smith et al. 2016, Halvorsen 2017). De qualquer forma, os ODS são o resultado aspiracional de mais de 30 anos de diplomacia global pela sustentabilidade (Capítulo 10). Eles combinam metas relacionadas à biosfera, sociedade e economia, estando desta forma estruturados dentro da lógica dos três pilares da sustentabilidade (ver também Capítulo 1). Apesar das críticas, os ODS têm se consolidado como discurso e métrica para muitos dos diversos atores envolvidos na agenda de desenvolvimento sustentável (Halkos e Gkampoura 2021, Capítulo 10).

O objetivo principal deste capítulo (e do livro como um todo) é oferecer uma reflexão sobre a potencial necessidade de mudar a conversa atualmente predominante em torno da utopia de sustentabilidade. A sociedade global pode passar de um diálogo que projeta um futuro limitado por premissas modernas e capitalistas para uma conversa mais aberta e inclusiva, que abra as portas para outros possíveis futuros sustentáveis? Essa segunda opção é mais provável de conduzir humanos e não-humanos a um "futuro comum" genuíno (Bregman 2017), lembrando que "Nosso Futuro Comum" é o nome do relatório de 1987 que definiu desenvolvimento sustentável, e "O Futuro que Queremos" é o documento assinado por chefes de Estado na Conferência das Nações Unidas sobre Desenvolvimento Sustentável de 2012, no Rio de Janeiro – que se tornaria a espinha dorsal dos ODS. Quem são os sujeitos que aspiram a esse futuro comum?

11.2 Colocando em Prática?

A Tabela 11.1 analisa a velocidade de mudança e as tendências de alguns indicadores sociais, econômicos e ambientais. Como referenciais qualitativos ou quantitativos, utilizei acordos políticos globais para "diálogo"; emissões de carbono e taxas de desmatamento nos trópicos para "comportamento"; acesso à *internet* para "comunicação"; e pobreza, desigualdade, fome e acesso à água potável para "meios de subsistência". A tabela mostra que, enquanto a diplomacia global envolvendo desenvolvimento sustentável, clima e biodiversidade avançou com a definição de metas, as emissões de carbono aumentaram continuamente e o desmatamento nos trópicos diminuiu lentamente. No mesmo período, o acesso à *internet* aumentou em grande escala. A pobreza caiu de forma acentuada, enquanto o acesso a alimentos e água potável melhorou apenas ligeiramente. A desigualdade permanece muito alta (apesar de uma leve melhora), mas em algumas regiões ela aumentou entre 2008 e 2013 (Banco Mundial 2016). Fica claro que, apesar de algumas melhorias nos padrões de vida mostradas na Tabela 11.1, três aspectos pioraram: emissões de gases de efeito estufa, declínio da biodiversidade e aumento da desigualdade (ver também Coscieme et al. 2020). Os três são indissociáveis e espelham o paradigma do desenvolvimento capitalista, que gera riqueza às custas da natureza e a distribui entre poucos. Esse modelo perverso e insustentável tornou-se ainda mais evidente em 2020 – o primeiro ano da pandemia de covid-19 – quando as maiores fortunas globais aumentaram em 24% em relação ao ano anterior. Para alguns, isso é uma evidência de que, para alcançar a sustentabilidade planetária, os objetivos econômicos deveriam no mínimo ser dissociados dos ODS (Nature Editorial 2020). Além disso, a pandemia levantou dúvidas sobre se o crescimento econômico seria alcançável no futuro próximo e, mesmo que fosse, não há indicações de que os benefícios seriam distribuídos de forma equitativa (Nature Editorial 2020).

Devido à multiplicidade de objetivos e metas envolvidas nos ODS, é necessária uma abordagem estratégica para promover sinergias e lidar com possíveis conflitos (Sachs et al. 2017). Essa lógica tem motivado vários estudos, e talvez o padrão mais evidente que emerge esteja relacionado à oposição histórica entre o crescimento econômico (ODS 8) e as metas “verdes” (por exemplo, ODS 6, 13, 14, 15) e de equidade social (por exemplo, ODS 5, 10) (Pradhan et al. 2019, Pires et al. 2021, Wu et al. 2022). Tome como exemplo a meta 8.1 do ODS 8, que busca alcançar um crescimento econômico de pelo menos 7% do produto interno bruto (PIB) nos países menos desenvolvidos. O crescimento do PIB *per capita* da China em 2017 alcançou 6,35%, maior do que o dos Estados Unidos, Alemanha e Japão (World Bank Group 2021). Paralelamente, as emissões da China atingiram 6,7 toneladas de dióxido de carbono (OCDE 2021), o recorde do país desde 2015, um valor maior do que o já elevado da União Europeia no mesmo ano (6,4 toneladas). O Brasil cresceu apenas 0,5% naquele ano, mas teve uma emissão de 2 toneladas de dióxido de carbono, uma das mais altas da década (World Bank Group 2021). Como grande parte disso foi devido a atividades de corte e queima de vegetação, é evidente que tais práticas predatórias, justificadas por um falso argumento econômico, não contribuem para a economia e afetam negativamente as metas relacionadas ao clima e à biodiversidade.

Em 2015, ano em que os ODS foram anunciados, os subsídios governamentais à indústria de combustíveis fósseis somaram 4,7 trilhões de dólares. Em 2022, os subsídios aumentaram para quase 6 trilhões de dólares, de acordo com o Fundo Monetário Internacional (https://www.imf.org/en/Topics/climate-change/energy-subsidies). Isso está em completa oposição aos ODS relacionados à energia limpa e à ação climática, para dizer o mínimo, e parece reforçar que o paradigma atual de desenvolvimento não é fácil de conciliar com metas ambientais e sociais (Pradhan et al. 2017).

11.3 Como Estão os ODS?

O *Sustainable Development Report* (Sachs et al. 2020), lançado em junho de 2020, referente ao ano de 2019, indicou que os ODS #2 (fome), #6 (água e saneamento) e #15 (vida terrestre) apresentaram pouca ou nenhuma evolução em relação a 2018, embora a média global dos ODS, medida pelo Índice ODS (*SDG Index*), tenha melhorado. No entanto, o início da pandemia de covid-19 em escala planetária no final de 2019 fez com que o Índice ODS de 2020, anunciado em junho de 2021 (Sachs et al. 2021), caísse pela primeira vez, com um declínio ainda maior em 2021, conforme medido em 2022 (Sachs et al. 2022). Paralelamente a esses eventos, e possivelmente como uma reação a eles, a ONU lançou um conjunto de iniciativas para o período de 2021 a 2030, como a "Década de Ação", a "Década de Ciência Oceânica para o Desenvolvimento Sustentável" e a "Década da Restauração de Ecossistemas". Os efeitos

Tabela 11.1. Padrões e tendências de mudança para parâmetros globais relacionados a diálogo, comportamento, comunicação e meios de subsistência. Como indicadores qualitativos para diálogo, foram utilizados acordos políticos globais; para comportamento, emissões globais de carbono e taxas de desmatamento nos trópicos; para comunicação, acesso à *internet*; e para meios de subsistência, pobreza, fome e acesso à água. As faixas de anos usadas têm como objetivo fornecer uma perspectiva sobre a taxa de mudança (ou ausência de mudança) ao longo do tempo.

Parâmetros	Indicadores	~1987-2000	~2000-2010	~2015-2022	2030 (projeções)
Diálogo	Objetivos globais	Primeiros passos (Estocolmo 1972; Relatório Brundtland 1987; IPCC 1988; início das convenções globais, Rio 1992)	Objetivos de Desenvolvimento do Milênio (2000)	ODS (2015)	Expectativa de maior convergência entre os vários acordos aqui listados
	Objetivos para o clima		Negociações de Copenhague (2009) frustradas	Acordo de Paris (2015)	
	Objetivos para a biodiversidade		Metas de Aichi acordadas em Nagoya, Japão (2010)	Marco Pós-2020 da Biodiversidade (2022)	
Comportamento	Emissão de carbono (Gt CO_2-eq yr^{-1})	33 (1990)	42,5 (2010)	49,1 (2016)	55 (2030)
	Taxas de desmatamento nos trópicos (milhões de hectares por ano)	7,97 (de 1990 a 2000)	7,62 (de 2000 a 2010)	5,50 (de 2010 a 2015)	5,20 (de 2010 a 2030)
Comunicação	Acesso à *internet* (bilhões de pessoas)	–	1,1 (201[illegible])	3,6 (2017)	7,5 (2030)
Meios de subsistência	Pobreza (%; milhões de pessoas)	35,4; 1778 (1987)	20,7; 1352 (2005)	10; 736 (2015)	0 (alvo)
	Fome (%; milhões de pessoas)	20; 850 (1990-1992)	14; 911 (2006)	11; 820 (2017)	0 (alvo)
	Acesso à água (% de pessoas)	61,4 (2000)	69,0 (2008)	71,2 (2015)	0 (alvo)
	Desigualdade (coeficiente de Gini)	69,7 (1988)	66,8 (2008)	62,5 (2013)	0 (alvo)

Fontes: Objetivos do Milênio: http://www.un.org/millenniumgoals/bkgd.shtml; outros acordos globais: Scarano (2019b); meios de subsistência: https://data.worldbank.org/products/; pobreza: http://iresearch.worldbank.org/PovcalNet/povDuplicateWB.aspx; fome: http://www.fao.org/3/I9553EN/i9553en.pdf; http://www.fao.org/docrep/012/al390e/al390e00.pdf; água: https://data.worldbank.org/indicator/SH.H2O.SAFE.ZS; desigualdade: https://openknowledge.worldbank.org/bitstream/handle/10986/25078/9781464809583.pdf#page=89; desmatamento: D'Annunzio et al. (2015); carbono: http://www.pbl.nl/sites/default/files/cms/publicaties/pbl-2017-trends-in-global-co2-and-total-greenhouse-gas-emissons-2017-report_2674.pdf; *internet*: https://www.statista.com/statistics/273018/number-of-internet-users-worldwide/ e https://cybersecurityventures.com/how-many-internet-users-will-the-world-have-in-2022-and-in-2030/

da pandemia foram aparentemente ampliados pela guerra entre Rússia e Ucrânia a partir de 2021, pela ascensão de governos contrários à globalização e pela recessão econômica (Nature Editorial 2020). Tudo isso sugere a necessidade de uma nova agenda que repense o paradigma moderno em vigor (McElwee et al. 2020), em vez de tentar ressuscitá-lo.

Por exemplo, Sachs et al. (2022) demonstraram como países ricos geram impactos socioeconômicos e ambientais negativos que afetam os países em desenvolvimento por meio de cadeias de comércio e fornecimento insustentáveis (ver também Moran e Kanemoto, 2017). Episódios de pandemias, guerras recorrentes, contínuo aumento das emissões de gases de efeito estufa, desigualdades sociais crescentes e degradação ambiental indicam que não se trata mais de buscar supostas soluções tecnológicas para aumentar a eficiência dos recursos (Capítulo 9) ou de desenvolver algum tipo de sustentabilidade de mercado (Capítulo 10) (Lima, 2003).

A relação entre o capitalismo moderno e os ODS talvez seja ainda mais evidente no uso dos ODS em discursos corporativos e, eventualmente, como métricas de práticas responsáveis. Heras-Saizarbitoria et al. (2022) examinaram relatórios de sustentabilidade de 1.370 organizações de 97 países e, na maioria dos casos, encontraram apenas um engajamento superficial, geralmente com objetivos específicos em vez de uma abordagem integral, o que, em sua visão, é uma indicação do que chamam de "*SDG-washing*" ("maquiagem de sustentabilidade"), em analogia ao *greenwashing*.

11.4 Alternativas Pós-Desenvolvimento

Embora o consumismo e a negação sejam obstáculos que a cultura desenvolvimentista impõe ao ambientalismo e à sustentabilidade (Anderson 2010), também é evidente que o ambientalismo e o discurso da sustentabilidade têm produzido fissuras na lógica capitalista de desenvolvimento. O surgimento da agenda da sustentabilidade é prova disso, especialmente as visões alternativas de sustentabilidade que começam a competir/dialogar (Scarano 2019b, ver também Capítulo 8). O desenvolvimento sustentável é apenas uma dessas visões, mas outras opções emergem. Desde que o "desenvolvimento" gerou profundo impacto na forma como Ásia, África e América Latina passaram a ser vistas e tratadas como subdesenvolvidas após a Segunda Guerra Mundial, uma série de movimentos coletivamente chamados de "pós-desenvolvimento" surgiu para questionar a capacidade do capitalismo de ocupar plena e naturalmente a economia (Escobar 2015). O pós-desenvolvimento não é o que vem "depois" do desenvolvimento, mas sim visões alternativas ao desenvolvimento hoje baseado na lógica capitalista moderna. No entanto, argumenta-se que ainda há certa confusão sobre se ou quando o pós-desenvolvimento se refere a alternativas ao desenvolvimento, ao capitalismo ou ao neoliberalismo (Schöneberg et al. 2022).

Tendências reemergentes no Sul Global, como *Buen Vivir*, *Ubuntu* e *Swaraj ecológico* (ou Democracia Ecológica Radical), podem ser vistas como fenômenos do pós-desenvolvimento. No Norte Global, outros movimentos têm surgido, como o Decrescimento, o Ecofeminismo e o Ecossocialismo. A diversidade de movimentos e tendências é tal que Kothari et al. (2019) organizaram um "dicionário de pós-desenvolvimento" para descrevê-los. Essas diversas alternativas surgem de diferentes contextos sociais e culturais, representando tanto o renascimento de cosmovisões indígenas quanto movimentos sociais e ambientais recentes, mas essencialmente compartilham princípios semelhantes (Kothari et al. 2014).

Ubuntu, *Buen Vivir* e *Swaraj* têm em comum cinco princípios básicos: autonomia, solidariedade, autossuficiência, diversificação produtiva e sustentabilidade dos ecossistemas locais (Barkin e Lemus 2016), que se relacionam ao amor a si mesmo, à comunidade e à natureza (Ontong e Le Grange 2014, Scarano 2019b, Ngomane 2019/2022). Eles também colocam comunidades locais e coletivos no centro do processo de tomada de decisão e governança (Shumba 2011, Beling et al. 2018). Embora ainda não exista uma definição universal de *Buen Vivir* (que significa "viver bem"), essa visão típica das regiões andinas da Bolívia e do Equador inclui como elementos-chave: (1) harmonia com a natureza; (2) valorização dos princípios dos povos marginalizados; (3) o Estado como garantidor das necessidades básicas, justiça social e igualdade; e (4) democracia (Beling et al. 2018). A metafísica subsaariana do *Ubuntu* (que significa "humanidade") foi em certa medida incorporada em práticas empresariais daquela parte da África (West 2014). No subcontinente indiano, o *Swaraj ecológico* (que significa aproximadamente "autogoverno" ou "autossuficiência") combina respeito à Terra e aos direitos das espécies não-humanas com valores relacionados à justiça social e equidade (Kothari et al. 2014). Além das filosofias, várias práticas locais foram listadas como pertencentes ao quadro do pós-desenvolvimento: solidariedade camponesa no Haiti, redes de solidariedade no Irã, conhecimento local como meio de adaptação às mudanças climáticas nas Filipinas, agroecologia e soberania alimentar na Tanzânia, dentre outros (Schöneberg et al. 2022, See et al. 2022).

O Decrescimento surgiu por volta de 2008 como um movimento ativista que rejeita o crescimento econômico como única alternativa. Transformado em disciplina acadêmica, parte do pressuposto de que o crescimento econômico não pode ser sustentado infinitamente em um planeta com recursos limitados (Kothari et al. 2014). A produção científica sobre Decrescimento é amplamente europeia, mas EUA e Canadá também têm uma contribuição relevante para essa visão, e o movimento está presente em países como Colômbia e Cuba (Weiss e Cattaneo 2017). Fitzpatrick et al. (2022) realizaram uma revisão exaustiva da literatura sobre quais tipos de políticas de decrescimento foram propostas por acadêmicos. Eles identificaram 13 temas políticos abordados por mais de 1.000 artigos publicados entre 2005 e 2020. Escobar (2015) argumenta que é necessário um diálogo mais próximo entre o Decrescimento e outros movimentos e estudiosos do pós-desenvolvimento, ao mesmo tempo em que demonstra ceticismo em relação ao capitalismo e ao desenvolvimento sustentável. Beling et al. (2018), por outro lado, sugerem que sinergias entre desenvolvimento sustentável, *Buen Vivir* e Decrescimento podem compensar as lacunas de cada discurso e eventualmente abrir caminhos para o que chamam de "uma nova Grande Transformação Global", rumo a um novo estado de coisas. Este novo estado – sustentabilidade – pode ser visto como uma nova utopia que desbloqueia possibilidades e alternativas para o futuro.

O Ecossocialismo também é um exemplo de convergência e diálogo. Löwy (2005), em seu artigo seminal, o vê como um movimento que desafia tanto a lógica do lucro do mercado capitalista quanto o autoritarismo burocrático dos regimes socialistas (em sua maioria já extintos). Ele considera ambos incompatíveis com a conservação dos ambientes naturais. Nelson (2022), no entanto, afirma que o Ecossocialismo é um ponto de encontro para diversas vertentes, como os movimentos de mulheres, indígenas, soberania alimentar e da terra, municipalismo e anarquismo, entre outros movimentos que são ambientalistas e humanistas em suas preocupações – "verdes por fora, vermelhos por dentro", como ele os chama. O Ecofeminismo é outro caso de convergência, neste caso entre ambientalismo e feminismo. Parte do pressuposto de que as mulheres e a natureza são exploradas pelo capitalismo e se posiciona contra essa exploração (Giacomini et al. 2018; ver também Capítulo 3), alinhando-se, portanto, ao Ecossocialismo (Brownhill e Turner 2019, 2020).

Assim como ocorre com o desenvolvimento orientado aos ODS, o pós-desenvolvimento também não está isento de críticas. Estas incluem rotular suas visões como romantizadas, lidar inadequadamente com diferenças, faltar aderência às críticas histórico-materialistas ao capitalismo e ao desenvolvimento (Asher e Wainwright 2019), carecer de avaliação e análise (Fudge et al. 2021), e até mesmo não ser imune ao "capitalismo do pensamento" ou ao capitalocentrismo (Dhar e Chakrabarti 2019).

11.5 Podem Haver Diálogos Entre Distintas Visões de Futuro?

A Tabela 11.2 apresenta uma comparação entre os ODS e cinco outras visões de futuro. O primeiro caso é uma adaptação brasileira dos ODS, na qual foram acrescentados três objetivos relacionados à diversidade cultural (Cabral e Gehre 2020), indicando uma lacuna nas preocupações culturais nos ODS estabelecidos pela ONU. Tanto os ODS da ONU quanto os ODS adaptados para o Brasil não incluem objetivos relacionados à sustentabilidade ou equilíbrio pessoal e individual. O mesmo ocorre com os temas do Decrescimento. Esses foram descritos por Fitzpatrick et al. (2022), com base em uma ampla revisão de literatura, e abrangem 13 temas, 50 metas e 100 objetivos, mas nenhum deles se refere ao indivíduo. Os Objetivos de Desenvolvimento Interno (*Inner Development Goals* – IDG) e duas das alternativas de desenvolvimento do Sul Global – o *Buen Vivir* e o *Ubuntu* – incluem objetivos pessoais. Os IDG foram desenvolvidos como um complemento interno e interrelacional aos ODS (Kemp e Edwards 2022) e foram estruturados a partir do esforço de uma organização sem fins lucrativos sediada na Suécia. A lógica aqui é que os IDG aprimoram nossa capacidade de alcançar os ODS. Se isso for verdade, é um indicativo de que os ODS também deveriam dialogar com os exemplos do Sul Global, que consideram fortemente questões internas e pessoais. Os objetivos do *Buen Vivir* são simplesmente divididos em: indivíduo, social e natureza. O componente "indivíduo" possui vários objetivos específicos – interculturalidade, diversidade, educação contextual, simplicidade, espiritualidades, plurinacionalidade e saúde única (*one health*) (Hidalgo-Capitán et al. 2019) – que dialogam diretamente com algumas das metas dos IDG, como abraçar a diversidade, a humildade, a empatia e a compaixão, entre outras. O *Ubuntu* não menciona objetivos, mas lições, que também estão fortemente alinhadas com os IDG e o *Buen Vivir*, como conectar-se, perdoar, ouvir, respeitar etc.

Esse nível de convergência entre objetivos, metas e princípios voltados para o futuro, oriundos de visões provenientes de geografias e cosmovisões distintas, fortalece o argumento central deste livro: um diálogo mais amplo é tanto possível quanto necessário para aumentar a esperança por um estado de bem-estar planetário, que signifique uma convivência saudável e pacífica entre os múltiplos "universos" que habitam a Terra (Scarano 2019b, Pritchard e Richardson 2022).

11.6 Considerações Finais: Rumo a uma Sustentabilidade Mais Inclusiva

Na Parte A deste livro, vimos que os tempos pós-normais que atravessamos abrigam cosmovisões tradicionais, modernas e pós-modernas, sendo a moderna a hegemônica. Na Parte B, que termina com este

Tabela 11.2. Objetivos, metas e lições propostos pelos Objetivos de Desenvolvimento Sustentável (ODS), pelos Objetivos de Desenvolvimento Interno (IDG) e por visões alternativas: *Buen Vivir*, *Ubuntu*, Decrescimento e a adaptação brasileira dos ODS (Hidalgo-Capitán et al. 2019, Ngomane 2019/2022, Cabral e Gehre 2020, Fitzpatrick et al. 2022, sites: https://www.innerdevelopmentgoals.org/, https://sdgs.un.org/goals). O símbolo # fará referência ao número do objetivo, meta ou lição.

Escopo	ODS	ODS Brasil	Decrescimento	IDG	Buen Vivir	Ubuntu
Natureza	**"Verde" e "azul":** #6 Água e saneamento, #13 Ação climática, #14 Vida no oceano, #15 Vida na terra	Igual coluna ODS	Energia e ambiente, turismo sustentável	#3 Se relacionar #5 Agir	#1 Sustentabilidade biocêntrica	#1 Se veja nos outros, #3 Se ponha no lugar dos outros
Sociedade	"Economia sustentável": #7 Energia limpa, #8 Crescimento econômico, #9 Indústrias, #11 Cidades, #12 Produção e consumo	Igual coluna ODS	Democracia financeira, indicadores alternativos de progresso social, produção e consumo, soberania tecnológica, comércio sustentável, trabalho justo		–	–
	"Necessidades básicas": #1 Pobreza zero, #2 Fome zero, #3 Saúde e bem-estar, #4 Educação	Igual + #19 Arte, cultura, comunicação	Cultura e educação, planejamento urbano justo, alimentação sadia		#2 Igualdade social	#10 Abraçar a diversidade, #11 Abraçar a realidade, #14 Escutar
	"Direitos humanos básicos": #5 Igualdade de gênero, #10 Redução das desigualdades, #16 Paz e justiça	Igual + #18 Igualdade racial, #20 Direitos dos povos originários	Democracia ecológica radical, redução da desigualdade			
	#17 Parcerias	Igual	–	#4 Colaborar		#2 Força reside em estar juntos, #5 Dignidade e respeito para você e os outros, #8 Conectar, #9 Perdoar, #12 Humor, #13 Apreciar as pequenas coisas
Indivíduo	–	–	–	#1 Ser	#3 Satisfação pessoal	
				#2 Pensar		#4 Escolher a perspectiva mais ampla, #6 Acreditar no bem que está dentro de todos, #7 Esperança ao invés de otimismo

capítulo, vimos que a ciência (Capítulo 8), a tecnologia (Capítulo 9) e as políticas públicas (Capítulo 10) permanecem amplamente confinadas dentro dos limites modernos. No entanto, é interessante observar que o surgimento de um novo conceito e prática de sustentabilidade como um antídoto para o estado atual de policrise – no passado recente chamado de Antropoceno – está relacionado a mudanças profundas em valores e ética (Capítulo 7). Tais mudanças exigem "praticar o que se prega", o que, por sua vez, demanda reflexão e desenvolvimento internos – amplamente ausentes na utopia idealizada dos ODS.

Este Capítulo 11, enquanto encerra a Parte B, mostra que os ODS ainda deixam a desejar ao abordar valores e princípios que sempre estiveram presentes na sociedade humana (veja a Parte A), como amor, confiança, respeito e bondade. Cosmovisões tradicionais que oferecem abordagens alternativas ao desenvolvimento, como *Ubuntu* e *Buen Vivir*, e também abordagens pós-modernas, como os IDG, clamam por mudanças íntimas, pessoais, adicionando uma dimensão individual à sustentabilidade, essencial para promover relações saudáveis com outros humanos, com elementos não-humanos da natureza e, em última instância, consigo mesmo. Outra via pós-moderna, o Decrescimento, é menos focada nessa transformação interna, mas exige atitudes tão diferentes em comparação à lógica do crescimento econômico, que também instiga reflexões individuais.

Conversas e diálogos respeitosos e atentos entre todas essas diferentes cosmovisões – inclusivos de toda a diversidade de vozes humanas e não-humanas – são um pré-requisito para alcançar um estado de bem-estar, no qual diferentes formas de viver coexistam no pluriverso da Terra. Essa necessidade é o que nos conduz à Parte C deste livro. A ciência (Capítulo 8) e a tecnologia (Capítulo 9) da Parte B devem engajar-se em diálogos com a religião e espiritualidade (Capítulo 12), ancestralidade (Capítulo 13) e as artes (Capítulo 14) da Parte C. As políticas de sustentabilidade (Capítulo 10 da Parte B) devem ouvir os jovens (Capítulo 15) e precisam investir em estratégias ousadas para um alcance mais amplo (Capítulo 16). A seguir, na Parte C, examinamos as múltiplas vozes que atualmente são menos ouvidas no diálogo global sobre sustentabilidade.

Parte C

Aprofundando a Sustentabilidade

CAPÍTULO 12

A Virada Interna: Sustentabilidade, Religião e Espiritualidade

12.1 Introdução

"Aprofundando a Sustentabilidade", o título desta Parte C, faz referência a alternativas e/ou complementos ao desenvolvimento sustentável, que é o arcabouço estritamente moderno para a sustentabilidade (Capítulo 11). Os Objetivos de Desenvolvimento Sustentável (ODS) – a agenda oficial de sustentabilidade até 2030 – não contemplam o campo individual, interior, e apresentam lacunas também em termos de diversidade cultural e etária, entre outros aspectos (ver Tabela 11.2 no Capítulo 11). Em grande medida, a agenda dos ODS não considera as cosmovisões tradicionais e pós-modernas que coexistem neste planeta com a perspectiva moderna hegemônica. Logo, visões alternativas coletivamente rotuladas de pós-desenvolvimento – fundamentadas em estruturas tradicionais ou em abordagens pós-modernas – se propagam e vislumbram outras aspirações futuras, muitas das quais exigem uma mudança individual e interior na atitude em relação ao mundo e à sustentabilidade (Capítulo 11).

A virada interna da ciência e na prática da sustentabilidade baseia-se na noção de que as transições sustentáveis exigirão mudanças profundas em mentalidades, crenças e valores, que começam individualmente (Horlings 2015, Ives et al. 2020, Bennett et al. 2025). Em parte, isso reside no fato que capacidades afetivas e emoções são importantes motivadores da ação para a transformação (Gabay e Ilcan 2017, McShea 2017). Sozinha, a razão não é suficiente para tal: apesar da excelência científica em prever mudanças climáticas, perda de biodiversidade e surtos pandêmicos, as ações preventivas muitas vezes chegam tarde demais ou nem sequer se verificam (Capítulo 1). Apesar das críticas à abordagem individual (como em Boda et al. 2022), a religião e a espiritualidade agora fazem parte da agenda da sustentabilidade (Dhiman e Marques 2016, Ives e Kidwell 2019). Neste capítulo, examino a espiritualidade – religiosa ou não – como componente da dimensão individual que pode servir à transição para a sustentabilidade.

Espiritualidade e religião não são sinônimas. A espiritualidade existe desde que a humanidade floresceu, enquanto as religiões institucionalizadas são um fenômeno de 8.000 anos de idade. A academia (século XIII) e a ciência moderna (século XVI) são ainda mais recentes. Além disso, religiões e ciências são muitas, enquanto a espiritualidade – que é livre e criativa – é apenas uma (Frei Betto 2014). A ciência moderna também deveria ser livre e criativa (ver Capítulo 8), mas, como Thomas Kuhn (1922-1996) explicou, todo conhecimento que é solidamente estruturado tem um caráter dogmático; torna-se propriedade de um grupo, muito semelhante ao que ocorre com as religiões (Kuhn 1962). Finalmente, a abordagem que adotei neste capítulo e ao longo do livro é entender a espiritualidade como uma característica expressa por uma perspectiva religiosa ou não religiosa e pela prática de crescimento e transformação pessoal (sensu Woiwode et al. 2021).

A espiritualidade, seja religiosa ou não, envolve uma percepção do sagrado, que foi esquecida pela Modernidade. Esta transformou tudo – humano e não-humano – em mercadoria (Capítulo 7). Minimamente, a espiritualidade envolve sentimentos de encantamento, que tendem a se perder em casos de alienação (Weber 1917/2009). A apreciação do sagrado esteve presente nos povos ancestrais ao redor do mundo (Capítulo 13), atravessou a Grécia Antiga (Capítulo 2) e permaneceu na Modernidade inicial e tardia (Capítulos 3, 4, 5), sendo de certa forma resgatada e renovada pelo pensamento pós-moderno (Capítulo 6). Este resgate se verificou mesmo em escolas opostas, como as de Émile Durkheim (1858-1917), cartesiano, e Henri Bergson (1859-1941), espontaneísta (Riley 2002). Este capítulo examinará, primeiro a sacralidade, o encantamento e sua relação com a sustentabilidade como terrenos comuns às espiritualidades religiosas e não religiosas. Em seguida, discutirá as relações entre religiões e sustentabilidade, espiritualidade não religiosa e sustentabilidade e, por fim, analisará como tudo isso dialoga (ou não) com os ODS.

12.2 Sustentabilidade, Sacralidade e Encantamento

A origem linguística da palavra "sagrado" remete a demarcar, definir limites, separar, cercar (Cordoneanu 2012). Expressa uma distinção entre coisas de valor especial e aquelas que não possuem tal valor. Habitualmente, está associada a um lugar, comunidade ou cultura específicos (Schroeder 2007). Contudo, Mircea Eliade (1976/2010) atribuiu à sacralidade um significado mais amplo. Ele argumentou que toda manifestação ou expressão do sagrado implica noções de ser, significado e verdade – uma forma pela qual os seres humanos distinguem a realidade do nada. Para ele, o sagrado está inserido na estrutura da consciência, e não é apenas uma fase na história dessa mesma consciência. De forma semelhante, Gregory Bateson (ver também Capítulo 6) acreditava que o sagrado emergia de processos cognitivos que se adaptam às lacunas no nosso conhecimento e, assim, favorece a integração em nossas mentes das complexidades que nos cercam (Bateson e Bateson, 1987).

É paradoxal, no entanto, que a sacralidade pareça "profana" para a ciência moderna, apesar de possuir uma dimensão claramente mental, como proposto por diversos autores. Por exemplo, em sua obra *Sacred Ecology*, Berkes (2008) afirma que a ecologia se tornou uma disciplina quantitativa e reducionista em sua descrição mecanicista dos ecossistemas, ou, como Morton (2007, p. 178) define, um "livro da natureza (...) sem índice" (ver também Capítulo 5). Espera-se que a Ciência da Sustentabilidade, com sua guinada para o campo emocional, interior, evite um destino semelhante (Capítulo 8). Sentir a sacralidade na ecologia, argumenta Berkes, é essencial para reconectar os humanos com a natureza ao seu redor e com sua própria natureza. Para esse propósito, ele acredita que diálogos com conhecimentos ancestrais e locais são um passo fundamental (ver também Capítulos 11 e 13). Mais recentemente, Christie et al. (2019) defenderam uma "ecologia integral", nos moldes propostos pela encíclica *Laudato Si'* do Papa Francisco I (2015), que destaca o cuidado com a natureza, o bem comum, a solidariedade e a preocupação com os pobres. Como visto no Capítulo 5, a ecologia integral é percebida como um guarda-chuva para visões de futuro em que humanos e não-humanos estejam integrados em relações pacíficas e sustentáveis (Mickey et al. 2017).

Se a sacralidade tem tanto uma dimensão espiritual quanto mental, o encantamento é sensorial (Hoefle 2009). A raiz latina da palavra "encantamento" – *incantare* – refere-se a um canto que lança um feitiço sobre o ouvinte e cria novos significados para o mundo (Simas e Rufino 2020). Max Weber (1864-1920) afirmou que os tempos modernos são caracterizados por um desencantamento do mundo, para o qual a ciência, a industrialização e a burocracia são parcialmente responsáveis (Weber 1917/2009). Em reação a esse estado, o encantamento promove uma resposta afetiva, uma reação construtiva e ética ao mundo ao nosso redor. Logo, o encantamento se faz cada vez mais presente nas discussões sobre ética e transições para a sustentabilidade, em campos tão variados como arqueologia (Perry 2019, Sterling 2019), arquitetura (Abbas 2020), artes (Renowden et al. 2021) e negócios (Bell et al. 2021).

Certamente, sentimentos de encantamento e a percepção do sagrado podem, muitas vezes, se fundir. Combinando os argumentos de Eliade e Weber, pode-se afirmar que a alienação moderna do mundo resultou em dessacralização da natureza (transformando humanos e não-humanos em mercadorias), que está associada a um desencantamento com a vida (ver também Agrawal e Gibson 2019). Manifestações e experiências de sacralidade e/ou encantamento impulsionam o envolvimento afetivo com o mundo (Woodyer e Geoghegan 2013), que é essencial para a transição para a sustentabilidade (McShea 2017, Ives et al. 2020).

12.3 Espiritualidade Religiosa e Sustentabilidade

Se palavras como "sacralidade" e "encantamento" podem soar desconfortáveis para os ouvidos sensíveis dos atores modernos na Ciência da Sustentabilidade e na diplomacia, o que dizer da palavra "religião"? No entanto, para alguns, como Mircea Eliade e Gregory Bateson, a religião é a principal ferramenta usada para integrar os conhecidos e os desconhecidos que permeiam os tecidos de nossas vidas (Eliade 1976/2010, Bateson e Bateson 1987). Essa definição está, de certa forma, em harmonia com as raízes latinas da palavra "religião". *Religare* significa religar, ou seja, reconectar as pessoas com o que consideram sagrado (Eliade 1957/2019, Taylor 2010), ou, se o leitor preferir, os humanos com o divino. Contudo, como alertou David Hume (1711-1776), as religiões estão associadas a princípios sublimes, mas também a diversas más práticas e preconceitos, como em casos de intolerância religiosa, tanto historicamente como nos dias de hoje (Hume 1757/2005; ver também Capítulo 3). A consequência é que a relevância das religiões para o debate sobre sustentabilidade não está apenas no nível da moral e dos valores individuais, mas talvez esteja principalmente no nível político, como instituições sociais presentes na maioria das culturas e sociedades (Ives e Kidwell 2019).

Não surpreende que as religiões estejam cada vez mais presentes nos debates sobre questões socioecológicas. Por exemplo, Hitzhusen e Tucker (2013) fornecem diversos exemplos de iniciativas religiosas relacionadas à biodiversidade e ao cuidado com a Terra, incluindo conservação e restauração da natureza. Jenkins et al. (2018) examinam o diálogo entre religiões e mudanças climáticas, concluindo que a abordagem ocidental a essa questão tem muito a aprender com os povos indígenas (ver Capítulo 13) e que mais pesquisas são necessárias no Sul Global. O debate sobre mudanças climáticas e religião varia desde, nos Estados Unidos, ceticismo em relação às mudanças climáticas de origem antrópica em algumas religiões e grupos políticos (Druckman e McGrath 2019), até, no Brasil, diálogos abertos e construtivos entre ciência e religião em diferentes grupos religiosos (Smith e Veldman 2020) e/ou promovidos por movimentos sociais (por exemplo, no Brasil, o projeto "Fé no Clima"; Scarano et al. 2024b). Johnston (2013) forneceu uma das primeiras análises abrangentes da relação entre religião e sustentabilidade (como um todo, em vez de setorialmente). Ele argumentou que os valores centrais da sustentabilidade (ver também Capítulo 7) conectam capacidades afetivas e emoções a questões políticas, razão pela qual a sustentabilidade não pode ser plenamente compreendida sem atenção à sua dimensão religiosa. Koehrsen (2018) afirma que o papel potencial e a agência religiosa nas transições para a sustentabilidade exigem tanto uma abordagem interna (dentro da instituição religiosa) quanto a abertura para ações que abordem a transição social.

12.4 Espiritualidade Não Religiosa e Sustentabilidade

Nelson (2009) argumenta que a espiritualidade abrange quatro temas: (1) valores e significados que vão além dos limites do eu; (2) um meio de compreensão; (3) consciência interior; e (4) integração pessoal. Contudo, como afirmado anteriormente, esses temas não estão necessariamente vinculados a tradições religiosas. Aqui, enquadro como relacionadas à espiritualidade, práticas como *mindfulness* e (neo-)animismo, entre outros tipos de meditação e atitudes com uma dimensão interior.

Mindfulness, uma característica da consciência humana, diz respeito à presença intencional. A prática ocorre por meio de atenção plena, não julgadora, consciente, emocional, e é independente de crenças religiosas (Wamsler e Brink 2018, Kabat-Zinn 2019). Em outras palavras, *mindfulness* consiste em não negar ou esconder de nós mesmos informações ou sentimentos que nos são aversivos (Ericson et al. 2014). Há evidências científicas crescentes de que *mindfulness*, juntamente com diversos tipos de meditação (por exemplo, Carroll 2016) e atitudes (Corral-Verdugo et al. 2022), constitui mais uma via para a transição sustentável (Siqueira e Pitassi 2016). No entanto, revisões recentes detectaram uma lacuna em indicadores, medições empíricas e dados, destacando a predominância de evidências correlacionais, em vez de causais, sobre as relações entre *mindfulness* e sustentabilidade (Geiger et al. 2019, Thiermann e Sheate 2021). Este último estudo identificou uma série de conexões entre ambos: maior bem-estar, conexão com a natureza, socialidade; reconhecimento de valores intrínsecos; abertura a novas experiências; e redução da automaticidade. Claramente, muitas dessas evidências provocam reflexões sobre a diversidade de filosofias da natureza, ecologias integrais ou ecosofias (ver Capítulos 5 e 6) que, parcial ou completamente, sustentam perspectivas semelhantes: desde a *Naturphilosophie* de Schelling (1797/1995), até as ecologias da mente, do social e do planeta de Bateson (1972/1987); passando pelas ecologias individual, social e ambiental de Guattari (1989/2000), e até mesmo pela abordagem mais religiosa do Papa Francisco I (2015) sobre ecologia integral.

O animismo possui algum nível de conexão com essa variedade de ecologias integrais (Rout e Reid 2020), mas é um conceito com ainda menos consenso, talvez constituindo outro bom exemplo em que a teoria da não-conceitualidade de Blumenberg (1975/2020) se aplica adequadamente (Capítulo 1). Originalmente definido como a prática humana de atribuir a objetos naturais a propriedade de alma (Kwon 2018), seu uso varia amplamente desde "crença em espíritos" até uma perspectiva mais metafísica das religiões pagãs, que envolvia encontros com espíritos (humanos e não-humanos), e até uma abordagem naturalista mais relacional e incorporada (Harvey 2013). O neo-animismo, uma variação mais contemporânea, é mais semelhante à abordagem naturalista, mas supostamente difere ao: (1) não necessariamente atribuir alma a humanos e não-humanos; (2) reconhecer abordagens científicas para entender os comportamentos dos atores não-humanos; e (3) perceber alguns animais e plantas como seres sociais, mas discordar de que sejam semelhantes aos humanos em interioridade e entendimento (Helkkula e Arnould 2022). Independentemente da definição conceitual de animismo que se siga, o fato de tratar-se da interdependência de elementos humanos e não-humanos da natureza o torna uma metáfora motivadora para comportamento e atitude sustentáveis (Rout e Reid 2020).

12.5 *Homo sapiens, religiosus* ou *spiritualis*?

Se Eliade e Bateson estiverem corretos no sentido que precisamos de religiosidade e/ou espiritualidade para integrar e compreender os muitos desconhecidos que definem nossas vidas, talvez não sejamos tão *sapiens* assim, afinal. De fato, Eliade (1957/2019) traça uma distinção entre humanos modernos e o *Homo religiosus*, que ele define como qualquer pessoa "aberta ao mundo" ou, em outras palavras, alguém que percebe a sacralidade (seja na natureza e/ou no divino). Essa abertura implica um fluxo ou movimento de dentro para fora e de fora para dentro (Ives et al. 2020), que reproduz, em escala humana, os ritmos que definem um mundo, um universo. Com base nessa premissa, Eliade (1957/2019) propôs o esquema corpo-casa-cosmos, em que essa abertura para o mundo torna o corpo tanto uma casa quanto um cosmos, e vice-versa. Isso proporciona sentimentos e percepções de totalidade, como vimos estar presentes no pensamento humano ao longo das eras (ver todos os capítulos da Parte A). O esquema de Eliade encontra correspondência em outras tríades. A tríade solo-alma-sociedade de Satish Kumar (2013) refere-se aos imperativos morais de cuidar do ambiente natural (solo), manter o bem-estar pessoal (alma) e viver em harmonia com outras pessoas (sociedade). O Princípio para a Educação em Gestão Responsável argumenta por três níveis de reflexividade na educação para a sustentabilidade: individual, grupal e total (Cunliffe et al. 2020).

Jean Clottes, especialista em arte paleolítica, descreve os dois principais traços que justificariam, em sua opinião, nomear os humanos como *Homo spiritualis* em vez de *Homo sapiens* (Cook 2016): fluidez e permeabilidade. Fluidez, em seus termos, está relacionada à capacidade de interagir com os outros – humanos, animais, plantas (a "casa" de Eliade) –, enquanto permeabilidade refere-se à capacidade humana de interagir com o invisível, com o mundo espiritual (o "cosmos" de Eliade). Scarano et al. (2024b) adicionaram presença – que se relaciona com *mindfulness*, como vimos – à fluidez e à permeabilidade para formar ainda outra tríade. Como essas características podem, se é que podem, dialogar com a abordagem moderna dos ODS?

12.6 Considerações Finais: O Espírito da Mudança

A Parte A do livro, ao abordar a natureza, revela muitos pensamentos e princípios de unidade e totalidade em relação às relações entre humanos e a natureza. Isso ocorreu mesmo durante a Modernidade, embora a noção hegemônica que separava o todo em partes tenha prevalecido. Na Parte B, quando examinamos a sustentabilidade como valor, ética, ciência e política – tal qual é tratada pela sociedade moderna –, observamos subdivisões, módulos, partes, em vez de perspectivas de totalidade. Este capítulo de abertura da Parte C reconecta-se com a Parte A, trazendo novamente a totalidade ao centro. Ao abordar a espiritualidade religiosa e não religiosa e sua agência em questões de sustentabilidade, desafia algumas das perspectivas fragmentadas e reducionistas presentes na Parte B.

O diálogo entre espiritualidade e sustentabilidade já está presente, não apenas na literatura acadêmica, mas também provocando reflexões em fóruns de políticas e movimentos sociais. Por exemplo, comunidades de fé estão cada vez mais ativas no processo dos ODS (Tomalin et al. 2019), o próprio neo-animismo começa a dialogar com os componentes mercadológicos e econômicos dos ODS (Helkkula e Arnould 2022), e o *mindfulness* está gradualmente sendo incorporado em práticas educacionais que abordam os ODS (Hensley 2020). Atenção também tem sido dada ao papel que capacidades afetivas podem desempenhar em parcerias, capacitação e componentes de *big data* dos ODS (Gabay e Ilcan 2017). O espírito da mudança parece ser mais perceptível por meio desses e de outros diálogos de sustentabilidade que já estão em andamento. A seguir, veremos como esses diálogos estão ocorrendo com visões ancestrais (Capítulo 13), com as artes (Capítulo 14), os jovens (Capítulo 15), como estão alcançando públicos mais amplos (Capítulo 16) e o impacto de todas essas conversas na Agenda 2030 dos ODS.

CAPÍTULO 13

Sustentabilidade Ancestral

13.1 Introdução

Natureza, sustentabilidade, regeneração, bem-estar, espiritualidade, futuros... este livro lida com vários conceitos e metáforas que se encontram em disputa. A palavra "ancestral", no título deste capítulo, também faz parte dessa longa lista. Uso aqui no sentido mais amplo possível, incluindo termos como "tradicional", "indígena" e "local" (veja a Tabela 13.1 para definições). Vimos anteriormente que três amplas categorias de visões de mundo e estilos de vida coexistem hoje em dia: o tradicional, o moderno e o pós-moderno (Capítulo 6), sendo que a visão moderna é hegemônica e amplamente responsável pelo atual estado de policrise no planeta (Capítulo 5). Diante disso, talvez os modos de vida tradicionais, ancestrais, devam ser revisitados e, quando apropriado, relembrados, aprendidos e incorporados na prática contemporânea. Isso não significa que se deva abandonar a Modernidade e viver como nossos ancestrais viviam. Foucault (1980) nos lembra que as visões de mundo não são verdadeiras nem falsas, mas o resultado de relações entre conhecimento e poder. A questão é como diferentes visões de mundo podem – no tempo e no espaço – aprender comportamentos sustentáveis umas com as outras. A diversidade cultural pode estar a serviço de diálogos que levem a um estado de bem-estar planetário, em vez de ser silenciada ou massacrada pela visão hegemônica moderna?

Arne Kalland (1945–2012), no capítulo de abertura (Kalland 2003) do livro seminal *Nature across Cultures* (Selin 2003), faz três afirmações que são úteis como ressalvas para este Capítulo 13 e para todo o livro. Primeiramente, categorias como "povos tradicionais", "indígenas" ou "ancestrais" correm o risco de homogeneizar a ampla diversidade cultural que representam. Por exemplo, mais de 7.000 idiomas são falados no mundo, o que dá uma ideia da diversidade cultural existente (Scarano et al. 2024a). Em segundo lugar, conhecer profundamente o ambiente e dispor de uma sólida ética, nem sempre basta para evitar a degradação da natureza e a injustiça social. Por exemplo, Kalland (2003) lista várias práticas ancestrais e indígenas que não são necessariamente benignas ao meio ambiente. Por fim, ao incorporar elementos de uma cultura em outra, deve-se ter cuidado com diferenças contextuais que podem implicar resultados inesperados. Por exemplo, práticas de conservação da biodiversidade podem ignorar os direitos indígenas ao acesso à alimentação, se políticas assumirem que, para os povos indígenas, viver em harmonia com a natureza significa não caçar de forma alguma (veja Sylvester et al. 2016).

Biologicamente e também comportamentalmente, os seres humanos são muito semelhantes. Por exemplo, Griskevicius et al. (2012) listam cinco tendências ou predisposições adaptativas humanas enraizadas na história evolutiva da espécie: (1) interesse próprio, (2) motivação por um *status* relativo ao invés de absoluto, (3) imitação inconsciente de outros, (4) visão de curto prazo e (5) relevar preocupações intangíveis em relação às tangíveis. Embora essas sejam características evolutivas comuns (e não particularmente sustentáveis) a todos os humanos, variação e diversidade são encontradas entre diferentes culturas. A cultura, no entanto, também é moldada naturalmente pela evolução (Gerhardt 2016).

Este capítulo examinará perspectivas ancestrais ao que hoje se denomina sustentabilidade, partindo de um olhar de diversidade biocultural, e com particular atenção a casos existentes para influenciar diálogos sobre sustentabilidade. Embora povos e culturas ancestrais frequentemente abracem espiritualidades e religiões ou, pelo menos, tenham percepções sobre o sagrado, isso será mantido a um mínimo neste capítulo, já que o tema foi abordado no Capítulo 12.

Tabela 13.1. Termos e definições que incluem o que estou chamando de povos e conhecimentos ancestrais neste capítulo, com base em Brondizio et al. (2021).

Termo	Definição
Indígenas	Como os povos têm o direito à autodefinição como indígenas, não há uma definição universal. Os critérios das Nações Unidas para defini-los incluem ancestralidade, língua, religião, cosmologia, pertencimento a sistemas tribais, cultura material, meios de subsistência, origem, residência etc. Eles variam de pequenos grupos isolados a grandes populações. Globalmente, a maioria vive em áreas rurais (73,4%), mas, na América Latina e no Caribe, a maioria vive em áreas urbanas. Eles habitam e gerenciam cerca de 28% das terras do mundo, com uma população estimada de 477 milhões de pessoas (6,2% do total mundial).
Locais	Também têm o direito à autodefinição e geralmente são referidos como povos cujas ações e comportamentos coletivos definem um território e uma cultura ao longo do tempo. Assim, são um grupo diverso de pessoas presentes em vários lugares com os quais possuem vínculos históricos. Essas conexões são expressas na forma como se relacionam e utilizam a natureza e seus recursos, no conhecimento ecológico local e em suas visões de mundo. Estima-se que sejam 1,5 bilhão de pessoas (18,8% do total mundial).
Tradicionais	Este termo pode incluir tanto os indígenas quanto os locais, já que se refere a povos que mantêm seus modos de vida (meios de subsistência, crenças, valores, conhecimentos, línguas e instituições) em certa continuidade com o passado.
Povos Indígenas e Comunidades Locais	Aborda ambos os grupos, pois eles têm muitas preocupações e interesses em comum, embora permaneçam substancialmente distintos tanto internamente quanto entre si.
Conhecimento Indígena e Local	Refere-se ao conhecimento que emerge da relação entre esses povos e a natureza (incluindo visões de mundo, práticas, técnicas e governança).

13.2 Diversidade Biocultural

Tendo em mente as três ressalvas acima (Kalland 2003), vários povos ancestrais ao redor do mundo possuem estilos de vida que os mantêm conectados à natureza (Brondizio et al. 2021). Já os povos modernos se alienaram dela, resultando no dualismo natureza-cultura (Haila 2000, Pellizoni 2015, Capítulo 5). Como a reconexão com a natureza parece ser um pré-requisito para a sustentabilidade (Folke et al. 2016, Capítulos 1-6, 12), os conceitos de diversidade biocultural e valores relacionais – cuja realização comumente se observa entre povos indígenas, tradicionais e locais – são particularmente relevantes. Valores relacionais emergem de nossas relações com "coisas", sejam elas outras pessoas, elementos da natureza, lugares, filosofias etc. (Capítulo 7). Isso varia imensamente entre diferentes culturas e visões de mundo, mas, como uma tentativa de reconexão entre humanos modernos e a natureza, possui aplicação recente em áreas científicas como ética ambiental, valoração de serviços ecossistêmicos e psicologia ambiental (Stålhammar e Thorén 2019).

A diversidade biocultural refere-se à diversidade biológica, diversidade cultural e aos vínculos entre elas (Bridgewater e Rotherham 2019). Esses vínculos existem a ponto de transformar sistemas vivos em sistemas socioecológicos, nos quais componentes naturais e culturais são interdependentes. Por exemplo, Gorenflo et al. (2012, 2014) mostraram que os países mais biologicamente diversos também abrigam a maioria das línguas do mundo (Tabela 13.2). A expressão "megadiversidade" foi cunhada por Russell Mittermeier (1988) em referência aos 17 países (atualmente 18; Scarano et al. 2024a) que abrigam 70% da diversidade biológica do planeta. A correlação entre línguas e diversidade biológica os transforma, na verdade, em países de "megadiversidade biocultural" (Scarano et al. 2024a).

Embora não se possa inferir causalidade diretamente a partir desses dados, evidências mostram que a diversidade cultural provavelmente é uma consequência da diversidade natural e vice-versa. Por exemplo, três áreas tropicais bioculturalmente megadiversas – Amazônia, África Central e Indomalásia-Melanésia (Maffi 2018) – têm uma história de pelo menos 45.000 anos de interações ser humano-natureza (no caso da África, pelo menos uma ordem de magnitude maior), envolvendo caçadores-coletores, agricultores e assentamentos urbanos (Roberts et al. 2017). Por exemplo, a domesticação histórica de plantas por povos indígenas na Amazônia refletiu na estrutura das megadiversas comunidades arbóreas atuais (Levis et al. 2017, 2018). Outra indicação dessas intervenções é a quantidade de plantas das florestas paleo– e neotropicais que são centrais na culinária global atualmente: banana, pimenta-do-reino, pimenta, mandioca, manga, abacaxi, cana-de-açúcar, batata-doce, tomate, inhames, entre outras (Roberts et al. 2017). No lado mais tecnológico, evidências recentes, como as descobertas arqueológicas de sistemas urbanos na Amazônia e na Ásia, informam sobre intervenções humanas pré-históricas em áreas hoje percebidas como selvagens, mas também evocam ideias para o planejamento urbano futuro em áreas tropicais (Scarborough e Isendahl 2020).

Tabela 13.2. Diversidade linguística, como uma expressão de diversidade cultural, e sua correlação com países de alta biodiversidade. Nove (em destaque) dos 18 países megadiversos falam 53% das 7.102 línguas do mundo. Nigéria e Camarões não são países megadiversos. Quando os outros nove megadiversos são adicionados à lista (Colômbia, Equador, França + colônias, Madagascar, Malásia, Peru, Filipinas, África do Sul, Venezuela), a proporção de línguas faladas sobe para 70% (Gorenflo et al. 2012, 2014, Scarano et al. 2024a).

	# línguas faladas	Países megadiversos
Papua Nova Guiné	**838**	√
Indonésia	**707**	√
Nigéria	529	
Índia	**454**	√
Estados Unidos	**420**	√
China	**301**	√
Brasil	**288**	√
México	**288**	√
Camarões	281	
Austrália	**244**	√
República Democrática do Congo	215	√

O conhecimento sobre como se relacionar com a natureza está codificado nas línguas locais e indígenas (Skutnabb-Kangas e Harmon 2017) de povos ancestrais que ainda carregam modos válidos de se relacionar e interpretar a biodiversidade (Frainer et al. 2020). Uma vez que a diversidade biológica e a cultural coevoluem, quando entram em declínio, não raramente o fazem juntas. Quando línguas desaparecem, o conhecimento é perdido, e a biodiversidade associada pode declinar ou ser extinta. Quando a biodiversidade desaparece, línguas somem, e muito conhecimento se perde. Perder uma língua ou uma espécie por razões não naturais, para o planeta, é equivalente a um de nós perder uma parte de nossa memória, de nosso ser. O processo degenerativo de "esquecimento do ser" no pensamento ocidental, descrito por Heidegger em referência ao pensamento pré-socrático, também se aplica a todos os outros conhecimentos ancestrais – um esquecimento que tem implicações negativas para a própria essência de ser humano (Heidegger 1927/2012, 1952/1976, Seidel 1966, Capítulos 1 e 2). Tais esquecimentos são os objetos de estudo da "agnotologia" (Proctor 2008), que se debruça sobre a ignorância que é induzida cultural e/ou politicamente (Schiebinger 2004), como visto no Capítulo 1.

13.3 Aprendendo e Aplicando Práticas Sustentáveis Ancestrais

A agnotologia – ao aumentar a atenção para os modos de vida ancestrais, tanto no passado quanto no presente – pode inspirar soluções sustentáveis para o presente e o futuro. Exemplos incluem casos de justiça socioeconômica no Havaí (Beamer et al. 2023), agroecologia no Brasil e na Libéria (Fraser et al. 2015, Andrade et al. 2020), gestão hídrica nos Andes (Ribeiro 2021), embalagens alimentares na Nigéria (Ezeudu et al. 2021), engenharia no Canadá (Fritz et al. 2011), gestão de riscos de desastres nas Filipinas (Molina e Neef 2016), saúde (Albuquerque et al. 2018, Ratima et al. 2019, Hillier et al. 2021) e até mesmo energia (Mazzone et al. 2023) em diversos países. Curiosamente, esses e outros casos abordam questões que são caras à ciência e política da sustentabilidade, como soluções baseadas na natureza, redução de riscos de desastres baseada em ecossistemas, economia circular, saúde única, transição energética, e habitualmente indicam processos de diálogos, colaboração, coprodução e coaprendizagem.

Além dessas abordagens e aplicações práticas, também há lições mais filosóficas a serem aprendidas com os povos ancestrais, por exemplo, acerca de como usar o futuro para lidar com o presente. Diante das incertezas impostas pelas mudanças climáticas, perda de biodiversidade e crises humanitárias, as habilidades científicas cada vez mais sofisticadas para projetar e prospectar nem sempre se traduzem em ações preventivas eficazes (Capítulos 1 e 12). Bates (2007) descobriu que os povos inuítes no Círculo Ártico não percebem o tempo como uma sequência linear de passado-presente-futuro e, em vez de planejamento rígido e previsões, concentram-se em como improvisar respostas eficientes para o que quer que o presente ofereça – ou seja, eles têm suas próprias estratégias de gestão adaptativa. Em outras palavras, eles abraçam a incerteza, uma atitude que começa a aparecer nos discursos de sustentabilidade tanto na ciência quanto na política em relação às mudanças climáticas (por exemplo, Döll e Romero-Lankao 2017), conservação da biodiversidade (por exemplo, Gillson et al. 2019), estudos de futuros (por exemplo, Pereira et al. 2018), entre outros campos. Outro exemplo é a discussão de Limulja (2022) sobre como os sonhos noturnos são centrais para antecipar futuros e tomar decisões na cultura dos Yanomami, um povo ameríndio da Amazônia. Ela argumenta que essa capacidade de dialogar com os próprios sonhos se deve à generosidade e abertura. Para o líder e xamã Yanomami, Davi Kopenawa, o estilo de vida ocidental não favorece a atenção aos sonhos (Kopenawa e Albert 2015). Isso está, em certa medida, relacionado à hipótese da empatia-sustentabilidade, que postula que interações sustentáveis com a biosfera dependem de conexões emocionais resultantes da empatia (Brown et al. 2019, Apgar 2022), incluindo o uso de sonhos para melhorar a capacidade regenerativa coletiva (Hauk 2015, Balogh e Getz 2022).

13.4 Sustentabilidade Ancestral e os ODS

Com base nas várias experiências e perspectivas descritas neste capítulo, há algum debate sobre quais comportamentos, práticas e características seriam valorizados como "sustentáveis" para os povos ancestrais e em que medida suas preocupações são abordadas pelos ODS. Virtanen et al. (2020) afirmam que a palavra "sustentabilidade" muitas vezes equivale a viver de forma saudável ou viver bem para os povos indígenas, o que está relacionado a viver de maneira comunitária, que garante a interconexão e interdependência entre os membros humanos e não-humanos da comunidade (Kealiikanakaoleohaililan e Giardina 2016). Embora a maioria dos povos indígenas não possa ser chamada de "conservacionistas" (pois costumam caçar, pescar e/ou colher para sua subsistência), há evidências crescentes de que seus modos de vida contribuem significativamente para resultados globais de conservação e restauração da biodiversidade (Brondizio et al. 2021). Além disso, à lista de componentes que constroem o que pode ser chamado de sustentabilidade indígena, Virtanen et al. (2020) acrescentam características como governança local (soberania e autodeterminação), direitos de preservar suas práticas de educação, saúde e língua, e o reconhecimento de certos não-humanos como provedores sagrados de vida. Essa perspectiva está muito alinhada com a Declaração das Nações Unidas sobre os Direitos dos Povos Indígenas (UNDRIP 2007), que é ancorada no conceito de desenvolvimento autodeterminado, incluindo os direitos à autodeterminação, ao consentimento livre, prévio e informado, e à conexão entre direitos culturais e de desenvolvimento relacionados à terra e aos recursos naturais (Gilbert e Lennox 2019). No entanto, nada disso está presente nos ODS, que possuem referências específicas aos povos indígenas apenas em relação à produção agrícola de pequenos agricultores indígenas e à garantia de acesso igualitário à educação para crianças indígenas. A declaração política da Agenda 2030 faz um apelo ao empoderamento e à participação (Gilbert e Lennox 2019).

Essas questões também revelam a incapacidade das métricas e indicadores atuais de desenvolvimento de abordar as realidades dos povos indígenas (Yap e Watene 2019, Waldmüller et al. 2022). Logo, a agenda dos ODS deveria contemplar diálogos que garantissem a participação dos povos indígenas na construção de indicadores. Yap e Watene (2019), ao estudarem os povos indígenas na Austrália e Nova Zelândia, também perceberam o vazio nos ODS em abordar questões indígenas, mas afirmaram que todos os 17 ODS possuem algum grau de relevância para essas populações. MacNeill (2020) não compartilha da mesma opinião e argumenta que os ODS #8 (trabalho decente e crescimento econômico) e #9 (indústria e infraestrutura) contrastam marcadamente com as filosofias e práticas indígenas, como evidenciado pelos inúmeros episódios de conflitos de terra com empresas de petróleo, gás, mineração e agronegócio, entre outros.

13.5 Considerações Finais: Prontidão para o Diálogo

No Capítulo 11, vimos como objetivos complementares ou concorrentes aos ODS estão surgindo da sociedade civil em diferentes países (por exemplo, Brasil; Cabral e Gehre 2020), a partir de visões de mundo pós-modernas (por exemplo, o Decrescimento – Fitzpatrick et al. 2022) e de visões de mundo ancestrais (por exemplo, *Buen Vivir* – Hidalgo-Capitán et al. 2019; *Ubuntu* – Ngomane 2019/2022), conforme foi ainda mais evidenciado neste capítulo. Essas visões costumam compartilhar preocupações comuns com a cultura e a diversidade, com o decrescimento econômico e com a ecosofia (MacNeill 2020), todas amplamente ausentes dos ODS. Em certa medida, visões de mundo ancestrais (veja também o Capítulo 12) e atitudes pós-modernas (Capítulo 6) convergem em perspectivas e práticas sociopolíticas de pós-desenvolvimento (Capítulo 11). Parece haver, portanto, um amplo reconhecimento na literatura científica sobre a insuficiência dos ODS para abordar as aspirações presentes e futuras de povos não modernos ao redor do planeta. Paralelamente, essa mesma literatura indica (como este capítulo tentou revisar brevemente) que há diversos processos de diálogo em andamento, envolvendo tanto coaprendizagem quanto coprodução, os quais podem ser ampliados para contemplar a possibilidade de aspirações e metas planetárias que incluam todos os seres vivos.

É claro que grande parte da tensão existente decorre das diferentes perspectivas sobre as relações entre humanos e a natureza (e também entre humanos) vistas a partir das visões tradicionais, modernas e pós-modernas. Talvez a voz da natureza precise ser ouvida ou até mesmo traduzida para o ser humano moderno alienado. Theodor Adorno (1903-1969) disse que "se a linguagem da natureza é muda, a arte busca tornar essa mudez eloquente" (Adorno 1970/2002, p.78). O Capítulo 14 examina a relação entre as artes e a sustentabilidade.

CAPÍTULO 14

Artes, Cultura e o Imaginário da Sustentabilidade

14.1 Introdução

O Capítulo 13 encerra citando Adorno: "se a linguagem da natureza é muda, a arte busca tornar essa mudez eloquente" (Adorno 1970/2002, p.78). Em nítido contraste com muitas culturas ancestrais – como abordado em vários capítulos deste livro – parece que para o ser humano moderno alienado ouvir a voz da natureza (seja a externa ou interna a nós), é preciso "tradução". A arte pode ajudar nessa tradução. Eliade (1981), filósofo da religião mencionado em capítulos anteriores (4, 12, 13), diz que a arte – junto com a magia e o amor – são válvulas de escape para o desejo humano de transcendência. Mais recentemente, cientistas ambientais descreveram as artes sob uma perspectiva mais utilitarista: um caminho alternativo para provocar respostas conscientes e emocionais à crise ecológica (Renowden et al. 2022). De fato, as artes têm a capacidade de engajar tanto a mente quanto o corpo, a imaginação e a cognição, o indivíduo e a comunidade, a contemplação e a ação (Lineberry e Wiek 2016, Bentz e O'Brien 2018). Por conseguinte, se a crise planetária atual é uma crise cultural (Kagan e Kirchberg 2016), as artes têm um papel significativo a desempenhar na transição para a sustentabilidade, já que grande parte das culturas é expressa por meio delas (Clammer 2014). Isso torna ainda mais desconfortável a ausência de artes e cultura como metas ou indicadores nos Objetivos de Desenvolvimento Sustentável (ODS; Mair et al. 2018, Killingsworth 2021), especialmente quando se considera evidências recentes de que características culturais sustentam direta ou indiretamente a realização de todos os 17 objetivos e 79% das metas dos ODS (Zheng et al. 2021).

De Botton e Armstrong (2013) identificam sete funções das artes: lembrar, gerar esperança, expressar tristeza, reequilibrar, promover autocompreensão, crescimento e apreciação. Note que todas essas funções, de muitas maneiras, dialogam com metas de uma sustentabilidade interior, pessoal (Capítulos 1, 2, 7, 8, 11, 12, 13). Além disso, eles destacam a arte como um apoio à já frágil imaginação do ser humano moderno em relação ao futuro, ajudando a superar nossa incapacidade de nos percebermos como seres condicionados pelo tempo – um aspecto essencial para uma perspectiva de sustentabilidade (veja os próximos Capítulos 17 e 18). Contudo, enquanto as artes obviamente inspiram novas emoções, percepções e desejos de natureza existencial, elas também podem – e não raramente têm – uma motivação ativista (Jackson 2011, Clammer 2014). Este capítulo aborda as artes que inspiram sustentabilidade, seja em forma ou conteúdo, seja como um ato de contestação ao estado das coisas ou como uma evocação da beleza do imaginário da sustentabilidade. Essas abordagens e estilos variados são com frequência difíceis de distinguir, e definitivamente não é necessário fazê-lo. Assim, este capítulo se preocupa menos com taxonomia e mais com a diversidade de manifestações artísticas que inspiram e/ou defendem a sustentabilidade, bem como práticas colaborativas de arte (veja Lineberry e Wiek 2016), nas quais as artes se engajam com outras formas de conhecimento para abordar a sustentabilidade. Sua questão central é como a sustentabilidade, enquanto tema, pode se tornar acessível a um público mais amplo por meio das artes e da cultura, fornecendo informações e/ou despertando a imaginação.

14.2 Compromisso Entre Saber e Sentir, Entre o Real e o Imaginário

Há uma considerável expansão de práticas artísticas que expressam (intencionalmente ou não) noções, informações e/ou sentimentos de sustentabilidade (Maggs e Robinson 2020). Era de se esperar. A transição para a sustentabilidade requer transformação cultural, se entendermos cultura como um conjunto compartilhado de visões de mundo, sistemas de valores e universo simbólico (Kagan 2019), e que é expressa em grande medida por meio das artes (Clammer 2014). A arte hoje aborda uma ampla gama de temas relacionados à sustentabilidade: das mudanças climáticas e perda de biodiversidade à produção, consumo e reciclagem, além de formas alternativas e não modernas de viver (por exemplo, Curtis 2020, Hubbell e Ryan 2022). Por vezes, a abordagem artística à sustentabilidade se dá de forma mais existencial, questionando como queremos viver (Maggs e Robinson 2016). Todos esses temas são expressos artisticamente em uma ampla variedade de formatos e mídias – incluindo pintura, escultura, música, cinema, teatro, artes visuais, artes performáticas, literatura, dança, arquitetura, moda – e em diversos tipos de exposições e instalações.

Diante da grande diversidade de formas de arte, artistas, culturas e temas relacionados à sustentabilidade, listei formas e estratégias artísticas para abordar o desafio da sustentabilidade (Tabela 14.1), com base em Maggs e Robinson (2016), Bendor et al. (2017) e Bentz e O'Brien (2018). Esses autores perguntam se o desafio da sustentabilidade é provar se o mundo é real ou imaginário, e chegam a uma conclusão semelhante à minha no Capítulo 1: contamos, medimos, prevemos, mas não sentimos e, sendo assim, não mudamos. É claro que existe um mundo físico e todos os números e indicadores científicos são factuais, mas o mundo existe tanto na mente humana quanto nas expressões e práticas culturais. De fato, os "comos" relacionados ao tipo de expressão artística e cultural descritos como "experiencial e estética" na Tabela 14.1, se fazem presentes nos "Objetivos de Desenvolvimento Interior" (IDG) – o complemento interno e interrelacional aos ODS (Kemp e Edwards 2022) – descritos no Capítulo 11.

A Tabela 14.2 apresenta uma lista não exaustiva de tendências artísticas que abordam direta ou indiretamente os desafios da sustentabilidade. Entre as várias tendências listadas, o prefixo "eco" está muito presente (veja também o Capítulo 6), assim como o adjetivo "regenerativo" (veja os Capítulos 1 e 6). Preocupações ambientais e com a circularidade estão na essência de muitas dessas tendências e, de certa forma, mais alinhadas aos ODS. No entanto, algumas dessas tendências e estilos também oscilam entre informar fatos sustentáveis ou insustentáveis e inspirar sentimentos de sustentabilidade.

Tabela 14.1. Tipos de expressão artística e cultural que abordam o desafio da sustentabilidade e que podem provocar aprendizado transformador no público receptor. Adaptado de Maggs e Robinson (2016), Bendor et al. (2017), Bentz e O'Brien (2018).

Tipos	Como	Princípio
Informativo	Saber	O engajamento público com a sustentabilidade deriva do fornecimento de informações e dados na expressão artística ou cultural.
Experiencial e estético	Sentir	O encantamento público com o desafio da sustentabilidade surge ao perceber o mundo como um lugar imaginário.
	Abraçar a diversidade	Oferecer a todas as coisas e seres o mesmo caminho para existir em uma rede de relações causais: o que Latour (2004) chamou de "achatamento de ontologias".
	Abraçar a incerteza e questionar	Explorando o incerto e o desconhecido, as premissas consolidadas são desafiadas e abre-se espaço para imaginação e possibilidades.
	Dialogar	A sustentabilidade é "glocal", contestada, e, portanto, uma propriedade emergente de diálogos informados sobre futuros desejados.
	Passar de objeto a sujeito	Estar situado como sujeito significa perguntar: "O que a insustentabilidade pode fazer por nós?", em vez do oposto. Podemos mudar antes de tentar mudar o mundo?
	Regenerar	Passar de minimizar danos para maximizar benefícios. Podemos ter impactos positivos?

14.3 Experimentando a Sustentabilidade através das Artes

As Tabelas 14.1 e 14.2 não são abordagens taxonômicas rígidas, já que muitas expressões artísticas e culturais podem navegar dentro e entre várias dessas categorias que expressam ou inspiram preocupações ou atitudes relacionadas à sustentabilidade. A seguir, apresento casos que desafiam qualquer classificação mais rígida.

Symbiotic Seeing (2020), de Olafur Eliasson (1967–), é um desses exemplos. Essa exposição do artista dinamarquês-islandês, sediada no Kunsthaus Zürich (17 de janeiro – 22 de março/2020) – pouco antes da política global de distanciamento social em resposta à pandemia de covid-19 – combinava elementos imersivos e informativos: manifestações visuais da natureza, fenômenos meteorológicos, pós-humanismo, além de volumosas notícias e textos sobre o estado do planeta, exibidos em uma extensa parede. Minha experiência pessoal foi a de testemunhar uma batalha entre Gaia e o Antropoceno. Não passei muito tempo na parede informativa com más notícias, mas dediquei grande parte do meu tempo à instalação *Symbiotic Seeing* (homônima à exposição) – uma sala escura com um jogo de fumaça, cores e luz – que às vezes me fazia sentir no mar ou no céu, mas sempre flutuando: sustentado pela magia da vida. A trilha sonora na sala foi executada por um robô tocando um violoncelo. A exposição não se encaixa em nenhum gênero da Tabela 14.2, enquanto todos os componentes da Tabela 14.1 estavam presentes nela. No entanto, de alguma forma, minha escolha foi experimentar quão sustentável pode ser simplesmente "flutuar" – sentir, ao invés de entender. Na página da exposição (https://eliasson.kunsthaus.ch/en/) é dito que "a realidade é relativa". Estar imerso em uma experiência flutuante foi, e ainda é, para mim mais real do que todos os dados sobre mudanças climáticas e insustentabilidade. Sentimentos de encantamento, diversidade e diálogo – bem como informação – foram efeitos combinados dessa eloquente obra. Finalmente, no mesmo espírito, o catálogo da exposição (Eliasson e Varadinis 2020) faz referência e traz trechos de textos de vários filósofos e cientistas – também referências para este livro –, como Bruno Latour (Capítulos 1, 2, 5, 6, 7), Lynn Margulis (Capítulos 1, 2, 5, 6, 9), Maurice Merleau-Ponty (Capítulos 5, 6) e Timothy Morton (Capítulos 5, 12).

As instalações do escultor e artista visual brasileiro Ernesto Neto (1964–) provocaram em mim sentimentos e reações semelhantes. *Aru Kuxipa* (2015; Thyssen-Bornemisza Art Contemporary, Viena) e *Gaia-MotherTree* (2018; Estação Central de Trem de Zurique), foram inspiradas e produzidas em parceria com o povo indígena Huni Kuin, da

Amazônia brasileira (veja também Maroja 2019, para considerações sobre essas e outras parcerias do artista com os Huni Kuin). As esculturas de crochê de Ernesto Neto, parecem maiores que a vida, e transmitem uma notável sensação de equilíbrio, sustentação. No interior delas, o artista promoveu conversas sobre a vida entre ameríndios, artistas, agricultores, naturalistas, filósofos, líderes espirituais e cientistas. Mais uma vez, encantamento, informação, diálogos, diversidade e regeneração estavam simultaneamente presentes dentro e ao redor dessas instalações.

No cinema, e antes de o termo "sustentabilidade" se tornar popular, o diretor italiano Pier Paolo Pasolini (1922-1975) transformou contos orais da Roma medieval, Grã-Bretanha e Arábia – que originaram, respectivamente, os livros *Decameron* (Boccaccio 1353/1971), *Contos de Canterbury* (Chaucer 1400/2005) e *As Mil e Uma Noites* (Anônimo, Século IX/2019) – em filmes homônimos (1971, 1972 e 1974, respectivamente). Esta *Trilogia da Vida* de Pasolini está repleta de poesia e possui uma estética amplamente inspirada pela pintura medieval (veja também Betti e Thovazzi 1989). Os três filmes me fizeram mergulhar em um tempo no qual os humanos estavam mais integrados à natureza, o que desafiou muitas das minhas premissas modernas e me revelou o potencial em aprender com a ancestralidade para imaginar futuros sustentáveis – sensações um tanto semelhantes às que tive ao experienciar as colaborações de Ernesto Neto com os Huni Kuin.

O produtor espanhol Eugenio Ampudia (1958–) e sua obra *Concerto para o Bioceno* (Ampudia 2020) é ainda outro caso notável. Um quarteto de cordas tocou *Crisantemi*, de Puccini (1858-1924), para uma plateia de 2.292 plantas em vasos dispostas nas cadeiras de uma casa de ópera. O quarteto era o único grupo de humanos visível. O evento ocorreu em junho de 2020, nos primeiros dias da pandemia de covid-19, e após o concerto as plantas foram presenteadas aos trabalhadores da saúde (Seregina e Van den Bossche 2023). A encenação combinava música com performance, arte de instalação e videoarte. Atento às tentativas acadêmicas de classificação desta obra (por exemplo, "arte pós-antropocêntrica que antecipa a morte do espectador"; Helgueta Manso 2021), meu sentimento ao assistir à performance pela *internet* durante a pandemia foi de algo de

Tabela 14.2. Algumas tendências artísticas que abordam os desafios da sustentabilidade

Tendências	Campo	Descrição
Cinema ambiental, *slow cinema*, cinema transcendental, cinema visionário	Cinema	O cinema ambiental é explícito acerca de problemas ambientais e, em geral, tem formato documental e postura ativista (Brereton 2016). *Slow cinema* (cinema lento): narrativa minimalista, pouca ação e movimentos de câmera reduzidos, além de longa duração (Schrader 2018). O estilo transcendental no cinema é um tipo de *slow cinema*, que usa um conjunto de técnicas que – na sua lida com o tempo – sugere a presença de uma realidade transcendental, paralela, invisível. Primeiro, cria um senso de estranheza, para depois gerar uma percepção de integração e totalidade, alinhadas com uma dimensão individual da sustentabilidade (Schrader 2018). Nesta mesma linha, o cinema visionário interrompe a coerência temporal e espacial, enquanto evoca persistência e transformação em relação às problemáticas do mundo (Deleuze 1985/2005, Beier e Wallin 2018).
Ecodramaturgia	Teatro e artes performáticas	"Como o teatro e práticas performáticas produzem um sentido ecológico e interagem com o mundo material mais-que-humano, com atenção às diferentes experiências, complexidades e injustiças que isso implica" (Woynarski 2020).
Ecomúsica	Música	Performance ou estudo musical e sonoro e como se relacionam com a natureza e a ecologia em um tempo de crise ambiental (Seabrook 2020). Uma arte produzida a partir de sons inspirados na natureza, amigável ao ser humano, e que traduz forças ambientais naturais em música (Bartos 2019).
Ecopunk, Solar punk, Cli-Fi	Literatura (ficção científica)	"... convida leitores a investir emocionalmente em um mundo ficcional e depois em transformar esta empatia numa consciência mais aguda das oportunidades ativistas em seu cotidiano (...) um condensamento, senão remoção completa, das fronteiras entre ficção literária e de gênero" (Miller 2020). Áreas "de esperança contracultural que nos habilitam a superar injustiças socioecológicas e a crescente violência epistêmica e ontológica" (Reina-Rozo 2021).
Moda regenerativa	Moda	Tipo de produção de moda que regenera aquilo que ela retira do mundo natural e revive comunidades (Minney 2022).
Arquitetura regenerativa	Arquitetura	O design de construções com impacto positivo, isto é, projetos que, como um todo, podem na escala de sua própria existência, reproduzir e recriar seus componentes e os recursos consumidos para construir, desempenhar e funcionar (Attia 2018).
Uso de materiais recicláveis	Escultura e artes visuais	Reciclar lixo, transformando-o em obras de arte. Em geral se dá na forma de arte participativa, em tandem com terapia ocupacional social e movimentos sociais (Frank 2020).

outro mundo, tanto quanto de esperança – de um futuro alternativo em que os humanos homenageiam não-humanos, reconhecendo um sentido de irmandade para com estas outras espécies.

Por último, mas certamente não menos importante, obras de arte participativas, como no caso do brasileiro Vik Muniz (1961–), também são essenciais para evocar experiências e práticas de sustentabilidade que inspirem transformação. No projeto artístico *Imagens de Lixo* (*Pictures of Trash*), ele envolveu catadores de materiais recicláveis na transformação de objetos recicláveis em obras de arte. A produção dessas obras seguiu três etapas principais. Primeiro, Muniz fotografava os catadores em posições e situações que remetiam a obras-primas da pintura de Botticelli, Picasso e outros. Em seguida, essas fotos eram reproduzidas no chão de um galpão, e os catadores preenchiam os contornos com materiais recicláveis. Por fim, essas grandes obras eram fotografadas e impressas (Frank 2020). Essa abordagem participativa combinava terapia ocupacional social e fortalecimento de um tipo específico de movimento social, ao mesmo tempo que inspirava ação e transformação sustentáveis. Além disso, a experiência foi traduzida em um produto cinematográfico: o documentário *Lixo Extraordinário* (2010; *Wasteland* em inglês).

Com base em minha própria experiência com as obras artísticas mencionadas, defendo que elas ecoam pesquisas recentes que destacam o valor da ressonância estética e experiencial para engajar o público em questões de sustentabilidade, como alternativa (ou complemento) à abordagem mais centrada em informações (Connelly et al. 2016, Bendor et al. 2017). Esses exemplos também oferecem informações, mas vão além, promovendo experiências estéticas e sensoriais reais. Destacam-se por não serem prescritivos ou instrumentais em seus mandatos transdisciplinares, uma preocupação expressa por Maggs e Robinson (2020) sobre a relação entre arte e sustentabilidade.

14.4 Considerações finais: Arte e o Desejo de Transcendência

Eliade (1981) argumenta que as artes podem saciar a sede humana por transcendência espiritual e, como analisado aqui, também podem fazê-lo em relação à busca humana por sustentabilidade. A transição de um mundo insustentável para um sustentável exige imaginar futuros distintos do passado-presente e acreditar nesses futuros possíveis e desejáveis para que se possa agir de forma transformadora. Em outras palavras, significa transcender o presente e superar a inércia, de modo a descolonizar futuros (Beier e Wallin 2018; ver também os Capítulos 17 e 18). As artes podem nos oferecer novas razões para acreditar no mundo e em nosso próprio potencial para transformá-lo em um lugar melhor (Deleuze 1985/2005).

As palavras "transcendência" e "crença" são com frequência associadas à espiritualidade ou religiosidade (ver Capítulo 12), como no caso do chamado "estilo transcendental" no cinema (Tabela 14.2). "A transcendência está nos olhos de quem vê", diz Paul Schrader (2018, p.22), e, portanto, parte de uma dimensão interior, que, contudo, não é necessariamente religiosa. Por exemplo, o encantamento é um estado poderoso para promover transcendência (ver Capítulo 12). Um imaginário de sustentabilidade ampliado é essencial para dilatar nossa imaginação e o que é possível sentir e pensar.

Com base nos exemplos e casos tratados neste capítulo, fica claro que a arte pode fazer isso. Ela sugere, por exemplo, que um mundo sustentável possível (ou provável) não será resultado de "progresso", como tende a ser imaginado pelos modernos. Esse mundo sustentável pode se tornar visível e até palpável para nós ao reviver a naturalidade medieval nos filmes da trilogia de Pasolini, ou nos retratos de Neto sobre o conhecimento e a espiritualidade indígena amazônica; ao imaginar a bondade humana para com as plantas, inspirado pelo concerto de Ampudia; pelas instalações de Eliasson, que promovem uma imersão sensorial na sustentabilidade; e pelo processo criativo participativo, regenerativo e terapêutico de Muniz. Curiosamente, todos emergem de diálogos: das artes com a ciência e a tecnologia (Eliasson), com o conhecimento ancestral (Neto e Pasolini), com o não-humano (Ampudia) e com movimentos e atores sociais (Muniz).

É claro que, felizmente, estes são apenas alguns exemplos dentro de uma miríade de produções artísticas e culturais que promovem ou inspiram a sustentabilidade. Mesmo quando as artes provocam mudanças atingindo uma dimensão interior, elas podem fomentar transformações sociais ou ambientais em direção a futuros mais sustentáveis. Como as artes e a cultura estão inseridas na educação para a sustentabilidade, e como elas antecipam e imaginam futuros sustentáveis, são perguntas que explorarei mais a fundo nos Capítulos 15, 16, 17 e 18.

CAPÍTULO 15

Sustentabilidade e os Jovens

15.1 Introdução

Os jovens são, historicamente, uma força motriz por trás de mudanças e transformações sociais (Bentz e O'Brien 2019, Terry 2023). Isso habitualmente resulta de inconformismo com relações de poder mantenedoras de hegemonias avessas aos imaginários e desejos da juventude (O'Brien et al. 2018). A dissidência jovem em relação ao *status quo* pode ser expressa de várias maneiras, desde expressões individuais até movimentos sociais organizados.

Por suas fortes implicações intergeracionais, não surpreende que a sustentabilidade seja um tema proeminente dentre os distintos eixos abraçados pelo ativismo jovem (Reuter et al. 2020). Além disso, tal ativismo divide seu foco entre vários campos temáticos: mudanças climáticas (Eide e Kunelius 2021), conservação da biodiversidade (Scopelliti et al. 2018), direitos humanos (Cloughton 2021), saúde (Skrzypczak et al. 2019), entre outros. Apesar dessa diversidade, as abordagens convergem em suas preocupações com futuros sustentáveis.

Entretanto, os jovens não constituem um grupo homogêneo, e não existe uma juventude global (Orsini 2022). No outro extremo do espectro, podem ser encontrados jovens que, por uma razão ou outra, permanecem desinteressados, inconscientes ou insensíveis à atual crise global de sustentabilidade – como evidenciado, por exemplo, em seus padrões de consumo (Fischer et al. 2017). Essa grande variação no comportamento juvenil pode estar relacionada ao espaço, ao contexto social, à idade (as Nações Unidas – ONU – consideram que a juventude varia entre 15 e 24 anos), entre outros fatores (O'Brien et al. 2018).

Paralelamente, a democracia global parece interessada em construir diálogos com os jovens. As negociações que levaram aos Objetivos de Desenvolvimento Sustentável (ODS) da ONU incluíram "crianças e jovens" entre os principais grupos de atores não estatais envolvidos. No entanto, dentre as 169 metas dos 17 ODS, as palavras "criança", "crianças" ou "infância" aparecem apenas treze vezes (nos ODS relacionados à pobreza, fome, saúde, educação, gênero, cidades sustentáveis e paz e justiça). Já a palavra "juventude" aparece menos ainda: meras três vezes (nos ODS relacionados à educação, crescimento econômico e ação climática) (Kamau et al. 2018).

Este capítulo oferece uma visão geral da relação da juventude com a sustentabilidade e a insustentabilidade, examinando questões como o ativismo jovem, imaginários de futuros e educação, e desengajamento e consumismo. Por fim, busca relacionar essas diversas evidências com os ODS. Os ODS e as principais convenções globais abordam as preocupações dos jovens? Em que medida a juventude enquadra suas expectativas de futuro dentro da lógica dos ODS? As práticas e políticas atuais atendem aos interesses da juventude?

15.2 Ativismo Jovem pela Sustentabilidade

Em uma longa linha de movimentos sociais da juventude, o ativismo jovem pela sustentabilidade é um dos mais recentes. Terry (2023) mostra que esses movimentos organizados remontam ao início do século XIX e que finalmente alcançaram proporções globais com o movimento *hippie* e a revolução contracultural na década de 1960. Embora essas reações tenham sido majoritariamente norte-americanas e europeias contra o sistema estabelecido, Chaplin e Mooney (2018) vão além e demonstram que, no Sul Global, várias lutas estavam ocorrendo em paralelo: descolonização, poder estatal, antimilitarismo, antirracismo, questões de gênero e sexualidade. Muitas dessas agendas parecem ter se desenvolvido ao longo do tempo para convergir no ativismo pela sustentabilidade no século XXI, que é (ou pode ser) de muitas formas uma agenda de paz, amor e respeito.

Provavelmente, o principal ativismo jovem em escala global em andamento é o *Fridays for Future* de Greta Thunberg (2003–). Foi iniciado em 2018 na forma de greves escolares às sextas-feiras para mobilizar reações contra os comportamentos públicos e privados que levam às mudanças climáticas. Em menos de um ano, espalhou-se por mais de 120 países (Han e Ahn 2020) e, atualmente, está presente em mais de 7.500 cidades em todos os continentes, reunindo cerca de 14 milhões de jovens (fridaysforfuture.org). Os elementos narrativos do movimento, conforme resumidos por Han e Ahn (2020), incluem um conjunto de premissas, atores e uma trama (Tabela 15.1). Essa linha narrativa está, talvez, por trás do que Eide e Kunelius (2021) descrevem como uma estratégia de comunicação poderosa que fornece novas cores à ciência climática, sendo potencializada pela rede global de comunicação em constante expansão. Além disso, chama a atenção que, embora tenha se tornado uma "ecocelebridade", Thunberg continua sendo altamente confrontadora e fortemente resistente à cooptação por interesses políticos diversos (Murphy 2021).

Tabela 15.1. Elementos narrativos dos ativistas climáticos juvenis (adaptado de Han e Ahn 2020).

Elementos	Narrativa
Premissas	• Maior conscientização dos jovens sobre as mudanças climáticas devido às informações científicas. • Maior exposição e vulnerabilidade dos jovens. • Inação global.
Atores	• Perpetradores: indústrias baseadas em combustíveis fósseis, gerações mais velhas, Estados e seus líderes. • Vulneráveis e impactados: os jovens, a Terra, minorias, Estados frágeis. • A mudança será impulsionada pelos jovens e pela ciência.
Enredo	• A transformação para superar a emergência climática global será guiada pela ciência e pelos jovens, além de pelos perpetradores que mudarem seu comportamento. As mudanças serão sistêmicas e baseadas em direitos.

Seguindo as tendências de outros movimentos históricos de juventude, há também o surgimento de grupos ativistas no Sul Global, como aqueles liderados e organizados por jovens indígenas e camponeses na América Latina, África e Ásia-Pacífico (Richie 2020, Prendergast 2021,

Wahren 2021). No geral, o ativismo jovem em todo o mundo expressa conscientemente discordância com o sistema estabelecido no que diz respeito às mudanças climáticas, notadamente em relação à inação diante das evidências científicas que apontam para um estado de emergência. O'Brien et al. (2018) chamam isso de "dissidência" (em oposição ao "desengajamento", que será analisado a seguir; 15.3). Esses autores apresentam uma tipologia que tenta capturar as diferentes formas pelas quais os jovens expressam dissidência. Eles as classificam em três tipos: cumpridora do dever, disruptiva e perigosa. A dissidência cumpridora do dever ocorre dentro de espaços políticos ou institucionais existentes ou recém-criados, como partidos políticos e organizações não governamentais. A dissidência disruptiva desafia as relações de poder, as autoridades e as normas existentes, muitas vezes por meio de protestos. Já a dissidência perigosa vai além dos protestos e desenvolve sistemas alternativos que podem representar uma ameaça de médio ou longo prazo às hegemonias estabelecidas; ou seja, tem uma natureza mais subversiva ou clandestina. O'Brien et al. (2018) admitem que as fronteiras entre esses três tipos não são fixas. Contudo, pergunto-me se essa tipologia se aplica apenas a movimentos juvenis ou também a outros movimentos sociais. De qualquer forma, ela oferece uma importante reflexão crítica sobre os caminhos democráticos dos movimentos juvenis e sociais como um todo (ver também o Capítulo 10).

15.3 Juventude: Da Biofilia ao Desengajamento

O engajamento – essencial para transformação e mudança – resulta do processamento de informações por meio de um sistema intrincado de emoções, percepções, comportamentos e cognição. Ele é entendido como um bom indicador de resultados desejáveis no futuro (Moreira et al. 2022). Assim, o engajamento juvenil em movimentos sociais que visam uma transição sustentável exige consciência sobre a sustentabilidade.

A consciência não deriva sempre ou apenas do acesso às informações e do tratamento racional dado a elas. Sentimentos e reações sensoriais também informam e desencadeiam consciência. A biofilia, por exemplo, é uma expressão dessa consciência sensorial. Edward Wilson

(1929-2021) cunhou o termo e descreveu a biofilia como uma tendência humana inata de se envolver com elementos naturais por meio de reações positivas (como a atração, ou a admiração) ou negativas (aversão, medo etc.) (Wilson 1984/2003). Crianças até os seis anos de idade são particularmente propensas ao engajamento biofílico e, portanto, argumenta-se que os valores individuais relacionados à natureza e ao mundo ao nosso redor (por exemplo, de parentesco *versus* domínio) serão consolidados em resposta a como essas percepções evoluem durante o restante da infância e a adolescência (Verbeek e de Vaal 2002).

No entanto, há um declínio relatado no engajamento com questões ambientais e de sustentabilidade durante a adolescência. Isso pode, em parte, resultar do fenômeno conhecido como extinção da experiência (Pyle 1993), que se refere à redução crescente do contato humano com a natureza, particularmente em ambientes urbanos (Soga e Gaston 2016). Isso muitas vezes representa uma interrupção no desenvolvimento biofílico de crianças e adolescentes. Além disso, se os pais são desengajados, é provável que transmitam essa atitude a seus filhos, causando um viés geracional que dificulta ainda mais futuros sustentáveis (Chawla 2020). Esses resultados foram encontrados principalmente em países como os Estados Unidos (Kaplan e Kaplan 2002), Suécia (Olsson e Gericke 2016) e, de forma geral, apenas alguns estudos abordaram o Sul Global, onde vive a maioria das crianças (Chawla 2020). Contudo, não há razão para acreditar que nas áreas urbanas do Sul Global os padrões sejam diferentes.

As crescentes evidências de desengajamento dos jovens em relação à natureza e à sustentabilidade contrastam com o panorama animador que emerge dos vários movimentos de ativismo jovem pela sustentabilidade. Quando comparados a grupos etários mais velhos e mais jovens, há um aparente declínio no engajamento entre os adolescentes (Kaplan e Kaplan 2002, Olsson e Gericke 2016). Isso não significa que eles não gostem da natureza, mas apenas que preferem ambientes urbanos onde possam ocorrer mais interações sociais, como os *shoppings* (Kaplan e Kaplan 2002). Em contrapartida, já há uma variedade de terapias baseadas na natureza produzindo resultados positivos em tratamentos de jovens vulneráveis que enfrentam dificuldades emocionais, sociais, de desenvolvimento ou mentais (Overbey et al. 2023).

O desengajamento juvenil da natureza e das questões de sustentabilidade tem, provavelmente, impacto também nos padrões de consumo da futura geração de consumidores (Fischer et al. 2017). É de se esperar que o aprendizado e as práticas da juventude hoje provavelmente influenciarão atitudes e valores futuros na vida adulta (Pickering et al. 2020). Por exemplo, ao entrevistar 55 jovens alemães (de 14 a 24 anos), Ziesemer et al. (2021) descobriram que a sustentabilidade era menos uma motivação para reduzir o consumo do que objetivos pessoais, como segurança financeira, liberdade de escolha e autonomia.

Daí surge a questão: como promover o engajamento juvenil em questões de sustentabilidade? Embora existam movimentos globais, como o *Fridays for Future*, o engajamento responde ao contexto local e depende da cultura, classe social, vulnerabilidade etc. (Prendergast et al. 2021). Por exemplo, sentimentos como esperança, medo, desespero e raiva podem motivar ação e engajamento (Christou et al. 2022). Outros afirmam que as causas do engajamento variam – mesmo entre países – de mais antropocêntricas a mais ecocêntricas (Gustafson et al. 2022). Há também evidências transculturais de que pessoas que se percebem mais independentes e individualistas se envolvem menos com questões ambientais do que pessoas com autoconceito mais interdependente e baseado em relações comunitárias (Duff et al. 2022). Outro estudo transcultural mostra que habilidades cívicas, afiliação a organizações existentes, engajamento político e amor à natureza com frequência são pré-condições essenciais para o engajamento (Prendergast et al. 2021). Curiosamente, no entanto, embora conceitualmente oposto ao engajamento, o desengajamento é considerado não intencional e inconsciente. Moreira et al. (2022) argumentam que a ausência de esforço e persistência, falta de atenção, retração mental e ansiedade, tristeza e tédio são todos indicadores de desengajamento.

Como ajudar a transformar jovens desengajados em engajados com a agenda de sustentabilidade? As artes são uma ferramenta poderosa (veja o Capítulo 14), pelo potencial de promover reflexividade e experimentação, assim ampliando a imaginação e transformando mentalidades, com impacto político individual e coletivo (Bentz e O'Brien 2019). A educação, que será abordada em mais detalhes no Capítulo 16, é outro caminho óbvio para o engajamento. No entanto, há muitas evidências de que os formatos de ensino e os currículos do ensino médio e até mesmo universitário em todo o planeta precisam de revisão e reforma (por exemplo, Pickering 2020, SDSN 2020, Wildemeersch et al. 2022). A divulgação midiática é outro ativo importante a esse respeito, uma vez que a digitalização e a conectividade podem não apenas informar, mas também facilitar o engajamento com grupos e movimentos sociais (Cortés-Ramos et al. 2021), o que também será explorado em profundidade no Capítulo 16.

15.4 Futuros da Juventude

Outra forma de engajar os jovens em questões de sustentabilidade vem de ferramentas relativamente novas, como métodos de *design* de futuros, de visão de futuros, e ainda de alfabetização em futuros (Angheloiu et al. 2020, Rana et al. 2020, Bowden 2021, Häggström e Schmidt 2021, Aguiar et al. 2024). Esses métodos compartilham o princípio comum de que futuros desejáveis só podem emergir se as pessoas forem capazes de imaginá-los primeiro (Gümüsay e Reinecke 2022). Contudo, de alguma forma, o presente coloniza o futuro e restringe a imaginação (ver Capítulos 17 e 18 para mais detalhes). Para lidar com isso, esses métodos tentam ampliar a imaginação e a percepção, de modo a gerar encantamento com a vida a partir das perspectivas de futuros desejáveis (Caillol 2019).

Como em qualquer outro aspecto relacionado ao engajamento em questões de sustentabilidade, os efeitos relatados desses métodos sobre os jovens variam dependendo do contexto. Curiosamente, alguns dos exercícios descritos na literatura dão a impressão de que o presente, de fato, coloniza fortemente o futuro. Angheloiu et al. (2020) aplicaram métodos de design de futuros em um grupo de cerca de 70 jovens britânicos (16-17 anos) para examinar suas imagens de futuros 20 e 50 anos à frente, e os resultados apontaram para a tecnologia como solução e valorizaram a agência individual em detrimento da coletiva – ambos muito alinhados com o paradigma moderno. Rana et al. (2020) trabalharam com 33 jovens cientistas (média de 29 anos) de vários países, e as visões 100 anos à frente foram baseadas tanto em soluções tecnológicas quanto em soluções baseadas na natureza – também bem alinhadas com as tendências atuais. Sweeney et al. (2019) exploraram jogos e simulações como método e descreveram nove casos aplicados em diferentes países. Eles foram otimistas quanto aos resultados: a imaginação e a esperança emergem enquanto as faculdades criativas são exercitadas. Além da minha interpretação de que a imaginação talvez pudesse ser ainda mais ampliada, chamou-me a atenção o fato de que a transformação individual e interior nunca foi destaque em nenhuma dessas pesquisas. Podemos mudar o mundo sem mudar a nós mesmos? Essa questão provavelmente se aplica a todas as idades, pelo menos da adolescência à idade adulta.

15.5 Considerações Finais: Juventude e os ODS

Os ODS são uma visão de futuro. Anunciados pelas Nações Unidas em 2015 com metas para 2030, o prazo está se esgotando. O progresso de insustentável para sustentável foi mínimo (Sachs et al. 2022). Como mencionado anteriormente, "crianças e jovens" estavam entre os grupos da sociedade civil representados no processo (Kamau et al. 2018). Mas será que os jovens se sentem representados atualmente pelos 17 Objetivos? Orsini (2022) mostra que os ODS têm tido mais efeito sobre os jovens do que o contrário, mas que isso teve um efeito positivo nos movimentos de sustentabilidade juvenil, que agora estão tão mais frustrados quanto mais conscientes dos processos da diplomacia global da sustentabilidade.

Há avanços óbvios na agenda dos ODS em relação a compromissos globais anteriores sobre a juventude. Por exemplo, Raikes et al. (2017) listam uma visão mais holística do desenvolvimento infantil, a importância atribuída à saúde e ao bem-estar na adolescência, e a visão abrangente da educação de crianças e jovens nos ODS. Além disso, há boas notícias como as apresentadas no "Youth Solutions Report 2020" (SDS-

N-Youth 2021), que identificou mais de 1600 soluções lideradas por jovens em 121 países. A idade média dos programas com fins lucrativos era de 23 anos, enquanto nos sem fins lucrativos era de 26. Também há esforços relatados de estudantes universitários jovens para espacializar indicadores de ODS relacionados à saúde na África (Solís et al. 2018) e de capacitar jovens para mediar conflitos de rua na Noruega (Foss e Hydle 2017). No entanto, independentemente de estar no Sul ou no Norte Global, também há relatos locais negativos sobre a relação entre os jovens e os ODS, e permanecem várias lacunas e contradições. Por exemplo, há relatos de conscientização moderada ou reduzida ou desengajamento com a agenda no sul da Espanha (Zamora-Polo et al. 2019) e na Malásia (Ismail et al. 2022), bem como a falta de políticas de investimento para emprego juvenil e capacitação no sul da Ásia (Khan et al. 2016).

Claramente, apesar dos avanços marcantes na pesquisa sobre engajamento dos jovens com a natureza, a pesquisa sobre engajamento com a sustentabilidade ainda é incipiente (Moreira et al. 2022). Em algum grau, a primeira pode informar a segunda e, pelo menos, inspirar novas pesquisas nessa frente. Quanto ao desenvolvimento sustentável, Kothari et al. (2019) estão corretos ao dizer que não há garantia de que qualquer tipo de desenvolvimento resolverá qualquer tipo de violência, discriminação e desigualdade impostas aos jovens. Por isso, uma interessante linha de investigação – ainda que amplamente ausente da literatura científica – seria acerca de como os jovens percebem alternativas de pós-desenvolvimento.

CAPÍTULO 16

Difundindo a Sustentabilidade: Comunicação, Educação e Tecnologias Digitais

16.1 Introdução

Sustentabilidade é um conceito polissêmico, com literalmente centenas de definições diferentes. *Sensu lato*, a sustentabilidade emergiu como um valor, uma bússola moral para o comportamento individual e comunitário, fundamentada em um novo olhar regenerativo sobre a relação entre humanos e a natureza (Weder et al. 2021; Capítulo 7). Em um sentido mais estrito e hegemônico, sustentabilidade é o desenvolvimento sustentável e uma agenda política global que baseia-se na premissa de um equilíbrio social/econômico/ambiental desejável: os Objetivos do Desenvolvimento Sustentável (ODS), promovidos pelas Nações Unidas (ONU), com ampla adesão de governos, empresas e parte da sociedade civil (Capítulos 1 e 11). Desde 2015, quando os ODS foram anunciados, há uma preocupação crescente com a forma como esses princípios e objetivos percolam pela sociedade global. Comunicar a sustentabilidade como desenvolvimento sustentável é uma prática em escala global, pelo menos desde o Relatório Brundtland, de 1987, quando o termo desenvolvimento sustentável foi cunhado. Comunicar a sustentabilidade *sensu lato* parece ser uma preocupação menor para o estabelecimento hegemônico, talvez porque exija mais uma postura dialógica do que pedagógica. Meireis (2019) descreve a comunicação da sustentabilidade como uma "arena agonal", onde diálogos e conflitos são recursos criativos que expressam cultura. Logo, idealmente não se trataria de uma transmissão unilateral de informações para aqueles que carecem de conhecimento, como no modelo de déficit (Robertson 2019), que é análogo a uma sala de aula clássica, com comunicação de cima para baixo. Além dessa diversidade de abordagens e perspectivas, os instrumentos e propósitos da divulgação também variam e podem ocorrer por meio de múltiplos caminhos, como educação (formal e informal), artes, mídias digitais e várias combinações desses formatos. Além disso, ela pode ser *sobre* sustentabilidade (por exemplo, discursos públicos, educação), *de* sustentabilidade (por exemplo, ESG, relatórios de empresas e governos) e *para* sustentabilidade (por exemplo, ativistas) (Fischer et al. 2016, Weder et al. 2021).

Para abordar essa complexidade, a comunicação da sustentabilidade emerge como um campo de investigação e prática que tenta introduzir criticamente a relação entre a natureza humana e não-humana no discurso social (Godemann e Michelsen 2011). Ela constrói compreensão e tem o potencial de impulsionar mudanças de comportamento (Robertson 2019). Informações científicas são centrais e em geral hegemônicas na comunicação da sustentabilidade (Jaques et al. 2019). Este capítulo examina o tema tanto no sentido estrito delimitado pela noção de desenvolvimento sustentável e pela ciência moderna, quanto em seu sentido mais amplo, que inclui a interação e os diálogos entre ciência, artes, conhecimentos ancestrais e espiritualidades. Educação, mídias digitais e aspectos relacionados à linguagem serão analisados a seguir.

16.2 Educação Formal: Escolas e Universidades

A educação é um direito humano básico, um indicador de bem-estar e um instrumento de empoderamento social (Friedman et al. 2020). O educador e filósofo brasileiro Paulo Freire (1921-1997) argumentava que a educação deveria idealmente fomentar o pensamento crítico sobre as condições existenciais e a consequente ação para transformá-las (Freire 1970/2013, Souza et al. 2020, Wanderley e Bauer 2020). Como a busca pela sustentabilidade exige transformações profundas nas relações do indivíduo com o mundo e consigo mesmo, a educação é um ativo essencial nesse processo.

A situação das metas educacionais dos ODS é motivo de preocupação. Globalmente, o otimismo em alcançar uma educação quase universal até 2030 contrasta com grandes desafios nas taxas de conclusão do ensino secundário e superior. As desigualdades educacionais entre países atingiram o pico em 2017 e as disparidades de gênero permanecem em partes do Sul Global (Friedman et al. 2020). Quando examinada estritamente sob a perspectiva da sustentabilidade, a educação consegue percolar o conceito e a agenda em alguns sistemas universitários (por exemplo, Zutshi e Creed 2018), enquanto outros implementam políticas sustentáveis em seus *campi* (por exemplo, relacionadas a energia, resíduos, água e transporte), mas nem sempre incorporam o tema da sustentabilidade nos currículos (Berchin et al. 2020, Scarano et al. 2024b). Além disso, há frequente confusão entre agendas. Para alguns, sustentabilidade equivale à sustentabilidade ambiental (como Walker 2017); para outros, sustentabilidade e ecologia são promovidas por agendas separadas. No Brasil, por exemplo, a educação ambiental no nível escolar até o ensino médio está enquadrada nas diretrizes governamentais, enquanto o debate sobre sustentabilidade nas escolas é fomentado paralelamente pela Agenda 2030 (Freire et al. 2022).

As controvérsias sobre qual tipo de sustentabilidade comunicar também se aplicam à educação. Por exemplo, Bain et al. (2019) afirmam que, para evitar visões desequilibradas, a comunicação por meio do ODS#4 deve enfatizar como ela melhora os resultados sociais, econômicos e ambientais. Kopnina (2020), por outro lado, defende um ensino alternativo voltado para ética planetária e decrescimento. Há propostas de que programas educacionais para sustentabilidade incorporem e ensinem uma miríade de métodos, incluindo Pesquisa-Ação Participativa e processos dialógicos (Freire 1970/2013, Fernández-Aballí 2020), metodologia de Laboratórios Vivos (*Living Labs*, Berchin et al. 2020), alfabetização em futuros (*futures literacy*, Facer e Sriprakash 2021), prospectiva e inteligência coletiva (Wood et al. 2021), teoria do lugar de fala (*standpoint theory*, Gonzalez 1984), aprendizagem indígena, ecopedagogia, educação ecocêntrica, educação para economia circular e de estado estacionário, empoderamento e libertação (Kopnina 2020). Implementar tais técnicas, no entanto, exige recrutamento e capacitação de professores e educadores (Scarano et al. 2024b).

A formação de professores que trabalham com educação para sustentabilidade nas escolas deve fornecer elementos relacionados a uma perspectiva crítica e transformadora da educação. Entretanto, em alguns casos (como no Brasil; Freire et al. 2022), a prática profissional do professor nem sempre é transformadora, especialmente quando sua formação se baseia em discursos hegemônicos e conciliatórios de ambientalismo moderado, em vez de radical (Jatobá et al. 2009). A lacuna muitas vezes não está apenas na falta de contato dos professores com novos métodos de ensino, mas também na familiaridade com determinados temas de sustentabilidade e sua natureza interdisciplinar, incluindo dimensões de gênero e raciais do meio ambiente (Freire et al. 2022).

16.3 Educação Informal: Museus

A educação formal em escolas e universidades está vinculada a estruturas com flexibilidade limitada: currículos, formatos de ensino, prazos, metas de diplomação predefinidas etc. Leal-Filho et al. (2018) examinaram sete países de três continentes e descobriram que a sustentabilidade não foi suficientemente integrada ao conceito de transformação em instituições de ensino superior. Isso torna esses espaços menos adaptáveis às rápidas mudanças e diversificação de acesso a múltiplas informações e conhecimentos da atualidade. Embora a aprendizagem estruturada proporcionada por espaços de educação formal permaneça essencial, o papel dos museus como ambientes de educação informal agora é amplificado.

Por isso, os museus estão se envolvendo cada vez mais com a agenda da sustentabilidade, a ponto de, desde 2022, o Conselho Internacional de Museus (ICOM) incluir a palavra "sustentabilidade" na definição de museu:

> *"Um museu é uma instituição permanente, sem fins lucrativos, a serviço da sociedade, que pesquisa, coleta, conserva, interpreta e expõe o patrimônio tangível e intangível. Aberto ao público, acessível e inclusivo, os museus promovem diversidade e sustentabilidade. Operam e comunicam de forma ética, profissional e com a*

participação das comunidades, oferecendo experiências variadas de educação, lazer, reflexão e compartilhamento de conhecimento" (ICOM 2022).

Essa nova redação é uma reformulação da definição de 2019 do ICOM, que já trazia preocupações semelhantes com "dignidade humana e justiça social, igualdade global e bem-estar planetário". Szántó (2020) reconhece, nessas definições rápidas e mutáveis, os esforços dos museus para prosperar em cenários globais e locais em constante mudança, ao mesmo tempo que tentam expandir seus papéis tradicionais para serem agentes eficazes de transformação comunitária. Nesse sentido, é possível reconhecer pelo menos três frentes de engajamento dos museus com a sustentabilidade, frequentemente simultâneas: 1) práticas sustentáveis, 2) sustentabilidade como conteúdo e 3) como contribuir para a agenda de sustentabilidade como um todo e, especificamente, para os ODS (McGhie 2019). A Tabela 16.1 resume algumas das principais atividades que podem ser realizadas pelos museus para abordar essas três frentes. Isso é essencial para que os museus realmente "pratiquem o que pregam" e atuem de forma sustentável ao mesmo tempo que abordam a sustentabilidade como conteúdo.

Essa reformulação do conceito de museus não se aplica apenas aos já existentes, mas também inspira o surgimento de novas propostas e conceitos. Por exemplo, desde 2019, existe uma rede de museus orientados para o futuro (*Futures-Oriented Museum Synergies* – FORMS), que reúne museus (em geral, de ciências) interessados no futuro, além de parceiros acadêmicos e do terceiro setor. O *Museu do Amanhã*, no Rio de Janeiro, e o *Futurium*, em Berlim, são alguns exemplos de participantes (http://moti.foundation/projects/form). Outro exemplo desta nova geração de museus é o *Instituto Inhotim*, localizado em Brumadinho, próximo à cidade de Belo Horizonte, no Brasil. Trata-se de um museu a céu aberto com diversas galerias de arte situadas em meio a um impressionante jardim botânico (ver também o Capítulo 14 sobre o papel das artes em inspirar e comunicar a sustentabilidade). As galerias e as obras de arte influenciam a percepção da coleção botânica e da paisagem

Tabela 16.1. Museus e sustentabilidade: contribuições para a agenda de sustentabilidade, práticas, áreas de interesse, exemplos de conteúdos a serem abordados com o público e a relação potencial desses tópicos com os ODS (parcialmente baseado em McGhie 2019).

Contribuições	Práticas	Áreas focais	Conteúdos a serem tratados com o público	ODS #
Proteger e salvaguardar o patrimônio cultural e natural do mundo	Balanço neutro ou positivo de carbono, **água e** biodiversidade, responsabilidade social e abordagens baseadas em direitos em relação aos legítimos proprietários dos materiais patrimoniais	Ação climática, conservação da biodiversidade, paz e justiça	Decolonialidade, relações ser humano-natureza, diversidade biocultural e conservação, mudanças climáticas, patrimônio cultural e culturas ancestrais	13, 14, 15, 16
Apoiar e proporcionar oportunidades de aprendizagem	Promover educa**ção e acesso à** informa**ção**, inclusive sobre padrões de produção e consumo, ação climática e liberdades fundamentais	Conteúdo curatorial de cursos, palestras, festivais, exibições	Sustentabilidade (perspectivas modernas e não-modernas), regeneração, bem-estar planetário	4, 12, 13, 16
Viabilizar a participação cultural para todos	Em parcerias diversas, dar acesso e informação a todos, independente de *status* econômico, gênero, deficiências físicas ou mentais, idade, ra**ça**, etnia etc., de forma a reduzir desigualdades	Inclusão e diversidade	Diversidade cultural, sustentabilidade e cultura, desigualdades e injustiças sociais, paz	1, 3, 5, 10, 11, 16, 17

Continua...

Tabela 16.1. Continuação.

Contribuições	Práticas	Áreas focais	Conteúdos a serem tratados com o público	ODS #
Apoiar o turismo sustentável	Criar novos empregos que promovam culturas locais e conservação da biodiversidade através do turismo	Emprego	Turismo regenerativo, economias regenerativas (criativa, circular, *donut*)	8, 12, 14, 15
Viabilizar a pesquisa em sustentabilidade	Coleções **de objetos e/ou** dados são os pilares da pesquisa em sustentabilidade, tanto para a pesquisa do próprio museu como de seus parceiros	Ciências e conhecimentos	Ciências da sustentabilidade, conhecimentos ancestrais sustentáveis, ciências patrimoniais, comunicação ciência-política	2, 9, 11, 12, 13, 14, 15
Atenção e apoio direto à liderança, gestão e operações internas	Processos orientados para a sustentabilidade, como: treinamento, capacitação e recrutamento, compras e aquisições; política e relatório de sustentabilidade	Governan**ça e** conformidade	Consumo sustentável, sustentabilidade hídrica, energia limpa e transição energética, economias regenerativas (criativa, circular, *donut*), mudanças climáticas	4, 5, 6, 7, 12, 13, 16
Atenção e apoio direto à liderança externa, através de colaborações e parcerias	Construir redes e parcerias com outros museus e instituições de forma a avançar o conhecimento, ação e divulgação da sustentabilidade	Colabora**ções e parcerias**	Promover diálogos construtivos, comunicação não-violenta, diplomacia para a sustentabilidade, coprodu**ção de conhecimento**	17

natural ao redor, e vice-versa (Scarano 2016). Totalmente alinhados à definição de museus do ICOM, todos esses espaços abordam questões relacionadas à sustentabilidade e à diversidade no sentido mais amplo, incluindo seres humanos e não-humanos.

16.4 Sustentabilidade Digital e Inteligência Artificial

A sociedade vive um momento em que dois imperativos coexistem e convergem: o imperativo da sustentabilidade (como argumenta este livro) e o imperativo digital (George et al. 2021, Guandalini 2022). Os dois apresentam múltiplos pontos de potencial convergência (Pauliuk et al. 2022). A alfabetização digital parece ser um pré-requisito global para as aspirações das pessoas, incluindo aquelas relacionadas à sustentabilidade. No entanto, embora a *internet* e as redes sociais tenham demonstrado potencial democrático e emancipatório – por exemplo, ampliando movimentos sociais (Kidd e McIntosh 2016, Mundt et al. 2018) –, o otimismo em relação a elas parece ter se desfeito diante das dinâmicas perversas da pós-verdade, das *fake news*, da economia da atenção e até da violência política ou psicológica de extremistas (Marchant et al. 2017, Franck 2019, Jaques et al. 2019, Chandrashekeran e Sadowski 2022). Todos esses impactos negativos indicam o que Fry (2019) chama de psicotecnologias da *internet* e das redes sociais, com sua natureza colonizadora de consciências. Apesar disso, milhões de pessoas ainda não têm acesso digital (Sharma et al. 2016). Estudos realizados com populações pouco conectadas, analfabetas e semialfabetizadas na Índia e na África Subsaariana apontam desafios como a falta de interfaces digitais em línguas locais, de conteúdos relevantes para as comunidades, de treinamento em alfabetização digital e o uso de ícones e áudio (Radovanović et al. 2020). Esses e outros tipos de desafios relacionados ao paradigma moderno ameaçam os valores defendidos pela sustentabilidade digital (Tabela 16.2).

Para Zwart (2022), a noosfera – ou seja, a esfera da consciência e do conhecimento humano (Vernadsky 1938/1997; ver também os Capítulos 6 e 9) – tem a *internet* como seu sistema nervoso central. Ele também interpreta a *internet* e a inteligência artificial como matéria abiótica transformada em sistemas de pensamento mecânico com os quais a consciência humana se entrelaça cada vez mais. Assim, parece que esse "sistema nervoso" é o *locus* de disputa entre diferentes desejos. Como discutido no Capítulo 9, a subunidade territorial da noosfera, conhecida como psicosfera, é o local onde ocorre a produção de significado e a ação intersubjetiva. Nessa esfera, racionalidades alternativas constituem uma forma de resistência à lógica hegemônica e ao uso local puramente instrumental ou lucrativo da tecnosfera (Santos 1997, Albagli 2017), da qual a *internet* é atualmente uma parte central. No Brasil, por exemplo, a participação da *internet* em movimentos de resistência (indígenas, inter-religiosos, esportivos, festivais) baseados na sustentabilidade e na democracia aumentou em fatores de 10 a 300 durante o período de distanciamento social devido à covid-19, paralelamente a um governo de extrema-direita abertamente antiambientalista e negacionista das mudanças climáticas (Scarano et al. 2024b).

Tabela 16.2. Valores defendidos pela sustentabilidade digital, com base em Sparviero e Ragnedda (2021), e riscos e desafios a serem superados para realizá-los, com base em Sharma et al. (2016), Curchin (2019) e Fry (2019).

Valor	Descrição	Desafios
Igualdade	Promover direitos iguais e acesso igualitário para todos, incluindo as próximas gerações.	Dependência de comunidades menos conectadas, como povos indígenas ou pessoas em zonas de conflito, de tecnologias digitais caras.
Harmonia	Enfrentar o desafio da sustentabilidade promovendo harmonia global por meio de colaboração e parcerias.	Capitalismo baseado em conhecimento e tecnologia, competitividade e lógica orientada ao mercado.
Autodeterminação	Promover a autonomia de indivíduos e comunidades, auxiliando-os a ter controle sobre o próprio destino.	A tecnologia pode suprimir as opções de indivíduos e comunidades, especialmente em casos nos quais são capazes de colonizar a consciência.

Dentro do discurso hegemônico de desenvolvimento sustentável, há considerável otimismo quanto à *internet*, às redes sociais, à inteligência artificial (IA) e às tecnologias digitais como um todo, para auxiliar na implementação dos 17 ODS. Os estudos variam desde aqueles que mostram soluções de comunicação digital para ODS específicos em níveis locais ou nacionais até os que examinam suas aplicações para a agenda dos ODS como um todo. Por exemplo, há casos bem-sucedidos ou aplicações potenciais relatadas para ODS específicos em contextos nacionais ou subnacionais (Tabela 16.3).

Contudo, estudos em nível global revelam algumas contradições. Wang e Hao (2018) investigaram 31 países ao redor do mundo, com uma taxa média de penetração da *internet* de 67%, e descobriram que esse acesso não influencia significativamente o comportamento individual em relação ao consumo sustentável, mas aumenta a mudança de atitudes pró-ambientais para comportamentos sustentáveis. Em outras palavras, a conscientização sobre sustentabilidade não parece influenciar positivamente o consumo sustentável (ao contrário do que foi encontrado no Paquistão; Saeed et al. 2019, Tabela 16.3).

Vinuesa et al. (2020) também encontraram evidências contrastantes ao utilizar um processo de elicitação de consenso com especialistas para examinar a relação entre a IA e os ODS. Eles investigaram cada uma das 169 metas dos ODS e descobriram que a IA pode viabilizar 134 delas, mas também pode inibir 59. Esses conflitos estão relacionados às dualidades nas possíveis aplicações das ferramentas de IA. Por exemplo, na meta 1.1, a IA pode ajudar a mapear áreas de pobreza e informar ações por meio de imagens de satélite. No entanto, ela pode levar a requisitos adicionais de qualificação para empregos, aumentando assim as desigualdades existentes. A conclusão é que, se a tecnologia não está sendo aplicada para alcançar o bem-estar planetário (isto é, a sustentabilidade em seu sentido mais amplo), isso ocorre porque ainda não percebemos sua essência (Heidegger 1949/1977; Capítulo 9). De fato, também devemos estar atentos à nossa própria essência humana, já que a IA aprende conosco: por exemplo, foi demonstrado que a IA exacerba preconceitos raciais e outros tipos de viés (Verghese et al. 2017). Portanto, a aplicação de tecnologias baseadas em IA para viabilizar a sustentabilidade deve ser acompanhada por medidas regulatórias para evitar perigosas armadilhas relacionadas à transparência, segurança e padrões éticos (Vinuesa et al. 2020).

Tabela 16.3. Casos de tecnologias de comunicação digital com aplicação bem-sucedida ou potencial para contribuir com os Objetivos de Desenvolvimento Sustentável (ODS) em contextos nacionais ou subnacionais.

ODS	Onde	O quê	Quem
2 (alimentação)	Estados Unidos	Banda larga rural e agricultura de precisão aplicadas à segurança alimentar	Sanders et al. (2022)
3 (saúde)	África	Ferramentas digitais de saúde beneficiando pessoas em áreas de conflito	Asi e Williams (2018)
4 (educação)	Portugal	Educação remota e ensino eletrônico	Azeiteiro et al. (2015)
11 (cidades)	Diversas cidades no Norte Global	Tecnologia de informação e comunicação combinada com *internet* das coisas para criar cidades inteligentes	Silva et al. (2018)
12 (consumo)	Paquistão	Mídias sociais influenciando positivamente o consumo de produtos sustentáveis	Saeed et al. (2019)
14 (oceano)	Chile	Conscientização sobre sustentabilidade marinha via *internet* e mídias sociais	Thompson-Saud et al. (2018)
17 (parcerias)	Estados Unidos	Mapeamento participativo mediado digitalmente por movimentos de base	Nicolosi et al. (2020)

16.5 Considerações Finais

Não basta ter acesso a informações e conhecimentos sobre sustentabilidade por meio de tecnologia digital e fluxos de educação formal e informal. A linguagem utilizada também deve ser compreensível. Há pelo menos dois grandes desafios nesse aspecto, um relacionado ao excesso e o outro ao déficit. Primeiro, em um plano mais político, o volume excessivo de prioridades expresso pelo número de convenções, acordos diplomáticos e objetivos e metas derivadas que abordam a sustentabilidade pode causar confusão e eventualmente paralisar e levar à indecisão os tomadores de decisão que precisam estabelecer prioridades e estratégias. Múltiplos objetivos às vezes se deparam com antagonismos e contradições entre eles (*trade-offs*), o que pode levar tanto a conflitos quanto à sua evasão, ambos falhando em avançar a agenda (por exemplo, Wong e Heijden 2019, Coderoni 2023). Em segundo lugar, as plataformas de comunicação da ONU - que priorizam o uso do idioma inglês e dos meios digitais - não raramente são inacessíveis para muitos atores e partes interessadas relevantes, além de alguns dos problemas já discutidos relacionados a gênero, idade, diferenças de *status* social e barreiras políticas (McEntee-Atalianis 2017).

Esse panorama contrasta com a velocidade sempre crescente da produção e comunicação de informações e conhecimentos. Da mesma forma, a ortodoxia da educação formal é ultrapassada pela rapidez da vida contemporânea. Os instrumentos de educação informal, embora mais flexíveis e adaptáveis aos tempos de mudança, também enfrentam desafios impostos pelas novas oportunidades e expectativas do público. Dadas as urgências impostas pelos prazos para transformação social - como mudanças climáticas e de uso da terra sem precedentes, além da persistente desigualdade social - a comunicação *sobre*, *de* e *para* a sustentabilidade continua sendo essencial para construir confiança e conscientização por meio de diálogos e conversas inclusivas. Os dois capítulos finais (17 e 18) abordarão diálogos, futuros e a sustentabilidade como utopia.

Parte D

Futuros Sustentáveis

CAPÍTULO 17

Regeneração: Fundir, Hibridizar ou Simplesmente Coexistir?

17.1 Introdução: Regeneração

Este livro revela múltiplas fraturas existentes no contemporâneo tempo pós-normal. As partes resultantes das fraturas ou desconhecem ou esqueceram que pertencem originalmente a um todo. A totalidade fragmentou-se em módulos isolados, alguns dos quais prosperaram até eventualmente tornarem-se hegemônicos. A cosmovisão moderna sufoca perspectivas ancestrais e pós-modernas, tendo a ciência como meio hegemônico de interpretação da realidade. O presente também é hegemônico, pois os valores éticos e morais modernos não refletem preocupações intergeracionais. Além disso, o presente moderno ignora o passado e, de forma igualmente hegemônica, silencia a imaginação e coloniza o futuro. É claro que hegemonias como essas permitem que diversos tipos de chauvinismo surjam e inibam diálogos que levem a uma compreensão e sensação plural, porém una.

Diálogos que constroem confiança podem curar as conexões faturadas do todo. Esse processo de cura, de autorreparo da totalidade, é o que chamo de regeneração (ver também Scarano 2019a). Regeneração – um termo biológico caro a Aristóteles e seu discípulo Teofrasto (Capítulo 2) – refere-se originalmente à capacidade de organismos e sistemas inteiros (de células a cidades e ao planeta) se reformarem (Carlson 2007). É uma propriedade da vida: nos organismos, é promovida por células-tronco; no nível sistêmico, ocorre por meio de comunicação e diálogos, que podem ser químicos, sensoriais ou conversacionais – sempre que palavras forem disponíveis (ver também Capítulo 6). E as palavras têm poder. Em muitas culturas, as palavras são percebidas não apenas como instrumentos de compreensão do conhecido e do desconhecido, mas como fundadoras sagradas da própria vida. Embora as línguas evoluam e mudem, este livro expressa uma preocupação particular com o significado original das palavras-chave relacionadas ao seu tema. Palavras como natureza, sustentabilidade e futuro adquiriram novos significados durante a Modernidade (Capítulo 1), quando foram apropriadas pela hegemonia modular prevalente: o paradigma moderno, antropocêntrico e seus pilares – o capital e a ciência.

A regeneração também se tornou polissêmica. O significado de sustentabilidade, provavelmente devido à sua persistente falta, enfrenta ceticismo e desgaste. Regeneração emergiu, então, como uma metáfora capaz de transmitir significados que sustentabilidade perdeu (Capítulos 1 e 6). Hoje, regeneração é usada em muitos campos, como arquitetura, design, cultura e ciências sociais (Wahl 2016, Nogales et al. 2017, Fanzini et al. 2019). Certamente, isso contribui para a confusão semântica contemporânea (ver Capítulo 6). Para alguns, regeneração permanece um sinônimo ou uma metáfora de sustentabilidade (ver Capítulos 1 e 6), enquanto outros a veem como a mais nova onda da sustentabilidade – a "sustentabilidade regenerativa" (Gibbons 2020). Paralelamente, muitos veem a regeneração como processos que restauram recursos esgotados (Wahl 2016). Outros a enxergam sob uma perspectiva econômica mais ampla, como uma melhoria comparativa dos modelos de vida e econômicos em relação aos anteriores (Ghisellini et al. 2016). Alguns até rejeitam o uso do termo em seus campos específicos: Morseletto (2020) diz que o que se aplica à economia circular é restauração ao invés de regeneração.

Minha visão neste livro está mais alinhada com Warden (2021), que aborda a regeneração sob duas perspectivas: 1) como mentalidade: perceber o mundo como um sistema vivo, com sua totalidade construída em torno de relações coevolutivas, recíprocas e interdependentes entre seres vivos e ecossistemas; e 2) como paradigma emergente: as estruturas existentes estão em colapso e as pessoas estão buscando novas formas de lidar com os desafios que enfrentam para navegar em direção a futuros preferíveis. Essas premissas estão alinhadas com as diversas ecosofias (isto é, filosofias ecológicas ou ecologias integrais) examinadas no Capítulo 6. Ambas estão relacionadas à reparação de relações (seres), sistemas (tempos e espaços) e direitos (visões, realidades, utopias) – Tabela 17.1. Este capítulo argumenta, aprofundando a discussão iniciada nos Capítulos 1 e 6, que a regeneração é um processo que conduz à sustentabilidade em seu sentido mais amplo de bem-estar planetário, promovendo a convergência de módulos que foram separados por diferentes razões.

De fato, já descrevi anteriormente a emergência da sustentabilidade como resultante da convergência de módulos, e que há necessidade de mais convergência para alcançar um estado mais profundo de bem-estar planetário (Scarano 2019b). Fiz isso aplicando a teoria de emergência e convergência de Bunge (2003; ver também Capítulo 8). Primeiro, explorarei a convergência como um processo multifacetado que pode levar à emergência de diferentes estados de sustentabilidade. Em seguida, fornecerei exemplos de processos regenerativos existentes seguindo a lógica aqui proposta. Finalmente, para estabelecer a ligação com o próximo Capítulo 18, discutirei a regeneração como um processo que antecipa o surgimento de novos estados sustentáveis, e não de futuros específicos ou programáticos.

17.2 Regeneração como um Passo em Direção à Convergência

17.2.1 Desafiando a Divergência

Bunge (2003) afirma que a emergência, ou o surgimento de um novo todo, ocorre muitas vezes por meio da convergência – unificação, fusão, integração – de módulos distintos, ou seja, linhas separadas de pensamentos, valores ou campos. Argumentei (Scarano 2019b) que a sustentabilidade moderna emergiu como uma novidade a partir de convergências na ciência (ciências sociais, economia e ciências ambientais), nas políticas públicas (da tensão entre ambientalismo e desenvolvimento enquanto movimentos sociais ou ideologias) e nos valores morais (ética humana e ética ambiental; do presente e intergeracional). Ela emergiu de valores em transformação, da colaboração interdisciplinar na ciência e do diálogo multissetorial na arena política. Contudo, esse processo contínuo de emergência é o da sustentabilidade como desenvolvimento sustentável. Ele permanece limitado por um conjunto de hegemonias: o paradigma moderno, a ciência como autoridade absoluta na interpretação da realidade e os Objetivos de Desenvolvimento Sustentável (ODS) como agenda política global. Meu argumento aqui é que mais convergência é necessária entre a perspectiva de desenvolvimento sustentável/ODS e outras cosmovisões (como aquelas coletivamente chamadas de pós-desenvolvimento, no Capítulo 6), bem como entre a ciência moderna e outras formas de interpretar a realidade (artes, espiritualidade, conhecimentos indígenas e locais). Os processos convergentes que levaram ao surgimento da sustentabilidade como agenda na Modernidade contemporânea foram baseados em diálogo e diplomacia (Capítulos 10 e 11). Para o avanço incremental da agenda, mais diálogos serão necessários e, talvez, estes sejam mais difíceis: sejam eles entre atores que não compartilham cosmovisões semelhantes, ou mesmo o diálogo interior, aquele de caráter existencial, que se dá consigo mesmo (ver Capítulo 12).

A Tabela 17.1 mostra várias entidades fragmentadas na contemporaneidade, que, por processos de divergência, deram origem a módulos hegemônicos. Para que a convergência ocorra, Bunge (2003) afirma que são necessários "conceitos-cola" no campo das ideias. No Capítulo 8, argumentei que outras colas são necessárias no processo de regeneração: "valores-cola", "políticas-cola", "diálogos-cola".

17.2.2 Modos de Convergência

Os diálogos são a espinha dorsal da convergência. Eles não exigem necessariamente palavras. Artes e espiritualidade muitas vezes se comunicam eficazmente via imagens, sons e visões (Capítulos 12-15). A natureza não-humana também "fala" – como no título do belo livro de Kelly Robertson (2017) – mesmo que apenas para sentidos e percepções atentos (Abram 1996/2017). Logo, a diplomacia global vai muito além das negociações entre humanos hegemônicos, embora nem sempre percebamos isso. Os processos de convergência, no entanto, podem levar a modos ou resultados distintos em termos de formato. Novos estados emergentes de convergência podem ser fusões completas, podem ser híbridos ou os diferentes módulos envolvidos podem simplesmente coexistir pacificamente sem prejudicar uns aos outros.

A fusão pode ser um modo desejável de convergência para seres humanos individualmente (ver Tabela 17.1, linha "ser"). O psicólogo Carl Jung (1875-1961) usava o processo terapêutico de "individuação", no qual o paciente era provocado a construir um diálogo entre sua consciência individual e o inconsciente coletivo. A harmonização dessas duas realidades ou estados é o que torna alguém um "in-divíduo"; na lógica de Jung: o indivisível, inteiro, não fragmentado (Jung 1976/2019). Segundo o psicólogo, a incompatibilidade entre a vida consciente e inconsciente é a fonte de muitas psicopatologias.

A busca pela espiritualidade, examinada nos Capítulos 12 e 13, pode ser regenerativa para alguns e levar a uma convergência da qual emerge uma nova totalidade individual. Outra tentativa interessante de fusão foi proposta por Teilhard de Chardin, descrita no Capítulo 9: o "Cristo Cósmico" surgiria da evolução humana como uma consciência coletiva, o princípio organizador da humanidade. Ele tentou fundir a teoria da evolução de Darwin com o Cristianismo, usando a tecnologia de comunicação como "cola" (Chardin 1946/2007, 1955/2008). Isso não se concretizou literalmente como utopia, pelo menos até agora, mas o princípio de conectividade e interdependência como pré-requisitos para o bem-estar permanece muito presente até hoje.

A hibridização é ainda outro modo de convergência, tratado com muito otimismo por Benessia et al. (2012), que argumentam e fornecem exemplos de como a ciência pode se hibridizar com as artes, conhecimentos indígenas e locais, e conhecimentos e direitos não-humanos (ver também Tabela 17.1, linhas "cosmovisões" e "formas de interpretação da realidade"). As obras artísticas de Ernesto Neto, Olafur Eliasson e Vik Muniz também são exemplos de hibridização (Capítulo 14). Em relação aos conhecimentos indígenas e locais, essa hibridização com a ciência também é a intenção e parte do mandato da Plataforma Intergovernamental de Políticas Científicas sobre Biodiversidade e Serviços Ecossistêmicos das Nações Unidas (IPBES), embora enfrente desafios (Peterson et al. 2018). Claramente, muitos desses desafios estão relacionados a diálogos assimétricos, tanto entre cientistas e detentores de conhecimentos quanto entre os próprios cientistas (Oubenal et al. 2017, Masood 2018; ver também Capítulo 10).

Por fim, mas não menos importante, a simples coexistência – sem fusão ou hibridização – também é um modo de convergência. Isso foi abordado no Capítulo 11, que indica que os ODS não conseguem abordar valores e princípios que sempre estiveram presentes na sociedade humana, como amor, confiança, respeito e bondade. Algumas visões de mundo tradicionais e pós-modernas, em vez disso, oferecem abordagens alternativas de desenvolvimento que clamam por uma mudança interna. Elas o fazem adicionando uma dimensão individual à sustentabilidade que é fundamental para promover relacionamentos saudáveis com outros humanos, com elementos não-humanos da natureza e, por fim, consigo mesmo. Sociedades com diferentes visões de mundo não precisam se fundir ou se hibridizar. Bastaria que uma visão de mundo hegemônica não tornasse inviáveis ou ameaçadas formas alternativas de viver. Isso talvez possa ser alcançado promovendo e abraçando a diversidade cultural – outro elemento ausente dos ODS (Tabela 17.1, linha "utopias").

O leitor atento talvez perceba que, até agora, não abordei as linhas "tempo" e "espaço" da Tabela 17.1. Albert Einstein (1879-1955) nos provocou a fundir espaço e tempo em espaço-tempo, mas nós não compreendemos bem a noção por trás dessa convergência. Essa é talvez a fusão definitiva, compreendida por poucos, e ainda a ser realizada e vivida pela maioria de nós.

17.2.3 Convergindo espaço e tempo

A teoria de Gaia – examinada no Capítulo 6 – é uma ferramenta poderosa que promove a convergência de entidades vivas e não vivas pelo espaço, ao propagar as noções de interdependência e interconexão entre elas. Os elementos espaciais apresentados na Tabela 17.1 – urbano,

Tabela 17.1. Fraturas que caracterizam nossos tempos pós-normais, seguidas pelas respectivas Partes e Capítulos (Cap.) deste livro em que essas fraturas são abordadas.

Acrônimos:
ODS = Objetivos de Desenvolvimento Sustentável
IDG = Inner Development Goals (Objetivos de Desenvolvimento Interior)
OBV = Objetivos do Buen Vivir (ver também Capítulo 11).

Escala	Entidades fraturadas	Módulos divergentes	Padrão	Caminhos para a regeneração e convergência	Parte	Cap.
Sistemas	Tempo	Passado / Presente / Futuro	O presente cultural e político esquece o passado e, embora atualmente a capacidade de previsão esteja no seu melhor, ação antecipatória nem sempre é tomada	Engajamento – sensorial e verbal: diálogo, escuta ativa, **coprodução**, **cooperação** *** Exemplos de abordagens e ferramentas: futuros ancestrais, sementes de um bom Antropoceno, alfabetização em futuros *** ODS encontra IDG, OBV, e metas e lições do Ecofeminismo, Ubuntu, Decrescimento e outros	Intro A	1 2-6
	Espaço	Urbano / Rural / Florestal / Oceânico	Espaços urbanos ocupam apenas 2% da superfície do planeta, mas usa hegemonicamente cerca de 75% dos recursos globais, às custas de outros espaços (em geral, sem saber que o faz)		Intro A B C	1 5-6 9-11 12-16
Seres	Ser	Ser / Social / Todo; Capacidades afetivas / não-afetivas; Natureza / Cultura	Tripla aliena**ção**: humanos se alienaram dos demais elementos humanos e não-humanos da natureza, se tornando, portanto, menos humanos		A B	5-6 7-11
Direitos e visões	Cosmovisões	Tradicional / Moderna / Pós-moderna	A hegemonia moderna silencia visões tradicionais e desconhece ou é indiferente à crítica pós-moderna		A B C	5-6 7-11 12-16
	Formas de Interpretação da Realidade	Espiritualidades / Artes / Ciência moderna	A ciência moderna ainda dialoga pouco com formas não-científicas de interpretação da realidade		B C	8-9 12-16
	Utopias	Desenvolvimento sustentável / Pós-desenvolvimento	ODS, com suas premissas de industrialização e crescimento econômico, fracassa em endereçar culturas e cosmovisões não modernas		B C	10-11 12-16

rural, floresta, oceano – são separados apenas em livros didáticos científicos e em políticas setoriais de gestão. A floresta amazônica, através dos "rios voadores" (Salati et al. 1979, Salati e Vose 1984), irriga a produção agrícola na América Central e Meridional que alimenta pessoas – a maioria delas concentrada em centros urbanos, ao redor do mundo. Nada disso aconteceria se o fitoplâncton marinho (seres que não conseguimos sequer ver sem um microscópio!) não ajudasse a manter as temperaturas globais adequadas à vida no planeta como a conhecemos. Eles o fazem formando aerossóis de sulfato, que, por sua vez, são fundamentais para a condensação das nuvens e formação de gotas essenciais para a dissipação e o retorno da radiação solar para o espaço (Lenton 1998). Lovelock e Margulis (1974) estavam certos: tudo é interdependente e interconectado.

Poli (2017, p.139), em seu ensaio sobre o tempo, argumenta que o esclarecimento das categorias de tempo é talvez "o problema mais difícil de todos". Ele argumenta que existem dois tipos de tempo real: o tempo puro (que não dura, não tem começo nem fim), e os tempos qualificados (que duram, como os tempos físico, biológico, social e psicológico). Sendo esses os tempos reais, decorre que o tempo cronológico é uma abstração. Ele impõe uma velocidade, um ritmo que o tempo real não tem.

Eu argumento (ver novamente Tabela 17.1) que existem abordagens e ferramentas práticas atuais que lidam com o tempo de forma não linear. Elas tratam do tempo real, puro. A noção de "futuros ancestrais", presente na literatura científica e artística decolonial (por exemplo, Wildförsters e Zyman 2016), ganhou recentemente força e visibilidade com o livro do líder indígena brasileiro Ailton Krenak. Ela antecipa novas relações sociais inspiradas em culturas antigas que defendem e compartilham a essência da vida de maneira igualitária com os mais explorados e oprimidos pela hegemonia moderna (Giacomini et al. 2018, Krenak 2022, ver também Capítulos 7, 11, 13). Ela traz as visões de mundo dos povos indígenas e locais sobre a natureza para o centro da discussão ética sobre a sustentabilidade. As culturas ancestrais muitas vezes se baseiam na trindade do amor: o amor a si mesmo, ao próximo e ao todo (a natureza). Os seres humanos modernos, de alguma forma, se esqueceram disso. Rossi (1991) argumenta que a atitude supostamente voltada para o futuro da prática científica moderna por vezes desvaloriza a história. Os povos ancestrais do passado e do presente – que seguem vivendo e praticando a trindade do amor – são referências de aprendizagem acerca da necessidade de reconectar com o ancestral para imaginar futuros diferentes do presente. A florescente literatura produzida por escritores indígenas brasileiros é uma importante fonte nesse sentido (por exemplo, Kopenawa e Albert 2015, Ika Muru e Quinet 2014, Krenak 2019, Pãrõkumu e Kẽhíri 2019). Este diálogo remete a Henri Bergson (1901-2/2019), que dizia que a consciência não tem presente e simplesmente navega de um lado para o outro entre o passado e o futuro.

Felizmente, também existe atualmente uma série de ações regenerativas e convergentes em andamento. Bennett et al. (2016) mapearam muitas dessas iniciativas pelo mundo e as chamaram de "sementes de um bom Antropoceno" (https://goodanthropocenes.net/). O estudo as agrega em seis grandes tipos: agroecologia, urbanismo verde, conhecimentos futuros, transformação urbana, futuros justos e futuros sustentáveis. Essas iniciativas são amplamente baseadas em confiança, diálogo e esperança, e oferecem exemplos reais de cenários alternativos para as visões hegemônicas e simplistas de mundo, inspirando a antecipação de futuros regenerativos e esperançosos (ver também Capítulo 10).

Se essas abordagens anteriores brincam com o tempo cronológico ao embaralhar respectivamente passado e futuro, e presente e futuro, há uma terceira abordagem que traz futuros imaginados para estados presentes de antecipação ou ação: a alfabetização em futuros. Se trata de uma ferramenta para aprimorar a imaginação, que parte da premissa de que o presente coloniza o futuro (Miller 2018a, Häggström e Schmidt 2021) e que futuros desejáveis só poderão emergir se as pessoas puderem, primeiramente, imaginá-los (Gümüsay e Reinecke 2022). Os laboratórios de alfabetização em futuros são projetados como uma ferramenta metodológica específica que ajuda a tornar explícitas as suposições antecipatórias de quem participa do laboratório. Ao fazer isso, entre outros efeitos, o exercício de pensamento sobre futuros levanta questões sobre as suposições e atitudes de cada um no presente (Miller 2018b, Aguiar et al. 2024).

17.3 Considerações Finais: Regeneração como Antecipação

Antecipação é também um termo com raiz na Biologia, assim como regeneração (Rosen 1985). Sistemas antecipatórios contêm modelos preditivos de si mesmos (Rosen 1985, Poli 2017). Em meus estudos botânicos, encontrei três desses sistemas: células-tronco, exaptação e autopoiese. As células-tronco são responsáveis pela regeneração nos organismos: elas atuam como um sistema de reparo para o corpo e podem se renovar para produzir mais células-tronco (Lüttge et al. 2013). Já sugerimos anteriormente que, se Gaia é um supraorganismo, é também provável que tenha células-tronco. Identificamos algumas espécies de plantas ("espécies-tronco") que se comportam dessa forma (Scarano e Garbin 2013). Mais tarde, descobrimos que essas plantas possuem propriedades exaptativas (Lüttge et al. 2013). Diferentemente da adaptação, que responde a condições dadas, a exaptação proporciona flexibilidade para mudanças futuras: "a adaptação tem função, enquanto a exaptação tem efeito" (Gould 2002, p. 1233). Em outras palavras, a exaptação refere-se a características que podem ser usadas mais tarde para lidar com circunstâncias diferentes daquelas que propiciaram seu surgimento originalmente. Finalmente, a autopoiese refere-se à capacidade de um sistema de reproduzir os componentes dos quais é composto (Maturana e Varela 1984).

Assim, a antecipação é uma característica dos organismos relacionada ao metabolismo e ao reparo – em última instância, ao bem-estar (Rosen 1985). Logo, a regeneração, o processo de autorreparo, é antecipatório por definição. Podemos nós, humanos, agir como células-tronco (ou espécies-tronco) de Gaia, de modo a regenerar as feridas planetárias e as nossas próprias para antecipar múltiplas alternativas de bem-estar planetário? O Capítulo 18 abordará essa questão.

CAPÍTULO 18

Utopia da Sustentabilidade Profunda

18.1 Introdução: Utopia

Pouco depois da chegada dos colonizadores europeus às Américas, a carta de Américo Vespúcio (1503) "Mundus Novus" – inspirada pelo estilo de vida dos Tupinambá imersos na floresta tropical hoje brasileira (Capítulo 4) – desencadeou algumas das ideias por trás do livro de Thomas More (1516), que cunhou o termo "Utopia" (Logan e Adams 2009). A palavra é bastante ambígua. *Topos*, do grego, significa lugar. Será que o "U" se refere a *eu* (=bom, verdadeiro) ou a *ou* (=negativo)? *Eutopia*, um bom lugar, ou *outopia*, um não-lugar? Talvez, a comunidade política ideal seja menos um bom lugar, mas mais um estado de coisas que ainda não emergiu: algo ainda incompleto, ou novo (ver reflexões relacionadas em Abensour 2008, Poli 2019).

Infelizmente, a palavra utopia se tornou cada vez mais associada à falta de pragmatismo, a devaneios irreais ou surreais. Argumenta-se que o cenário climático global não nos dá tempo para debater ideais utópicos e a ação precisa ser tomada (Horton e Horton 2019). Talvez em resposta a esse tipo de percepção, conceitos como "realismo utópico" e "pragmatismo utópico" venham ganhando atenção. Levitas (2008) explora a complexa relação entre pragmatismo e utopia e sugere que esses novos conceitos podem ser anti-utópicos ou verdadeiramente utópicos, dependendo do seu fechamento ou abertura para o futuro. Levitas argumenta que o suposto realismo ou pragmatismo em geral trata do "que funciona", que é na maior parte adaptativo e, assim, contra a alteridade radical e a mudança social profunda – ambas as quais estão na essência da utopia. Talvez, *Envisioning Real Utopias* de Wright (2010) e *Utopia for Realists* de Bregman (2017), por exemplo, podem não ser utopias típicas, já que parecem dar menos espaço para a improvisação social e o aprendizado coletivo. Por outro lado, o *Pragmatismo Utópico* de Vergara (2023), aplicado às artes e à educação – fortemente influenciado pela utopia concreta de Bloch (que discuto a seguir) – tem no princípio filosófico da *coincidentia oppositorum* a fundação a partir da qual emerge a alteridade radical. Da convergência entre polaridades, a improvisação social e o aprendizado coletivo surgem e levam à alteridade radical. O *Pragmatic Utopianism* de Jaster (2022) também é aberto, dinâmico e fundamentado na síntese do passado, presente e futuro.

Minha impressão, no entanto, é que as utopias reais são aquelas que persistem. A visão de paz e amor de Vespúcio – de uma ecologia integral que conecta o eu, o social e o ambiental – persiste, embora nos encontremos, em vez disso, no distópico presente, que a ciência se recusou a chamar de Antropoceno. A utopia é antes de tudo uma bússola, uma orientação. Assim como futuro é um tempo, não um lugar. Utopias são mentalidades persistentes. Espero que este livro mostre que a sustentabilidade – disfarçada por múltiplos nomes – é tanto uma orientação quanto uma mentalidade persistente, tanto que se faz presente no imaginário da Modernidade pelo menos desde a chegada dos colonizadores europeus às Américas. Mesmo que ainda pareçamos estar longe de alcançá-la.

No Capítulo introdutório 1, usei a teoria de Hans Blumenberg (1975) sobre a não-conceitualidade para argumentar que os conceitos são um trabalho em andamento, estágios transitórios, ao invés de serem a realização das intenções da razão. Os conceitos tratam da falta de representação completa do objeto e, como tal, estão abertos a captar novas experiências. Então argumentei que esse era o caso para conceitos como natureza, sustentabilidade e futuros. Claramente, isso também é o caso do conceito de utopia. Este Capítulo revisará e sintetizará os conteúdos deste livro sob a perspectiva de três (não-)conceitos interrelacionados: esperança, antecipação e utopia. Eles serão abordados em convergência com os (não-)conceitos e metáforas que são os pilares do livro: natureza, sustentabilidade, futuros, regeneração, bem-estar planetário e Gaia.

18.2 Regeneração e a Utopia da Sustentabilidade

O Capítulo 17 resumiu o argumento deste livro de que a regeneração para a convergência, como mentalidade e prática – muito fundamentada em princípios ecosóficos (veja também o Capítulo 6) – pode antecipar o surgimento de futuros planetários sustentáveis. Nesse contexto, a regeneração não é um plano ou algum tipo de regra normativa para alcançar um "lugar sustentável". A regeneração não é um veículo de transporte e a sustentabilidade não é um destino. A regeneração é uma atitude, uma práxis, e a sustentabilidade é a utopia que evoca esse tipo de atitude pragmática. A utopia da sustentabilidade é uma orientação, não um mapa. É uma mentalidade persistente, não algo imutável (Abensour 2008). Como tal, ela possui elementos do pragmatismo utópico de Vergara (2023), da "utopia do amor" de Emmanuel Lévinas (1961/1979), e da "utopia líquida" de Zygmunt Bauman (1976a,b). O pragmatismo de Vergara não é o de planos, mas de militância, de presença no meio social para criar democraticamente espaço para a convergência e a mudança. O amor de Lévinas é sobre abraçar a alteridade do outro, e o amor é radical em algumas de suas implicações para a justiça. Por exemplo, um dos axiomas de Lévinas é que as feridas do mundo causadas pela violência aos humanos devem ser reparadas: sua utopia é a do amor como a força que regenera a vida e seu significado (Lau 2015). A de Bauman, provavelmente inspirada por Bloch e Lévinas, é sobre nos incentivar a encontrar democraticamente nossos próprios caminhos desejados (Jacobsen 2012).

Ernst Bloch (1959/1995, 1964/2000) e sua "utopia concreta", cotidiana, talvez inclua todas as noções citadas. Seu argumento é que estamos todos tentando encontrar "nosso caminho de volta para um lugar onde nunca estivemos", como diz Thompson (2012, p.33). O desejo de retornar a esse lar ainda inexistente (o não-lugar) é a raiz de todo pensamento utópico. Ele não nos leva ao que antecipamos como nosso futuro, mas algo que pode permitir o surgimento de um novo estado de coisas. Thompson afirma que a utopia de Bloch é concreta, primeiro, porque já existe, está sempre presente e nos envolve: é uma antecipação inconsciente ou subconsciente de um mundo melhor. Segundo, como *coinci-*

dentia oppositorum (uma aliança dialética), é um permanente estado de "ainda não", uma potencialidade ainda impossível.

Como os Objetivos de Desenvolvimento Sustentável (ODS) se relacionam com as perspectivas acima sobre a utopia? Eskelinen (2021) realizou uma análise qualitativa dos principais documentos dos ODS e concluiu que eles contêm elementos altamente utópicos, como: 1) a humanidade como um único sujeito com um destino comum ("bom lugar"?); 2) valores transformadores que levam a uma prosperidade inclusiva futura; e 3) nenhum tipo de pobreza. No entanto, paralelamente, os ODS são claramente confinados aos limites da Modernidade e do capitalismo em sua lógica de implementação, que inclui: 1) a reafirmação da ordem política existente; 2) ênfase na cultura dos indicadores; 3) tomar como premissa a governança em rede e a racionalidade econômica; e 4) assumir a relevância contínua das estruturas de poder existentes (agentes políticos, sistemas de organização etc.). Essa evidência empírica reforça meu argumento de que os ODS representam uma "receita oficial" para o futuro que estende as realidades e hegemonias do presente, ao assumir o crescimento econômico e as relações de poder existentes como premissas (Scarano 2019b). Embora não sejam programados de forma dogmática, os ODS são mais um "plano" do que uma utopia aberta e emancipatória (Macauley 1996a, Jacobsen 2012, Bregman 2017, Claeys 2017). Para usar a linguagem mais direta de Levitas (2008), eles se assemelham mais a uma anti-utopia do que a uma utopia. Parece improvável que permitam o surgimento de um estado de bem-estar planetário (Capítulo 11), mas não deixa de ser uma expressão desse desejo. Seu objetivo de alcançar um suposto "futuro comum", por exemplo, não inclui as dimensões pessoais e culturais da sustentabilidade (Capítulos 11-16). Alguns afirmam que, como estão, e sem mudanças profundas nos valores humanos, são inatingíveis (Horton e Horton 2019). Outros afirmam que, para alcançar os ODS, a humanidade deve exercer autorregulação consciente, ou seja, de ações pessoais a esquemas de geoengenharia. Essa possibilidade recebeu o apelido de Gaia 2.0 (Lenton e Latour 2018, Kim 2021), com base na premissa de que, com mudanças comportamentais e tecnológicas, os humanos podem manter Gaia sob controle (me parece que esquecemos a definição de Platão de que a natureza é aquilo sobre o que não se tem controle; Capítulo 2). Apesar dessas críticas, os ODS permanecem como discurso oficial e métrica para muitos dos diversos atores envolvidos na agenda de desenvolvimento sustentável (Halkos e Gkampoura 2021, Capítulos 10 e 11). Em vez de descartar os ODS, a questão aqui é saber se eles podem convergir – fundir, hibridizar ou coexistir pacificamente – com outras aspirações por meio de diálogos regenerativos que desbloqueiem novas utopias emancipatórias (Capítulo 17).

18.3 Regeneração, Antecipação e Utopia

Todo ser vivo tem a capacidade de antecipar e de se regenerar. Regeneração se refere à capacidade de autorreforma de qualquer organismo ou sistema (Capítulos 1 e 17). Antecipação é uma propriedade de organismos ou sistemas que produzem um modelo preditivo de si mesmos e usam esse modelo para lidar com seu estado atual (Rosen 1985, Poli 2017, Brassett 2021). Em outras palavras, um comportamento antecipatório usa uma suposição sobre o futuro para tomar decisões no presente. Em última instância, tanto a regeneração quanto a antecipação estão relacionadas ao bem-estar. As semelhanças não param por aí. Wagner-Lawlor (2019, p.513) interpreta o "sistema que contém um modelo preditivo de si mesmo" de Rosen como, em suas palavras, "algo mais próximo de (re)geração, um 'sistema vivo', por assim dizer, que reconhece sua própria propensão para evoluir". Isso transforma a regeneração em um tipo específico de antecipação. Geração e regeneração estão entre os muitos significados etimológicos da palavra 'natureza' em várias línguas (Capítulo 1, Tabela 1.1).

A antecipação (e também a regeneração) no caso humano pode ser consciente, subconsciente ou inconsciente. O Capítulo 17 descreveu três sistemas de antecipação nas plantas, que se espera estarem presentes em todos os seres vivos: células-tronco, autopoiese e exaptação. Eles operam, respectivamente, nos níveis orgânico, ecológico e evolutivo. Todos eles são inconscientes nos humanos. Nossa espécie, no entanto, também possui mecanismos de antecipação conscientes desenvolvidos com nossas faculdades racionais, como previsões (por exemplo, projeções) e visão prospectiva (por exemplo, construção de cenários) (Poli 2017). No entanto, existem outros elementos em nossa natureza antecipatória que, para mim, talvez sejam subconscientes: intuição, instinto. As paixões violentas, como Hume as chamou (medo, alegria etc.), possivelmente se qualificam como tal (McShea 2017). Muitas das premissas que assumimos, às vezes inadvertidamente, também fazem parte dessa antecipação subconsciente (que alguns autores chamam de inconsciente; Miller e Sandford 2019). Os mecanismos inconscientes, subconscientes e conscientes de antecipação são o resultado de um diálogo entre racionalidade, intuição, imaginação e biologia mecanicista.

Enquanto os mecanismos inconscientes de antecipação de células-tronco, autopoiese e exaptação são regenerativos por definição, os subconscientes (por exemplo, intuitivos) e conscientes (por exemplo, previsão e visão prospectiva) são apenas potencialmente regenerativos. O fato de que a ciência prevê fenômenos como as mudanças climáticas e as pandemias de covid-19, mas isso ainda não leva a significativas ações preventivas (Capítulo 1 e 12-14), sugere que não sentimos ou antecipamos plenamente a aproximação desses eventos. Em tais casos, a regeneração, sempre que possível, torna-se profilática e ocorre *a posteriori*. Vacinas, no caso da covid-19, e a reconstrução após desastres causados pelas mudanças climáticas, são regenerativas, mas só acontecem depois que danos e perdas foram infligidos. Ao anteciparmos esses tipos de futuros (como frequentemente fazemos com as ferramentas científicas de previsão disponíveis), deveríamos ter sido capazes de tomar ações reparadoras em nosso comportamento *a priori*. Esses dois casos mostram que, sozinha, a racionalidade no tratamento do futuro não é suficiente para nos engajar em ação coletiva preventiva no presente. O sistema de antecipação dos humanos modernos está danificado: parece haver um desacoplamento entre componentes racionais e emocionais, capacidades afetivas e não afetivas. Assim, redundante como possa parecer a esta altura, precisamos regenerar nossos sistemas de antecipação. Meu argumento a favor da cura por meio de diálogos, ao longo do livro e particularmente no Capítulo 17, deriva dessa conclusão. A tripla alienação dos humanos modernos (de si mesmos, de outros humanos e do todo em que consiste a natureza; Capítulo 7) dificulta a antecipação em seu componente intuitivo, que por sua vez representa o próprio fim da utopia.

18.4 Esperança, Tipos de Antecipação e Utopia

Paulo Freire (1992) via a esperança como algo ativo. Esperar passivamente leva ao fatalismo e ao desânimo. A esperança, quando traduzida em práxis, conecta antecipação e utopia, como argumentado por Ernst Bloch (Apolinário 2008). Bloch via a esperança como algo relacionado à vida social cotidiana e não como um esforço distante que resulta em um ponto final revolucionário (Poli 2019). Se a utopia não é um lugar estático ("bom lugar") ou um fim esperado (indicado por um plano ou mapa), ela é um processo interminável, uma visão permanentemente mutante de um mundo melhor (Jaster 2022). Logo, as utopias tanto alimentam quanto são alimentadas pela esperança ativa. A relação entre esperança ativa e utopia é, em minha visão, bem exemplificada pelas noções contrastantes de "antecipação para o futuro" e "antecipação para o surgimento", como definido por Miller e Sandford (2019). A antecipação para o futuro lida com metas e resultados prováveis ou normativos. Os ODS, por exemplo, antecipam um futuro específico, o do desenvolvimento sustentável. Antecipar um tipo específico de futuro é a prática envolvida na construção de uma utopia programática, e exige ação para promovê-la. Antecipar para o surgimento, por outro lado, é estar aberto à imaginação, invenção, novidade, improvisação e efemeridade. Assim sendo, está mais alinhada com utopias abertas e emancipadoras; o tipo que transcende o mundo como o conhecemos, confrontando criticamente o senso comum (Jacobsen 2012). Investir em diálogos, como explorado neste livro, é uma forma regenerativa de antecipação para o surgimento do novo. O exemplo de uma senhora originária da Índia é bastante poderoso nesse contexto. Ela declarou que sua utopia é engajar-se em diálogos e debates dos quais emerge o verdadeiro significado do desenvolvimento (Roy 2022).

A utopia da sustentabilidade – apresentada aqui como uma utopia concreta e emancipatória – requer essa esperança ativa para uma "nova

Terra" e "novos povos", como na ecosofia ou geofilosofia de Deleuze e Guattari (Saldanha e Stark 2016, Capítulo 6). O estado atual das coisas, como diagnosticado por esses pensadores, pode ser desanimador para alguns no que diz respeito a essa esperança prática ainda não concretizada (Montoya 2016), o que pode eventualmente levar à ecoansiedade, ecodepressão e ecorraiva (Stanley et al. 2021). É aqui que uma educação para a esperança, ou educação do desejo, se encaixa. A pedagogia da esperança de Freire (1992) percebe a esperança como uma virtude democrática necessária para resistir e confrontar o senso comum (Tiainen et al. 2019), o que, em última instância, é uma função das utopias (Jacobsen 2012). Isso é análogo à noção de que o desejo educado estimula a imaginação utópica (Allison 2018).

18.5 Observações Finais: Conclusão?

Diálogos regenerativos que reconectem os humanos com o mundo (ao seu redor e dentro de si) são um meio de antecipar o surgimento de um estado utópico de sustentabilidade que represente o bem-estar para todo o planeta Terra, Gaia. Esse novo estado emergiria da convergência de módulos que se separaram durante a Modernidade, a ponto de os humanos modernos perderem a noção e a dimensão da totalidade. O impulso reducionista da ciência e o esquecimento do passado são amplamente responsáveis por isso, embora, claramente, a ciência também tenha trazido muitas coisas boas para a humanidade. A atitude de regeneração nos humanos é um ato de esperança, e o princípio da esperança alimenta o espírito da utopia (e vice-versa) – para usar os títulos de dois livros do utopista Ernst Bloch. A utopia da sustentabilidade não é um estado estático, não é um fim, e não surgirá passivamente. Ela é viva, continuamente regenerativa e ativa. Em outras palavras, permanecerá inacabada, em construção. Poli (2019) afirma que uma filosofia do futuro aborda o mundo como um processo contínuo e inacabado. O caminho, a travessia, é mais relevante do que os pontos de partida e chegada. Jacobsen (2012) define nossa sociedade como uma "sociedade de finais": "o fim da ideologia", "o fim da política", "o fim da história", "o fim da sociedade", "o fim do futuro", "o fim da utopia". A vida não é sobre finais, mas sobre incompletude, construção contínua. Isso é coerente com o fato de que conceitos, o universo, nós mesmos e, com toda certeza, as utopias, são todos trabalhos em andamento. Utopias não são eternas, mas, ao mesmo tempo, elas nunca têm fim. Assim como desejo, humildemente, que diálogos engajadores e criativos – que inspiram beleza, confiança e amor – também possam ser.

Literatura Citada

Abbas Y (2020) Architecture and its double, the expanded medium of architecture and spatial Aeffect. Proceedings of the 4th International Congress on Ambiances, Alloaesthesia: Senses, Inventions, Worlds. France, pp. 226-231 https://doi.org/10.48537/hal-03220299

Abensour M (2008) Persistent utopia. Constellation 15(3):406-421

Abidin C, Brockington D, Goodman MK, Mostafanezhad M, Richey LA (2020) The tropes of celebrity environmentalism. Annu Rev Environ Resour 45:1.1–1.24 https://doi.org/10.1146/annurev-environ-012320-081703

Aberth J (2013) An Environmental History of the Middle Ages: The Crucible of Nature. Routledge, London

Abram D (1996) Merleau-Ponty and the voice of the Earth. In: Macauley D (ed) Minding Nature: The Philosophers of Ecology, The Guilford Press, New York, London, pp 82-101

Abram D (1996/2017) The Spell of the Sensuous. 2nd ed, Vintage Books, New York

Abson DJ, Fischer J, Leventon J, Newig J, Schomerus T, Vilsmaier U, von Wehrden H, Abernethy P, Ives CD, Jager NW, Lang DJ (2017). Leverage points for sustainability transformation. Ambio 46:30–39. https://doi.org/10.1007/s13280-016-0800-y

Achterberg J (1991/2013) Woman as Healer. Shambhala, Boston, London

Addison PFE, Bull JW, Milner-Gulland EJ (2018) Using conservation science to advance corporate biodiversity accountability. Conserv Biol 33:307-318 https://doi.org/10.1111/cobi.13190.

Adorno TW (1970/2002) Aesthetic Theory, Continuum, London, New York

Agamben G (2020) Gaia e Ctonia. Quodlibet, Dec 28, 2020. Disponível em https://www.quodlibet.it/giorgio-agamben-gaia-e-ctonia Acessado em 31/julho/2022

Agrawal A, Lemos MC (2015) Adaptive development. Nat Clim Change 5:186–187 https://doi.org/10.1038/nclimate2501

Agrawal A, Gibson CC (1999) Enchantment and disenchantment: The role of community in natural resource conservation. World Dev 27:629–649 https://doi.org/10.1016/S0305-750X(98)00161-2

Aguiar ACF, Scarano FR, Bozelli RL, Branco PD, Ceotto P, Farjalla VF, Loyola R, Silva JMC da (2023) Business, biodiversity, and innovation in Brazil. Perspect Ecol Conserv 21:6-16 https://doi.org/10.1016/j.pecon.2022.12.002

Aguiar ACF, Carneiro BLR, Santos LS, Holz VL, Pougy N, Scarano FR (2024) Laboratórios de Alfabetização em Futuros: Planejamento e Facilitação. Museu do Amanhã, Rio de Janeiro.

Albagli S (2017) Technical-scientific-informational milieu, networks and territories. In Melgaço L, Prouse C (eds) Milton Santos: A Pioneer in Critical Geography from the Global South, Springer, Cham, pp. 33-43 https://doi.org/10.1007/978-3-319-53826-6_3

Albuquerque UP, Ferreira Jr WS, Sousa DCP, Reinaldo RCPS, Nascimento ALB, Gonçalves PHS (2018) Religiosity/spirituality matters on plant-based local. J Relig Health 57(5):1948-1960 https://doi.org/10.1007/s10943-018-0634-y

Alighieri D (1304-1321/2017) A Divina Comédia. Editora 34, São Paulo

Allison (2018) Building a bridge to nowhere: Morris, the education of desire, and the party of utopia. Utop Stud 29(1):44-66

Almeida P, Chase-Dunn C (2018) Globalization and social movements. Annu Rev Sociol 44:189–211 https://doi.org/10.1146/annurev-soc-073117-041307

Althusser L, Montag W (1991) On Marx and Freud. Rethinking Marxism 4(1):17-30 https://doi.org/10.1080/08935699108657950

Amato Neto J, dos Anjos LC, Cavalcante Y, Jukemura PK (2022) ESG Investing: Um Novo Paradigma de Investimentos? Editora Edgard Blücher, São Paulo.

Andersen I, Ishii N, Brooks T, Cummis C, Fonseca G, Hillers A, Macfarlane N, Nakicenovic N, Moss K, Rockstrom J, Steer A, Waughray D, Zimm C (2021) Defining 'science-based targets'. Natl Sci Rev 8(7):nwaa186 https://doi.org/10.1093/nsr/nwaa186

Anderson J (2010) From 'zombies' to 'coyotes': environmentalism where we are. Environ Polit 19:973–991 https://doi.org/10.1080/09644016.2010.518684

Andrade D, Pasini F, Scarano FR (2020) Syntropy and innovation in agriculture. Curr Opin Environ Sustain 45:20–24 https://doi.org/10.1016/j.cosust.2020.08.003

Angheloiu C, Sheldrick L, Tennant M (2020) Future tense: Exploring dissonance in young people's images of the future through design futures methods. Futures 117:102527 https://doi.org/10.1016/j.futures.2020.102527

Anker K (2021) Ecological jurisprudence and Indigenous relational ontologies: beyond the "ecological Indian"? In: Anker K, Burdon PD, Garver G, Maloney M, Sbert C (eds) From Environmental to Ecological Law. Routledge, London, New York

Anônimo (2019) As Mil e Uma Noites. Harper Collins, São Paulo (original possivelmente do século IX; versão de Malba Tahan, traduzida por Alberto Diniz)

Apgar M (2022) Empathy in action research. Action Res 20(3):221-227 https://doi.org/10.1177/14767503221118052

Apolinário JAF (2008) A práxis no pensamento utópico de Ernst Bloch. Cadernos de Ética e Filosofia Política 13:43-56

Aquinas T (1265-1273/2017) Suma Teológica, Livros Católicos para Download, https://sumateologica.files.wordpress.com/2017/04/suma-teolc3b3gica.pdf

Arendt H (1968) Walter Benjamin. In: Arendt H (ed) Men in Dark Times, Harcourt, Brace & World, New York, pp. 153–206

Aristotle (2018 ed) The History of Animals. Global Grey ebooks, London

Armand J-L (2012) The bringing together of technology, sustainability and ethics. Sustain Sci 7:113–116 https://doi.org/10.1007/s11625-012-0170-8

Asher K, Wainwright J (2019) After post-development: On capitalism, difference, and representation. Antipode 51(1):25-44 https://doi.org/10.1111/anti.12430

Asi YM, Williams C (2018) The role of digital health in making progress toward Sustainable Development Goal (SDG) 3 in conflict-affected populations. Int J Med Inform 14:114-120 https://doi.org/10.1016/j.ijmedinf.2017.11.003

Azeiteiro UM, Bacelar-Nicolau P, Caetano FJP, Caeiro S (2015) Education for sustainable development through e-learning in higher education: experiences from Portugal. J Clean Prod 106:308-319 https://doi.org/10.1016/j.jclepro.2014.11.056

Bain PG, Kroonenberg PM, Johansson LO, Milfont TL, Crimston CR, Kurz T, Bushina E, Calligaro C, Demarque C, Guan Y, Park J (2019) Public views of the Sustainable Development Goals across countries. Nat Sustain 2:819–825 https://doi.org/10.1038/s41893-019-0365-4

Bajohr H (2015) The unity of the world: Arendt and Blumenberg on the anthropology of metaphor. The Germanic Review 90:42–59 https://doi.org/10.1080/00168890.2014.990351

Ball P (2008) Triumph of the medieval mind. Nature 452:816–818 https://doi.org/10.1038/452816a

Balogh R, Getz C (2022) Dreaming across continents: A collaborative inquiry into dream sharing as a resource for action researchers. Action Res 20(3) 228 –244 https://doi.org/10.1177/1476750319837323

Baltussen H (2000) Theophrastus against the Presocratics and Plato: Peripatetic Dialectic in the De Sensibus. Brill, Leiden

Banzhaf W (2014) Genetic programming and emergence. Genetic Programming and Evolvable Machines 15:63–73 https://doi.org/10.1007/s10710-013-9196-7

Barkemeyer R, Dessai S, Monge-Sanz B, Renzi BG, Napolitano G (2016) Linguistic analysis of IPCC summaries for policymakers and associated coverage. Nat Clim Chang 6:311–316 https://doi.org/10.1038/nclimate2824

Barkemeyer R, Stringer LC, Hollins JA, Josephi F (2015) Corporate reporting on solutions to wicked problems: Sustainable land management in the mining sector. Environ Sci Policy 48:196-209 https://doi.org/10.1016/j.envsci.2014.12.021

Barkin D, Lemus B (2016) Third World alternatives for building post-capitalist worlds. Rev Radic Political Econ 48(4):569–576 https://doi.org/10.1177/0486613416665828

Barnett J, Tschakert P, Head L, Adger WN (2016) A science of loss. Nat Clim Change 6(11):976-978. https://doi.org/10.1038/nclimate3140

Barrett CB, Grizzle R (1999) A holistic approach to sustainability based on pluralism stewardship. Environmental Ethics 21(1):23–42 https://doi.org/10.5840/enviroethics199921139

Barros C (2001) The humanization of nature in the Middle Ages. Mediev Hist J 4:149-178

Bates P (2007) Inuit and scientific philosophies about planning, prediction, and uncertainty. Arct Anthropol 44(2):87-100 https://www.jstor.org/stable/40316694

Bateson G (1972/1987). Steps to an Ecology of Mind: Collected Essays in Anthropology, Psychiatry, and Epistemology. Chicago University Press, Chicago

Bateson G, Bateson MC (1987) Angels Fear: Towards and Epistemology of the Sacred. Bantam Books, New York

Bauer R (2019) The Alchemy of Conquest: Science, Religion and the Secrets of the New World. University of Virginia Press, Charlottesville, London

Bauman Z (1976a) Socialism: The Active Utopia. Hutchinson, London

Bauman Z (1976b) Towards a Critical Sociology: An Essay on Commonsense and Emancipation. Routledge, London

Bauman Z (2008/2011) A Ética é Possível num Mundo de Consumidores? Zahar, Rio de Janeiro

Beamer K, Elkington K, Souza P, Tuma A, Thorenz A, Köhler S, Kukea-Shultz K, Kotubetey K, Winter KB (2023) Island and indigenous systems of circularity: how Hawai⊠i can inform the development of universal circular economy policy goals. Ecol Soc 28(1):9 https://doi.org/10.5751/ES-13656-280109

Becker E (2002) Transformations of Social and Ecological Issues into Transdisciplinary Research, UNESCO Publishing/EOLSS Publishers, Paris, Oxford, pp. 949-963

Beckerman W (1995) How would you like you 'Sustainability', Sir? Weak or strong? A reply to my critics. Environmental Values 4(2):169–179

Beling AE, Vanhulst J, Demaria F, Rabi V, Carballo AE, Pelenc J (2018) Discursive synergies for a 'Great Transformation' towards sustainability: Pragmatic contributions to a necessary dialogue between Human Development, Degrowth, and Buen Vivir. Ecol Econ 144:304–313 https://doi.org/10.1016/j.ecolecon.2017.08.025

Bell E, Winchester N, Wray-Bliss E (2021) Enchantment in business ethics research. J Bus Ethics 174:251-262 https://doi.org/10.1007/s10551-020-04592-4

Benessia A, Funtowicz S, Bradshaw G, Ferri F, Ráez-Luna EF, Medina CP (2012) Hybridizing sustainability: towards a new praxis for the present human predicament. Sust Sci 7:75–89 https://doi.org/10.1007/s11625-011-0150-4

Bennett E, Biggs O, Calderón Contreras R, Golden Kroner R, Vianna Mansur A, Woroniecki S, Acar S, Aksoy Z, Alpizar F, Lam D, Horcea-Milcu A-I, Linnér B-O, Mehta L, Campos C, Nishi M, Rahiri N, Richardson M, Sabinot C, Simão Seixas C, Stokland H, Balvanera P, Chan K, Guibal C, Garibaldi L (2024) Chapter 3: How transformative change occurs. In: O'Brien K, Garibaldi L, Agrawal A (eds) Thematic Assessment Report on the Underlying Causes of Biodiversity Loss and the Determinants of Transformative Change and Options for Achieving the 2050 Vision for Biodiversity of the Intergovernmental Science-Policy Platform on Biodiversity and Ecosystem Services. IPBES secretariat, Bonn, Germany https://doi.org/10.5281/zenodo.11382244

Bennett NJ, Blythe J, Tyler S, Ban NC (2016) Communities and change in the anthropocene: understanding social-ecological vulnerability and planning adaptations to multiple interacting exposures. Reg Environ Change 16:907–926 https://doi.org/10.1007/s10113-015-0839-5

Benton T (2007) Humans and nature: from Locke and Rousseau to Darwin and Wallace. In Pretty J, Ball A, Benton T, Guivant J, Lee DR, Orr D, Pfeffer M, Ward H, eds (2007) The SAGE Handbook of Environment and Society, SAGE Publications, London, pp 35-49

Bentz J, O'Brien K (2019) Art for Change: Transformative learning and youth empowerment in a changing climate. Elem Sci Anth 7: 52 https://doi.org/10.1525/elementa.390

Ben-Yehuda N (1980) The European witch craze of the 14th to 17th Centuries: A sociologist's perspective. Am J Sociol 86:1-31

Benzoni F (2005) Thomas Aquinas and environmental ethics: A reconsideration of providence and salvation. J Relig 85(3):446-476 https://doi.org/10.1086/429574

Berchin II, de Amorim WS, Valduga IB, Heerdt ML, de Andrade Guerra JBSO (2020) Sustainable Campuses as living labs for sustainable development: An overview of a Brazilian community university. In: Leal Filho W, Salvia AL, Pretorius RW, Brandli LL, Manolas E, Alves F, Azeiteiro U, Rogers J, Shiel C, Do Paco A (eds) Universities as Living Labs for Sustainable Development: Supporting the Implementation of the Sustainable Development Goals, Springer, Cham, pp 87–102

Bergson H (1901-2/2019) A Ideia de Tempo. Editora Unesp, São Paulo

Bergson H (1901-1913/2009) A Energia Espiritual. Martins Fontes, São Paulo.

Bergson H (1907/2019) A Evolução Criadora. Martins Fontes, São Paulo.

Berny N, Rootes C (2018) Environmental NGOs at a crossroads? Env Polit 27(6):947-972 https://doi.org/10.1080/09644016.2018.1536293

Berrone P, Fosfuri A, Gelabert L (2017) Does greenwashing pay off? Understanding the relationship between environmental actions and environmental legitimacy. J Bus Ethics 144:363-379 https://doi.org/10.1007/s10551-015-2816-9

Berry T (1999) The Great Work: Our Way Into the Future. Three Rivers Press, New York.

Bettencourt LMA, Kaur J (2011) Evolution and structure of sustainability science. Proc Natl Acad Sci 108:19540–19545 https://doi.org/10.1073/pnas.1102712108

Bettencourt LMA, Kaur J (2011) Evolution and structure of sustainability science. Proc Natl Acad Sci USA 108:19540–19545 https://doi.org/10.1073/pnas.1102712108/-/DCSupplemental

Biely K, Maes D, Van Passel S (2018) The idea of weak sustainability is illegitimate. Environ Dev Sustain 20:223–232 https://doi.org/10.1007/s10668-016-9878-4

Bińczyk E (2019) The most unique discussion of the 21st century? The debate on the Anthropocene pictured in seven points. Anthr Rev 6(1-2): 3–18 https://doi.org/10.1177/2053019619848215

Bloch E (1959/1995) The Principle of Hope. Volume 2, MIT Press, Cambridge

Bloch E (1964/2000) The Spirit of Utopia. Stanford University Press, Stanford

Blühdorn I (2011) The politics of unsustainability: COP15, post-ecologism, and the ecological paradox. Organ Environ 24:34–53 https://doi.org/10.1177/1086026611402008

Blumenberg H (1971/2020) An anthropological approach to the contemporary significance of rhetoric. In: Bajohr H, Fuchs F, Kroll JP (eds) History, Metaphors, Fables – a Hans Blumenberg Reader. Cornell University Press, Ithaca, pp 177-208

Blumenberg H (1975/2020) Theory of non-conceptuality. In: Bajohr H, Fuchs F, Kroll JP (eds) History, Metaphors, Fables – a Hans Blumenberg Reader. Cornell University Press, Ithaca, pp 255-293

Blumer H (1995) Social movements. In: Lyman SM (ed) Social Movements – Main Trends of the Modern World. Palgrave Macmillan, London https://doi.org/10.1007/978-1-349-23747-0_5

Boccaccio G (1971) Decamerão. Editora Abril Cultural, Rio de Janeiro (edição original: 1348-1353)

Boda CS, O'Byrne D, Harnesk D, Faran T, Isgren E (2022) A collective alternative to the Inward Turn in environmental sustainability research. J Environ Stud Sci 12:291–297 https://doi.org/10.1007/s13412-021-00738-6

Bodo M (2000) The Threefold Way of St. Francis, Paulist Press, New Jersey

Boff L (2011/2018) Sustentabilidade. O que é – o que não é, 5a ed, Editora Vozes, Petrópolis

Boiral O, Heras-Saizarbitoria I (2017) Best practices for corporate commitment to biodiversity: An organizing framework from G.R.I. reports. Environ Sci Policy 77:77–85 https://doi.org/10.1016/j.envsci.2017.07.012

Bolter JD (2016) Transhumanism. In: Jensen KB, Craig RT (eds). The International Encyclopedia of Communication Theory and Philosophy, John Wiley https://doi.org/0.1002/9781118766804.wbiect220

Bostrom N (2003) Transhumanist values. In Adams F (ed). Ethical Issues for the 21st Century Philosophical Documentation Center Press, Bowling Green, Ohio, pp 3-14

Bothello J, Djelic M-L (2015) Transnational path generation: The institutionalization patterns of modern environmentalism. Academy of Management Proceedings https://doi.org/10.5465/AMBPP.2015.13168abstrac

Bowden M (2021) Deepening futures methods to face the civilisational crisis. Futures 132:102783 https://doi.org/10.1016/j.futures.2021.102783

Boyd E, Chaffin BC, Dorkenoo K, Jackson G, Harrington L, N'Guetta A, Johansson EL, Nordlander L, Paolo De Rosa S, Raju E, Scown M, Soo J, Stuart-Smith R (2021) Loss and damage from climate change: A new climate justice agenda. One Earth 4(10):1365-1370

Brassett J (2021) Anticipating the work to be done. Futures 134:102851 https://doi.org/10.1016/j.futures.2021.102851

Bregman R (2017) Utopia for Realists: How Can We Build the Ideal World, 1st ebook edition. Little, Brown and Company, New York

Bresser-Pereira LC (2017) The two forms of capitalism: developmentalism and economic liberalism. Braz J Polit Econ 37(4):680–703 https://doi.org/10.1590/0101-31572017v37n04a02

Bridgewater P, Rotherham ID (2019) A critical perspective on the concept of biocultural diversity and its emerging ole in nature and heritage conservation. People and Nature 1:291–304 https://doi.org/10.1002/pan3.10040

Brink E, Aalders T, Ádám D, Feller R, Henselek Y, Hoffmann A, Ibe K, Matthey-Doret A, Meyer M, Negrut NL, Rau A-L, Riewerts B, von Schuckmann L, Törnros S, vonWehrden H, Abson DJ, Wamsler C (2016) Cascades of green: a review of ecosystem-based adaptation in urban areas. Glob Environ Change 36:111–123 https://doi.org/10.1016/j.gloenvcha.2015.11.003

Brink E, Wamsler C, Adolfsson M, Axelsson M, Beery T, Björn H, Bramryd T, Ekelund N, Jephson T, Narvelo W, Ness B, Jönsson KI, Palo T, Sjeldrup M, Stålhammar S, Thiere G (2018). On the road to 'research municipalities': analysing transdisciplinarity in municipal ecosystem services and adaptation planning. Sustain Sci 13:765–784 https://doi.org/10.1007/s11625-017-0499-0

Brodel HP (2003) The *Malleus Maleficarum* and the Construction of Witchcraft. Manchester University Press, Manchester, New York

Brondízio ES, Aumeeruddy-Thomas Y, Bates P, Carino J, Fernández-Llamazares Á, Ferrari MF, Galvin K, Reyes-García V, McElwee P, Molnar Z, Samakov A, Shrestha UB (2021) Locally based, regionally manifested, and globally relevant: Indigenous and local knowledge, values, and practices for nature. Annu Rev Environ Resour 46:16.1–16.29 https://doi.org/10.1146/annurev-environ-012220-012127

Brown K, Adger WN, Devine-Wright P, Anderies JM, Barr S, Bousquet F, Butler C, Evans L, Marshall N, Quinn T (2019) Empathy, place and identity interactions for sustainability. Glob Environ Change 56:11-17 https://doi.org/10.1016/j.gloenvcha.2019.03.003

Brownhill L, Turner TE (2019) Ecofeminism at the heart of ecosocialism. Capit Nat Soc 30(1):1-10 https://doi.org/10.1080/10455752.2019.1570650

Brownhill L, Turner TE (2020) Ecofeminist ways, ecosocialist means: Life in the post-capitalist future. Capit Nat Soc 31(1):1-14 https://doi.org/10.1080/10455752.2019.1710362

Buhl A, Schmidt-Keilich M, Muster V, Blazejewski S, Schrader U, Harrach C, Sch€afer M, Süßbauer E (2019) Design thinking for sustainability: Why and how design thinking can foster sustainability-oriented innovation development. J Clean Prod 231:1248-1257

Bunge M (2003) Emergence and Convergence: Qualitative Novelty and the Unity of Knowledge. University of Toronto Press, Toronto

Buriti R (2019) "Deep" or "strong" sustainability. In: Leal Filho W (ed) Encyclopedia of Sustainability in Higher Education. Springer Nature, Cham, pp 1-10 https://doi.org/10.1007/978-3-319-63951-2_503-1

Buschke FT, Botts EA, Sinclair SP (2019) Post-normal conservation science fills the space between research, policy, and implementation. Conserv Sci Pract 1:e73 https://doi.org/10.1111/csp2.73

Cabral R, Gehre T (2020) Guia Agenda 2030: Integrando ODS, Educação e Sociedade. Unesp, São Paulo; UnB, Brasília

Caillol M-H (2019) Political Anticipation: a human-centered method. In: Poli R (ed) Handbook of Anticipation, Springer, Cham, pp 615-638 https://doi.org/10.1007/978-3-319-91554-8_93

Câmara AS, Fernandes MM (2018) O reconhecimento jurídico do Rio Atrato como Sujeito de Direitos: reflexões sobre a mudança de paradigma nas relações entre o ser humano e a natureza. Revista de Estudos e Pesquisas sobre as Américas 12(1): 221–240 https://doi.org/10.21057/10.21057/repamv12n1.2018.27788

Caniglia G, Luederitz C, von Wirth T, Fazey I, Martín-López B, Hondrila K, König A, von Wehrden H, Schäpke NA, Laubichler MD, Lang DJ (2021) A pluralistic and integrated approach to action-oriented knowledge for sustainability. Nat Sustain 4:93–100 https://doi.org/10.1038/s41893-020-00616-z

Cardoso HFV, Garcia S (2009) The not-so-dark ages: Ecology for human growth in medieval and early twentieth century Portugal as inferred from skeletal growth profiles. Am J Phys Anthropol 138:136-147 https://doi.org/10.1002/ajpa.20910

Carlson BM (2007) Principles of Regenerative Biology, 1st ed, Academic Press, Cambridge

Carraro C, Edenhofer O, Flachsland C, Kolstad C, Stavins R, Stowe R (2015) The IPCC at a crossroads: opportunities for reform. Science 350:34–35 https://doi.org/10.1126/science.aac4419

Castell W zu, Lüttge U, Matyssek R (2019) Gaia – a holobiont-like system emerging from interaction. In: In: Wegner LH, Lüttge U (eds) Emergence and Modularity in Life Sciences, Springer, Cham, pp 255–279 https://doi.org/10.1007/978-3-030-06128-9_12

Chandrashekeran S, Sadowski J (2022) Post-capitalist techno-futures: Beyond instrumental utopianism. In: Alexander S, Chandrashekeran S, Gleeson B (eds) Post-Capitalist Futures, Alternatives and Futures: Cultures, Practices, Activism and Utopias, Springer, Singapore, pp 107-116 https://doi.org/10.1007/978-981-16-6530-1_10

Chaplin T, Mooney JEP (2018) Introduction. In: Chaplin T, Mooney JEP (eds) The Global 1960s: Convention, Contest, and Counterculture. Routledge, London, New York

Chardin PT de (1946/2004) The Future of Man. 1st ed, Image Books, New York

Chardin PT de (1955/2008) The Phenomenon of Man. 1st ed, Harper Perennial, New York

Chaucer G (2005) The Canterbury Tales. Amazon Kindle Electronic Edition (edição original: 1390-1400)

Chawla L (2020) Childhood nature connection and constructive hope: A review of research on connecting with nature and coping with environmental loss. People Nat 2:619-642 https://doi.org/10.1002/pan3.10128

Christie I, Gunton RM, Hejnowicz AP (2019) Sustainability and the common good: Catholic Social Teaching and 'Integral Ecology' as contributions to a framework of social values for sustainability transitions. Sustain Sci 14:1343-1354 https://doi.org/10.1007/s11625-019-00691-y

Christou G, Theodorou E, Spyrou S (2022) 'The slow pandemic': youth's climate activism and the stakes for youth movements under Covid-19. Child Geogr https://doi.org/10.1080/14733285.2022.2026885

Claeys G (2013) Utopia: A História de uma Ideia. Edições SESC, São Paulo

Clark B, Foster JB, York R (2007) The critique of intelligent design: Epicurus, Marx, Darwin, and Freud and the materialist defense of science. Theor Soc 36:515–546 https://doi.org/10.1007/s11186-007-9046-9

Clark R, Reed J, Sunderland T 2018 Bridging funding gaps for climate and sustainable development: Pitfalls, progress and potential of private finance. Land Use Pol 71:335-346 https://doi.org/10.1016/j.landusepol.2017.12.013

Clark WC (2007) Sustainability science: a room of its own. Proc Natl Acad Sci 104:1737–1738 https://doi.org/10.1073/pnas.0611291104

Clark WC, Harley AG (2020) Sustainability science: toward a synthesis. Annu Rev Environ Resour 45:331–386 https://doi.org/10.1146/annurev-environ-012420-043621

Cloughton I (2021) Global youth activism on climate change. *Social Work & Policy Studies: Social Justice, Practice* and *Theory* 4(1) https://openjournals.library.sydney.edu.au/index.php/SWPS/article/view/14960

Coates P (1998) Nature: Western Attitudes since Ancient Times, Blackwell, Oxford

Coderoni S (2023) Key policy objectives for European agricultural policies: Some reflections on policy coherence and governance issues. Bio-based Appl Econ, in press https://doi.org/10.36253/bae-13971

Collette D (2014) Pascal, Spinoza and defining Cartesianism. Soc Polit 8:81-99

Colloff MJ, Lavorel S, van Kerkhoff LE, Wyborn CA, Fazey I, Gorddard R, Mace GM, Foden WB, Dunlop M, Prentice IC, Crowley J, Leadley P, Degeorges P (2017) Transforming conservation science and practice for a postnormal world. Conserv Biol 31(5): 1008-1017

Compagnon D, Kramer W (2016) The IPCC experience and lessons for IPBES. In: Hrabanski M, Pesche D (eds) The Intergovernmental Platform on Biodiversity and Ecosystem Services (IPBES). Routledge, London, pp. 119–134

Cook J (2016) Palaeolithic art: Old masters, early cultures. Nature 532:310-311 https://doi.org/10.1038/532310a

Cordoneanu I (2012) Cosmic Christianity in Mircea Eliade's hermeneutics on "Miorita": The possibility of a cognitive perspective on the "sacred" in the traditional Romanian culture. *Procedia Soc Behav Sci* 63:129-135 https://doi.org/10.1016/j.sbspro.2012.10.020

Corlett RT (2015) The Anthropocene concept in ecology and conservation. Trends Ecol Evol 30:36-41 http://dx.doi.org/10.1016/j.tree.2014.10.007

Cornford FM (1932/1966) Before and After Socrates. Cambridge University Press, London, New York

Corral-Verdugo V, Frias-Armenta M, Corral-Frías NS, Lucas MY (2022) A modern framework of wellbeing from the perspective of positive environments. In: Kemp AH, Edwards DJ (eds) Broadening the Scope of Wellbeing Science, Palgrave Macmillan, Cham, pp. 85-102 https://doi.org/10.1007/978-3-031-18329-4_7

Cortés-Ramos A, Torrecilla García JA, Landa-Blanco M, Poleo Gutiérrez FJ, Castilla Mesa MT (2021) Activism and social media: Youth participation and communication. Sustainability 13:10485 https://doi.org/10.3390/su131810485

Coscieme L, Hyldmo HS, Fernández-Llamazares A, Palomo I, Mwampamba TH, Selomane O, Sitas N, Jaureguiberry P, Takahashi Y, Lim M, Barral MP, Farinaci JS, Diaz-Jose J, Ghosh S, Ojino J, Alassaf A, Baatuuwie BN, Balint L, Basher Z, Boeraeve F, Budiharta S, Chen R, Desrousseaux M, Dowo G, Febria C, Ghazi H, Harmačkova ZV, Jaffe R, Kalemba MM, Lambini CK, Lasmana FPS, Mohamed AAA, Niamir A, Pliscoff P, Sabyrbekov R, Shrestha UB, Samakov A, Sidorovich AA, Thompson L, Valle M (2020) Multiple conceptualizations of nature are key to inclusivity and legitimacy in global environmental governance. Environ Sci Policy 104:36–42 https://doi.org/10.1016/j.envsci.2019.10.018

Costa RG (2009) Mestiçagem, racialização e gênero. Sociologias 21:94-120.

Costanza R, Daly L, Fioramonti L, Giovannini E, Kubiszewski I, Mortensen LF, Pickett KE, Ragnarsdottir KV, De Vogli R,Wilkinson R (2016) Modelling and measuring sustainable wellbeing in connection with the UN sustainable development goals. Ecol Econ 130:350–355 https://doi.org/10.1016/j.ecolecon.2016.07.009

Creutzig F, Franzen M, Moeckel R, Heinrichs D, Nagel K, Nieland S, Weisz H (2019). Leveraging digitalization for sustainability in urban transport. Global Sustainability 2(e14):1–6 https://doi.org/10.1017/sus.2019.11

Croissant JL (2014) Agnotology: ignorance and absence or towards a sociology of things that aren't there, Social Epistemology 28(1):4-25 http://dx.doi.org/10.1080/02691728.2013.862880

Crook M, Short D (2020) Developmentalism and the genocide–ecocide nexus. J Genocide Res 23(2):162–188 https://doi.org/10.1080/14623528.2020.1853914

Crowell S (2013) Normativity and Phenomenology on Husserl and Heidegger. Cambridge University Press, Cambridge

Crutzen PJ (2002) Geology of mankind. Nature 415: 23. https://doi.org/10.1038/415023a

Crutzen PJ, Stoermer EF (2000) The "Anthropocene". IGBP Global Change Newsletter 41:17–18.

Cunliffe A, Aguiar AC, Góes V, Carreira F (2020) Radical-reflexivity and transdisciplinarity as paths to developing Responsible Management Education. In: Moosmayer DC, Laasch O, Parkes C, Brown KG (eds) The SAGE Handbook of Responsible Management Learning and Education, SAGE Publishing, London, pp 298-314

Curchin K (2019) Economic hybridity in remote Indigenous Australia as development alterity. In: Klein E, Morreo CE (eds) Postdevelopment in Practice: Alternatives, Economies, Ontologies, Routledge, London, New York, pp 163-175

Dasgupta P (2021) The Economics of Biodiversity: The Dasgupta Review. HM Treasury, London.

Dauvergne P (2009) Historical Dictionary of Environmentalism. Scarecrow Press, Plymouth, UK

Deleuze G, Guattari F (1991/1994) What is Philosophy? Columbia University Press, New York

Demirci F (2012) Socrates: the prophet of life-long learning. Procedia Soc Behav Sci 46:4481–4486

Descartes R (1641/2022) Meditations on First Philosophy. eCampus Ontario Public Domain Core Collection, Toronto

Dhar A, Chakrabarti A (2019) Praxis in world of the third contexts. Beyond third worldism and development studies. In: Klein E, Morreo CE (eds) Postdevelopment in Practice: Alternatives, Economies, Ontologies. Routledge, London, New York, pp 84-99

Dhillon N, Lim J (2016) Socrates – the Father of Ethics and Inquiry. Rosen Publishing, New York

Dhiman S, Marques J, eds (2016) Spirituality and Sustainability: New Horizons and Exemplary Approaches. Springer, Switzerland https://doi.org/10.1007/978-3-319-34235-1

Di Marco M, Butchart SHM, Visconti P, Buchanan GM, Ficetola GF, Rondinini C (2015) Synergies and trade-offs in achieving global biodiversity targets. Conserv Biol 30(1):189-195 https://doi.org/10.1111/cobi.12559

Dinerstein E, Scarano FR, Chaudhary P, Mittermeier RA, Gascon C, Rajaobelina L, Supriatna J, Silva JMC da, Rodriguez CM, Zhi L, Brandon K (2007) Global and local conservation priorities. Science 318:1377-1382

Dingler J (2005) The discursive nature of nature: Towards a post-modern concept of nature. J Environ Policy Plan 7(3):209-225 https://doi.org/10.1080/15239080500339679

Döll P, Romero-Lankao P (2017) How to embrace uncertainty in participatory climate change risk management–A roadmap. Earth's Future 5:18–36 https://doi.org/10.1002/2016EF000411

Doni F, Johannsdottir L (2020) Environmental Social and Governance (ESG) ratings. In: Leal Filho W, Azul AM, Brandli L, Özuyar PG, Wall T (eds) Climate Action. Springer, Cham, 435-449 https://doi.org/10.1007/978-3-319-95885-9

Dragomir VD (2018) How do we measure corporate environmental performance? A critical review. J Clean Prod 196:1124e1157 https://doi.org/10.1016/j.jclepro.2018.06.014

Druckman JN, McGrath MC (2019) The evidence for motivated reasoning in climate change preference formation. Nat Clim Change 9:111-119 https://doi.org/10.1038/s41558-018-0360-1

Ducarme F, Flipo F, Couvet D (2020) How the diversity of human concepts of nature affects conservation of biodiversity. Conserv Biol 35(3):1019–1028 https://doi.org/10.1111/cobi.13639

Duff H, Vignoles VL, Becker M, Milfont TL (2022) Self-construals and environmental values in 55 cultures. J Environ Psychol 79:101722 https://doi.org/10.1016/j.jenvp.2021.101722

Duque-Grisales E, Aguilera-Caracuel J (2021) Environmental, Social and Governance (ESG) scores and financial performance of multilatinas: Moderating effects of geographic international diversification and financial slack. J Bus Ethics 168:315–334 https://doi.org/10.1007/s10551-019-04177-w

Duschinsky R (2012) Tabula rasa and human nature. Philos 87(4):509-529 https://doi.org/10.1017/S0031819112000393

Edmondson DL, Kern F, Rogge KS (2019) The co-evolution of policy mixes and socio-technical systems: Towards a conceptual framework of policy mix feedback in sustainability transitions. Res Policy 48(10):103555 https://doi.org/10.1016/j.respol.2018.03.010

Eide E, Kunelius R (2021) Voices of a generation the communicative power of youth activism. Climatic Change 169:6 https://doi.org/10.1007/s10584-021-03211-z

Eliade M (1957/2019) O Sagrado e o Profano. 4a ed, Martins Fontes, São Paulo.

Elhacham E, Ben-Uri L, Grozovski J, Bar-On YM, Milo R (2020) Global human-made mass exceeds all living biomass. Nature 588:442–444 https://doi.org/10.1038/s41586-020-3010-5

Eliade M (1957/2019) O Sagrado e o Profano. WMF Martins Fontes, São Paulo

Eliade M (1976/2010) História das Crenças e das Ideias Religiosas. Volume I: Da Idade da Pedra aos Mistérios de Elêusis. Zahar, Rio de Janeiro

Elliott AS, Sánchez Alvarado A (2018) Planarians and the history of animal regeneration: Paradigm shifts and key concepts in Biology. In Rink JC (ed), Planarian Regeneration: Methods and Protocols, Springer, Humana Press, New York https://doi.org/10.1007/978-1-4939-7802-1_4

Emerson RW (1836/2009) A Natureza. In: Emerson RW (ed) A Confiança em Si, A Natureza e Outros Ensaios. Relógio D'Água Editores, Lisboa.

Engel J (2019) An addiction to capitalism: A rhetorical criticism of mainstream environmentalism. IdeaFest: Interdisciplinary Journal of Creative Works and Research from Humboldt State University 3:68–76

Ericson T, Kjønstad BG, Barstad A (2014) Mindfulness and sustainability. Ecol Econ 104:73-79

Ernst A (2019) Review of factors influencing social learning within participatory environmental governance. Ecol Soc 24 (1):3 https://doi.org/10.5751/ES-10599-240103

Esbjörn-Hargens S, Zimmerman ME (2017) An overview of Integral Ecology: a comprehensive approach to today's complex planetary issues. In: Mickey S, Kelly S, Robert A (eds) A Variety of Integral Ecologies. Suny Press, Albany, pp 55-80

Escobar A (2015) Degrowth, postdevelopment, and transitions: a preliminary conversation. Sustain Sci 10:451–462 https://doi.org/10.1007/s11625-015-0297-5

Eskelinen T (2021) Interpreting the Sustainable Development Goals through the perspectives of utopia and governance. Forum Dev Stud 48(2):179–197 https://doi.org/10.1080/08039410.2020.1867889

European Commission (2019) A European Green Deal. Disponível em https://ec.europa.eu/info/strategy/priorities-2019-2024/european-green-deal_pt (Acessado em 10/agosto/2021)

Evans JM (1996) Milton's Imperial Epic: Paradise Lost and the Discourse of Colonialism. Cornell University Press, Ithaca

Ezeudu OB, Agunwamba JC, Ezeudu TS, Ugochukwu UC, Ezeasor IC (2021) Natural leaf-type as food packaging material for traditional food in Nigeria: sustainability aspects and theoretical circular economy solutions. *Environ Sci Pollut Res* 28:8833–8843 https://doi.org/10.1007/s11356-020-11268-z

Facer K, Sriprakash A (2021) Provincialising futures literacy: A caution against codification. Futures 133:102807 https://doi.org/10.1016/j.futures.2021.102807

Fagerberg J (2018) Mobilizing innovation for sustainability transitions: A comment on transformative innovation policy. Res Policy 47:1568-1576

Fanzini D, Rotaru I, Bergamini I (2019) Anticipation in built environment design. In Poli R (ed) Handbook of Anticipation. Springer Nature, Cham, pp 1349-1375 https://doi.org/10.1007/978-3-319-91554-8_44

Federici S (2018) Witches, Witch-Hunting, and Women. PL Press, Oakland

Fernández-Aballí A (2020) The importance of Paulo Freire to communication for development and social change. In: Servaes J (eds) Handbook of Communication for Development and Social Change. Springer, Singapore, pp 309-327 https://doi.org/10.1007/978-981-15-2014-3_76

Ferrando F (2013) Posthumanism, transhumanism, antihumanism, metahumanism, and new materialisms: differences and relations. Existenz 8(2):26-32

Fischer D, Lüdecke G, Godemann J, Michelsen G, Newig J, Rieckmann M, Schulz D (2016) Sustainability communication. In: Heinrichs H, Martens P, Michelsen G, Wiek A (eds) Sustainability Science. An Introduction. Springer, Dordrecht, pp 139–148 https://doi.org/10.1007/978-94-017-7242-6_12

Fischer D, Böhme T, Geiger SM (2017) Measuring Young Consumers' Sustainable Consumption Behavior: Development and validation of the YCSCB scale. Young Consum 18(3):312-326 https://doi.org/10.1108/YC-03-2017-00671

Fitzpatrick N, Parrique T, Cosme I (2022) Exploring degrowth policy proposals: A systematic mapping with thematic synthesis. J Clean Prod 365:132764 https://doi.org/10.1016/j.jclepro.2022.132764

Flanagan K, Uyarra E, Laranja M (2011) Reconceptualising the policy mix for innovation. Res Policy 40(5):702–713 https://doi.org/10.1016/j.respol.2011.02.005

Folke C, Biggs R, Norström AV, Reyers B, Rockström J (2016) Social-ecological resilience and biosphere-based sustainability science. Ecol Soc 21(3):41 http://dx.doi.org/10.5751/ES-08748-210341

Folke C, Polasky S, Rockström J, Galaz V, Westley F, Lamont M, Scheffer M, Österblom H, Carpenter SR, Chapin FS III, Seto KC, Weber EU, Crona BI, Daily GC, Dasgupta P, Gaffney O, Gordon LJ, Hoff H, Levin SA, Lubchenco J, Steffen W, Walker BH (2021) Our future in the Anthropocene biosphere. Ambio 50:834–869 https://doi.org/10.1007/s13280-021-01544-8

Förster (2020) Book Review: Francesca Ferrando (2019): Philosophical Posthumanism. Theory in the New Humanities. AI Soc 35:1079–1081

Forsyth M (2016) The regulation of witchcraft and sorcery practices and beliefs. Annu Rev Law Soc Sci 12:331-351 https://doi.org/10.1146/annurev-lawsocsci-110615-084600

Foss EM, Hydle I (2017) Youth as architects of peace? Street mediation at the Norwegian Red Cross and Other National Red Cross Unions. In: Bastien S, Holmarsdottir HB (eds) Youth as Architects of Social Change, Palgrave Macmillan, Cham, pp 301-337 https://doi.org/10.1007/978-3-319-66275-6_12

Foster JB (2020) The Return of Nature: Socialism and Ecology. Monthly Review Press, New York

Foucault M (1980) Power/Knowledge: Selected Interviews and Other Writings. Pantheon Books, New York

Frainer A, Mustonen T, Hugu S, Andreevae T, Arttijeff E-M, Arttijeff I-S, Brizoela F, Coelho-de-Souza G, Printes RB, Prokhorova E, Sambou S, Scherer A, Shadrin V, Pecl G (2020) Cultural and linguistic diversities are underappreciated pillars of biodiversity. *Proc Natl Acad Sci USA* 117:26539-26543 https://doi.org/10.1073/pnas.2019469117

Francisco I, Papa (2015) Laudato Sí – On Care for Our Common Home, Encyclical Letter, Libreria Edittrice Vaticana, Vatican

Franck G (2019) The economy of attention. J Sociol 55(1):8-19 https://doi.org/10.1177/1440783318811778

Fraser JA, Frausin V, Jarvis A (2015)An intergenerational transmission of sustainability? Ancestral habitus and food production in a traditional agro-ecosystem of the Upper Guinea Forest, West Africa. Glob Environ Change 31:226–238 http://dx.doi.org/10.1016/j.gloenvcha.2015.01.013

Frei Betto (2014) Espiritualidade e religião. O Globo https://oglobo.globo.com/ sociedade/espiritualidade-religiao-12415633

Freire LM, Figueiredo TF, Mejía-Cáceres MA, Braz FL, Espinet M (2022) Constructing non--hegemonic views of sustainability in science teacher education: A case study on university-school collaboration in Brazil. In: Öztürk M (ed) Educational Response, Inclusion and Empowerment for SDGs in Emerging Economies: How do Education Systems Contribute to raise global citizens? Springer, Cham, pp 83-103 https://doi.org/10.1007/978-3-031-07191-1_6

Freire P (1970/2013) Pedagogia do Oprimido. Paz e Terra, São Paulo.

Freire P (1992) Pedagogia da Esperança: Um Reencontro com a Pedagogia do Oprimido. Paz e Terra, Rio de Janeiro.

Friedman J, York H, Graetz N, Woyczynski L, Whisnant J, Hay SI, Gakidou E (2020) Measuring and forecasting progress towards the education-related SDG targets. Nature 580:636-639 https://doi.org/10.1038/s41586-020-2198-8

Fritz DW, Strong DS, Bryant JT (2011) Ancestral engineering: Towards the integration of archaeology and engineering. Proceedings of the Canadian Engineering Education Association (CEEA) https://doi.org/10.24908/pceea.v0i0.3772

Fry T (2019) Design futuring in a borderland of postdevelopment. In: Klein E, Morreo CE (eds) Postdevelopment in Practice: Alternatives, Economies, Ontologies, Routledge, London, New York, pp 294-305

Fuller S, Lipiska V (2011) The Proactionary Imperative: A Foundation for Transhumanism. Palgrave MacMillan, Hampshire

Funtowicz SO, Ravetz JR (1991) A new scientific methodology for global environmental issues. In: Costanza R (ed), The Ecological Economics: The Science and Management of Sustainability, Columbia University Press, New York, pp. 137–152

Funtowicz SO, Ravetz JR (1993) Science for the post-normal age. Futures 25:739–755.

Gabay C, Ilcan S (2017) The affective politics of the Sustainable Development Goals: Partnership, capacity-building, and big data. Globalizations 14(3):468-485 https://doi.org/10.1080/14747731.2017.1286167

Garcia AS, Orsato RJ (2020) Testing the institutional difference hypothesis: A study about environmental, social, governance, and financial performance. Bus Strat Env 29(8):3261-3272 https://doi.org/10.1002/bse.2570

Garcia LC, Ribeiro DB, Oliveira Roque F de, Ochoa-Quintero JM, Laurance WF (2017) Brazil's worst mining disaster: corporations must be compelled to pay the actual environmental costs. Ecol Appl 27:5–9 https://doi.org/10.1002/eap.1461

Gare AE (1995) Postmodernism and the Environmental Crisis. Routledge, London

Garren SJ, Brinkmann R (2018) Sustainability definitions, historical context, and frameworks. In: Brinkmann R, Garren SJ (eds) The Palgrave Handbook of Sustainability. Palgrave Macmillan, Cham, pp. 1–18 https://doi.org/10.1007/978-3-319-71389-2_1

Garver (2019) A systems-based tool for transitioning to law for a mutually enhancing human--Earth relationship. Ecol Econ 157: 165–174 https://doi.org/10.1016/j.ecolecon.2018.09.022

Gaukroger S (2006) The Emergence of a Scientific Culture. Clarendon Press, Oxford

Geels FW (2010) Ontologies, socio-technical transitions (to sustainability), and the multi-level perspective. Res Policy 39:495–510 https://doi.org/10.1016/j.respol.2010.01.022

Geiger SM, Fischer D, Schrader U (2018) Measuring what matters in sustainable consumption: An integrative framework for the selection of relevant behaviors. Sust Dev 26:18–33 https://doi.org/10.1002/sd.1688

Geiger SM, Grossman P, Schrader U (2019) Mindfulness and sustainability: correlation or causation? Curr Opin Psychol 28:23–27 https://doi.org/10.1016/j.copsyc.2018.09.010

Gerhardt V (2016) Culture as a form of nature. In: Haidle MN, Conard NJ, Bolus M (eds) The Nature of Culture, Springer, Dordrecht, pp. 19–25 https://doi.org/10.1007/978-94-017-7426-0_3

George G, Merrill RK, Schillebeeckx SJD (2021) Digital sustainability and entrepreneurship: How digital innovations are helping tackle climate change and sustainable development. Entrep Theory Pract 45(5):999–1027 https://doi.org/10.1177/1042258719899425

German A (2017) Is Socrates free? The Theaetetus as case study. Br J Hist Philos http://dx.doi.org/10.1080/09608788.2017.1320970

Gerstenberger D (2013) Gilberto Freyre: um teórico da globalização? Hist Cienc Saúde Manguinhos 21(1):1-10 https://doi.org/10.1590/S0104-59702013005000015

Ghazoul F (1983) Poetic logic in the Panchatantra and the Arabian Nights. Arab Stud Q 5:13-21

Ghisellini P, Cialani C, Ulgiati S (2016) A review on circular economy: The expected transition to a balanced interplay of environmental and economic systems. J Clean Prod 114:11–32 https://doi.org/10.1016/j.jclepro.2015.09.007

Giacomini T, Turner T, Isla A, Brownhill L (2018) Ecofeminism against capitalism and for the commons. Capit Nat Soc 29(1):1–6 https://doi.org/10.1080/10455752.2018.1429221

Gibbons LV (2020) Regenerative – the new sustainable? Sustainability 12:5483 https://doi.org/10.3390/su12135483

Gilbert J, Lennox C (2019) Towards new development paradigms: the United Nations Declaration on the Rights of Indigenous Peoples as a tool to support self-determined development. Int J Hum Rights 23(1-2):104-124 https://doi.org/10.1080/13642987.2018.1562921

Gilleard C (2017) Regeneration, restoration and resurrection: scholastic inquiries into the nature of bodily growth and decay. Palgrave Commun 3:26 https://doi.org/10.1057/s41599-017-0026-z

Gillson L, Biggs H, Smit IPJ, Virah-Sawmy M, Rogers K (2019) Finding common ground between adaptive management and evidence-based approaches to biodiversity conservation. Trends Ecol Evol 34(1):31-44 https://doi.org/10.1016/j.tree.2018.10.0033

Gioda A, Tonietto GB, Ponce de Leon A (2019) Exposure to the use of firewood for cooking in Brazil and its relation with the health problems of the population. Cien Saude Colet 24(8):3079-3088 https://doi.org/10.1590/1413-81232018248.23492017

Godemann, Michelsen (2011) Sustainability communication – an introduction. Godemann J, Michelsen G (eds) Sustainability Communication: Interdisciplinary Perspectives and Theoretical Foundations, Springer, Dordrecht, pp 3-11 https://doi.org/10.1007/978-94-007-1697-1_1

Goldman SL (2021) Science Wars: The Battle Over Knowledge and Reality. Oxford University Press, Oxford

Gonzalez L (1984) Racismo e sexismo na cultura brasileira. Revista Ciências Sociais Hoje Anpocs 2:223-244

Gorenflo LJ, Romaine S, Mittermeier RA, Walker-Painemilla K (2012) Co-occurrence of linguistic and biological diversity in biodiversity hotspots and high biodiversity wilderness areas. *Proc Natl Acad Sci USA* 109:8032-8037 https://doi.org/10.1073/pnas.1117511109

Gorenflo LJ, Romaine S, Musinsky S, Denil M, Mittermeier RA (2014) Linguistic and Biological Diversity: Identifying Integrative Opportunities for Conservation. Conservation International, Arlington

Gould JG (2002) The Structure of Evolutionary Theory. Harvard University Press, Cambridge

Gower BS (1992/2019) Introduction. In: Gower BS, Stokes MC (eds), Socratic Questions: New Essays on the Philosophy of Socrates and its Significance. Routledge, London, New York

Gradinaru G (2014) A business perspective of a natural capital restoration. Procedia Econ Financ 10:97–103 https://doi.org/10.1016/S2212-5671(14)00282-2

Gramsci A (1932/2001). Cadernos do Cárcere, vol. 2, Caderno 12, 2nd ed (Civilização Brasileira, Rio de Janeiro)

Grant IH (2006) Philosophies of Nature After Schelling. Continuum, London

Gray J (2007) Black mass: apocalyptic religion and the death of Utopia. Penguin Books, London

Green Anarchist (2003) The Malleus Maleficarum – The Hammer of Witches: a review. Green Anarchist 70:1-9

Griggs D, Stafford-Smith M, Gaffney O, et al. (2013). Sustainable development goals for people and planet. Nature 495:305–307

Grinevald J, Rispoli G (2018) Vladimir Vernadsky and the coevolution of the biosphere, the noosphere, and the technosphere. Technosphere Magazine 20.

Griskevicius V, Cantú SM, van Vugt M (2012) The evolutionary bases for sustainable behavior: Implications for marketing, policy, and social entrepreneurship. J Public Policy Mark 31(1):115-128

Groom MJ, Meffe GK, Carroll CR (2006) Principles of Conservation Biology, 3rd ed, Sinauer Associates, Sunderland

Grudin MP, Grudin R (2012) Boccaccio's Decameron and the Ciceronian Renaissance. Palgrave MacMillan, New York

Gruen RL, Elliott JH, Nolan ML, Lawton PD, Parkhill A, McLaren CJ, Lavis JN (2008) Sustainability science: an integrated approach for health-programme planning. Lancet 372:1579–1589 https://doi.org/10.1016/S0140-6736(08)61659-1

Guarini G, Oreiro JL (2022) An ecological view of New Developmentalism: a proposal of integration. Braz J Polit Econ 42(1): 244–255 http://dx.doi.org/10.1590/0101-31572022-3310

Guattari F (1989/2000) The Three Ecologies. Athlone Press, London

Guandalini I (2022) Sustainability through digital transformation: A systematic literature review for research guidance. J Bus Res 148:456-471 https://doi.org/10.1016/j.jbusres.2022.05.003

Guillaume B (2014) Vernadsky's philosophical legacy: A perspective from the Anthropocene. Anthr Rev 1(2):137-146 https://doi.org/10.1177/2053019614530874

Gümüsay AA, Reinecke J (2022) Researching for desirable futures: From real utopias to imagining alternatives. J Manag Stud 59(1):236-242 https://doi.org/10.1111/joms.12709

Gustafson A, Pace A, Singh S, Goldberg MH (2022) What do people say is the most important reason to protect nature? An analysis of pro-environmental motives across 11 countries. J Environ Psychol 80:101762 https://doi.org/10.1016/j.jenvp.2022.101762

Gustafsson KM, Lidskog R (2018) Boundary organizations and environmental governance: performance, institutional design, and conceptual development. Clim Risk Manag 19:1–11 https://doi.org/10.1016/j.crm.2017.11.001

Haggström M, Schmidt C (2021) Futures literacy – To belong, participate and act! An Educational perspective. Futures 132:102813 https://doi.org/10.1016/j.futures.2021.102813

Haila Y (2000) Beyond the nature-culture dualism. Biol Philos 15:155–175

Halkos G, Gkampoura E-C (2021) Where do we stand on the 17 Sustainable Development Goals? An overview on progress. Econ Anal Policy 70:94–122 https://doi.org/10.1016/j.eap.2021.02.001

Halvorsen T (2017) The sustainable development goals, knowledge production and the global struggle over values. In: Halvorsen T, Ibsen H, Evans H-C, Penderis S (eds) Knowledge for justice: critical perspectives from Southern African-nordic research partnerships. African Minds and Sanord, Cape Town, pp 13–36

Han H, Ahn SW (2020) Youth mobilization to stop global climate change: Narratives and impact. Sustainability 12: 4127 https://doi.org/10.3390/su12104127

Haraway D (2015) Anthropocene, Capitalocene, Plantationocene, Chthulucene: making kin. Environ Humanit 6:159-165

Harvey G (2013) Introduction. In: Harvey G (ed) The Handbook of Contemporary Animism, Routledge, New York, pp 1-14

Hauk M (2015) Dreams of Earth: Earth dreaming as eco-resilience practice for the long emergency. Ecopsychology 7(4):258-264 https://doi.org/10.1089/eco.2015.0039

Heidegger M (1927/2012) Ser e Tempo, Editora Vozes e Editora Unicamp, Petrópolis e Campinas

Heidegger M (1949/1977) The Question Concerning Technology (and Other Essays). Harper & Row, New York

Heidegger M (1952/1976) What is Called Thinking? Harper Perennial, New York

Heink U, Marquard E, Heubach K, Jax K, Kugel C, Neßhöver C, Neumann RK, Paulsch A, Tilch S, Timaeus J, Vandewalle M (2015) Conceptualizing credibility, relevance and legitimacy for evaluating the effectiveness of science–policy interfaces: challenges and opportunities. Sci. Public Policy 42:678-689 https://doi.org/10.1093/scipol/scu082

Helkkula A, Arnould EJ (2022) Using neo-animism to revisit actors for Sustainable Development Goals (SDGs) in S-D logic. J Bus Res 149:860–868 https://doi.org/10.1016/j.jbusres.2022.05.031

Hensley N (2020) Educating for sustainable development: cultivating creativity through mindfulness. J Clean Prod 243:118542 https://doi.org/10.1016/j.jclepro.2019.118542

Heras-Saizarbitoria I, Urbieta L, Boiral O (2022) Organizations' engagement with sustainable development goals: From cherry-picking to SDG-washing? Corp Soc Responsib Environ Manag 29:316–328 https://doi.org/10.1002/csr.2202

Hesse H (1904/2019) Francisco de Assis. Editora Record, Rio de Janeiro, São Paulo

Hickel J (2017) Is global inequality getting better or worse? A critique of the World Bank's convergence narrative. Third World Quarterly http://dx.doi.org/10.1080/01436597.2017.1333414

Hidalgo-Capitán AL, García-Álvarez S, Cubillo-Guevara AP, Medina-Carranco N (2019) Los Objetivos del Buen Vivir. Una propuesta alternativa a los Objetivos de Desarrollo Sostenible. Iberoam J Dev Stud 8(1):6-57 https://doi.org/10.26754/ojs_ried/ijds.354

Himes A, Muraca B (2018) Relational values: the key to pluralistic valuation of ecosystem services. Curr Opin Environ Sustain 35:1–7 https://doi.org/10.1016/j.cosust.2018.09.005

Hitzhusen GE, Tucker ME (2013) The potential of religion for Earth Stewardship. Front Ecol Environ 11(7):368–376 https://doi.org/10.1890/120322

Hoefle SW (2009) Enchanted (and disenchanted) Amazonia: Environmental ethics and cultural identity in Northern Brazil. Ethics Place Environ 12:107–130 https://doi.org/10.1080/13668790902753112

Holden E, Linnerud K, Banister D (2017) The imperatives of sustainable development. Sustain Dev 25(3):213-226 https://doi.org/10.1002/sd.1647

Holmes OW (2013) Competing concepts of the cosmos in the sixteenth and seventeenth centuries. In: Tymieniecka A-T (ed), Phenomenology and the Human Positioning in the Cosmos: The Life-world, Nature, Earth: Book One, Analecta Husserliana 113, Springer, Dordrecht, pp 21-65 https://doi.org/10.1007/978-94-007-4801-9_3

Hölscher K, Wittmayer JM, Loorbach D (2018) Transition versus transformation: What's the difference? Environ Innov Soc Transit 27:1-3

Horlings LG (2015) The inner dimension of sustainability: personal and cultural values. Curr Opin Environ Sustain 14:163–169 https://doi.org/10.1016/j.cosust.2015.06.006

Hornborg A (2015) The political ecology of the Technocene. In Hamilton C, Gemenne F, Bonneuil C (eds) The Anthropocene and the Global Environmental Crisis. Routledge, London, pp. 57-69

Horrocks C (2002) Introduction. In: Appignanesi R (ed) Postmodernism and Big Science. Icon Books, Cambridge, pp 5-10

Horton P, Horton BP (2019) Re-defining sustainability: Living in harmony with life on Earth. One Earth 1:86-94 https://doi.org/10.1016/j.oneear.2019.08.019

Hughes JD (1983) How the ancients viewed deforestation. J Field Archaeo 10:437-445

Hughes JD (1985) Theophrastus as ecologist. Environ Rev 9(4):296-306

Hughes JD (2014) Environmental Problems of the Greeks and Romans: Ecology in Ancient Mediterranean, 2nd ed, John Hopkins University Press, Baltimore

Hume D (1757/2005) História Natural da Religião. Editora Unesp, São Paulo

Husserl E (1921/1988) Investigações Lógicas: Sexta Investigação. Nova Cultural, São Paulo

Icaza R, Vázquez R (2016) The coloniality of gender as a radical critique of developmentalism. In: Harcourt W (eds) The Palgrave Handbook of Gender and Development. Palgrave Macmillan, London https://doi.org/10.1007/978-1-137-38273-3_5

ICOM (2022) Museum Definition. Internacional Council of Museums. Available at https://icom.museum/en/resources/standards-guidelines/museum-definition/ Accessed in June 8th 2023

Ika Muru AMM, Quinet A (2014) Una Isĩ Kayawa – O Livro da Cura do Povo Huní Kuĩ do Rio Jordão. Dantes Editora, Rio de Janeiro

Ikerd (2016) The spiritual roots of economic sustainability. In: Dhiman S, Marques J (eds), Spirituality and Sustainability: New Horizons and Exemplary Approaches, Springer, Switzerland, pp 105-120 https://doi.org/10.1007/978-3-319-34235-1_7

IPBES (2019) Summary for policymakers. In: Díaz S, Settele J, Brondízio ES, Ngo HT, Guèze M, Agard J, Arneth A, Balvanera P, Brauman KA, Butchart SHM, Chan KMA, Garibaldi LA, Ichii K, Liu J, Subramanian SM, Midgley GF, Miloslavich P, Molnár Z, Obura D, Pfaff A, Polasky S, Purvis A, Razzaque J, Reyers B, Roy Chowdhury R, Shin YJ, Visseren-Hamakers IJ, Willis KJ, Zayas CN (eds) The Global Assessment Report on Biodiversity and Ecosystem Services of the Intergovernmental Science-Policy Platform on Biodiversity and Ecosystem Services. IPBES secretariat, Bonn, Germany

IPBES (2022) Summary for policymakers of the methodological assessment of the diverse values and valuation of nature of the Intergovernmental Science-Policy Platform on Biodiversity and Ecosystem Services. Pascual U, Balvanera P, Christie M, Baptiste B, González--Jiménez D, Anderson CB, Athayde S, Chaplin-Kramer R, Jacobs S, Kelemen E, Kumar R,

Lazos E, Martin A, Mwampamba TH, Nakangu B, O'Farrell P, Raymond CM, Subramanian SM, Termansen M, Van Noordwijk M, Vatn A (eds) IPBES Secretariat, Bonn, https://doi.org/10.5281/zenodo.6522392

IPCC (2013) Climate Change 2013: The Physical Science Basis. Contribution of Working Group I to the Fifth Assessment Report of the Intergovernmental Panel on Climate Change. Cambridge University Press, Cambridge.

IPCC (2014a) Climate Change 2014: Impacts, Adaptation, and Vulnerability. Part A: Global and sectoral aspects. Contribution of Working Group II to the Fifth Assessment Report of the Intergovernmental Panel on Climate Change. Cambridge University Press, Cambridge

IPCC (2014b) Summary for policymakers. In Field CB, Barros VR, Dokken DJ, Mach KJ, Mastrandrea MD, Bilir TE, Chatterjee M, Ebi KL, Estrada YO, Genova RC, Girma B, Kissel ES, Levy AN, MacCracken S, Mastrandrea PR, White LL (eds) Climate Change 2014: Impacts, Adaptation, and Vulnerability. Part A: Global and Sectoral Aspects. Contribution of Working Group II to the Fifth Assessment Report of the Intergovernmental Panel on Climate Change. Cambridge University Press, Cambridge, pp. 1-32

IPCC (2021) Summary for policymakers. In: MassonDelmotte V, Zhai P, Pirani A, Connors SL, Péan C, Berger S, Caud N, Chen Y, Goldfarb L, Gomis MI, Huang M, Leitzell K, Lonnoy E, Matthews JBR, Maycock TK, Waterfield T, Yelekçi O, Yu R, Zhou B (eds) Climate Change 2021: The Physical Science Basis. Contribution of Working Group I to the Sixth Assessment Report of the Intergovernmental Panel on Climate Change. Cambridge University Press.

IRP (2021) Building Biodiversity: The Natural Resource Management Approach (Potočnik J, Teixeira I, eds) International Resource Panel, United Nations Environment Program, Paris, France.

Ismail TNT, Yusof MIM, Rahman FAA, Harsono D (2022) Youth and their knowledge on the Sustainable Development Goals (SDGs). Environ-Behav Proc J 7(19):329-335 https://doi.org/10.21834/ebpj.v7i19.3240

Ives CD, Freeth R, Fischer J (2020) Inside-out sustainability: The neglect of inner worlds. Ambio 49:208–217 https://doi.org/10.1007/s13280-019-01187-w

Ives CD, Kidwell J (2019) Religion and social values for sustainability. Sustain Sci 14:1355–1362 https://doi.org/10.1007/s11625-019-00657-0

Jacobsen MH (2012) Liquid modern 'utopia' – Zygmunt Bauman on the transformation of utopia. In: Jacobsen MH, Tester K (ed) Utopia: Social Theory and the Future. Ashgate, Surrey, pp 69-96

Jacoby R (2020) On Diversity. Seven Stories Press, New York

Jahn T, Bergmann M, Keil F (2012) Transdisciplinarity: between mainstreaming and marginalization. Ecol Econ 79:1–10 https://doi.org/10.1016/j.ecolecon.2012.04.017

Jaques C, Islar M, Lord G (2019) Post-truth: hegemony on social media and implications for sustainability communication. Sustainability 11:2120 https://doi.org/10.3390/su11072120

Jaster D (2022) Pragmatic utopianism: from place to process. Int J Politics Cult Soc 35:545-565 https://doi.org/10.1007/s10767-021-09409-4

Jatobá SUS, Cidade LCF, Vargas GM (2009) Ecologismo, ambientalismo e ecologia política: diferentes visões da sustentabilidade e do território. Sociedade e Estado 24(1):47-87

Jenkins W (2003) Biodiversity and salvation: Thomistic roots for environmental ethics. J Relig 83:401–420 https://doi.org/10.1086/491340

Jenkins W, Berry E, Kreider LB (2018) Religion and climate change. Annu Rev Environ Resour 43:85–108 https://doi.org/10.1146/annurev-environ-102017-025855

Jerneck A, Olsson L, Ness B, Anderberg S, Baier M, Clark E, Hickler T, Hornborg A, Kronsell A, Lövbrand E, Persson J (2011) Structuring sustainability science. Sustain Sci 6:69–82 https://doi.org/10.1007/s11625-010-0117-x

Johnson AR (2020) Extending the concept of wilderness beyond planet Earth. Ethics Environ 25(1): 69–83 https://doi.org/10.2979/ethicsenviro.25.1.06

Johnston LF (2013) Religion and Sustainability: Social Movements and the Politics of the Environment. Equinox Publishing, Sheffield

Johnston P, Everard M, Santillo D, Robèrt K-H (2007) Reclaiming the definition of sustainability. Env Sci Pollut Res 14(1):60–66 https://doi.org/10.1065/espr2007.01.375

Jonas H (1979) Das Prinzip Verantwortung. Versuch einer Ethik für die technologische Zivilisation. Insel Verlag, Frankfurt.

Jonas H (2017) Tecnologia e responsabilidade: reflexões sobre as novas tarefas da ética. In: Jonas H (ed) Ensaios Filosóficos: Da Crença Antiga ao Homem Tecnológico (Portuguese translation by Lopes WES). Editora Paulus, São Paulo, pp 23–49

Juhola S, Glaas E, Linnér B-O, Neset T-S (2016) Redefining maladaptation. Environ Sci Policy 55:135–140 https://doi.org/10.1016/j.envsci.2015.09.014

Jung CG (1976/2019) Os Arquétipos e o Inconsciente Coletivo. 11st ed, Editora Vozes, Petrópolis

Kabat-Zinn J (2018) Dialogues and discussion. Mindfulness 10:1190–1191 https://doi.org/10.1007/s12671-019-01151-5

Kahn CH (2013) Plato and the Post-Socratic Dialogue – The Return to the Philosophy of Nature. Cambridge University Press, Cambridge

Kahn KB (2018) Understanding innovation. Bus Horiz 61:453-460 https://doi.org/10.1016/j.bushor.2018.01.011

Kajikawa Y (2008) Research core and framework of sustainability science. Sustainability Science 3:215–239 https://doi.org/10.1007/s11625-008-0053-1

Kalland A (2003) Environmental images of the other. In: Selin H (ed) Nature Across Cultures: Views of Nature and the Environment in Non-Western Cultures, Kluwer Academic Publishers, pp 1–17

Kamau M, Chase P, O'Connor D (2018) Transforming Multilateral Diplomacy: The Inside Story of the Sustainable Development Goals. Routledge, London, New York

Kanger L, Schot J (2019) Deep transitions: Theorizing the long-term patterns of sociotechnical change. Environ Innov Soc Transit 32:7-21 https://doi.org/10.1016/j.eist.2018.07.006

Kaplan R, Kaplan S (2002) Adolescents and the natural environment: A time out? In: Kahn PH Jr, Kellert SR (eds) Children and Nature. The MIT Press, Cambridge, London, pp 227-257

Karolides NJ, Bald M, Sova DB (2011) 120 Banned Books. 2nd ed, Checkmark Books, New York

Kasecker TP, Ramos-Neto MB, Silva JMC, Scarano FR (2018) Ecosystem-based adaptation to climate change: defining hotspot municipalities for policy design and implementation in Brazil. Mitig Adapt Strateg Glob Chang 23(6):981–993 https://doi.org/10.1007/s11027-017-9768-6

Kates RW, Clark WC, Corell R, Hall JM, Jaeger CC, Lowe I, McCarthy JJ, Schellnhuber HJ, Bolin B, Dickson NM, Faucheux S, Gallopin GC, Grübler A, Huntley B, Jäger J, Jodha NS, Kasperson RE, Mabogunje A, Matson P, Mooney H, Moore III B, O'Riordan T, Svedin U (2001) Sustainability science. Science 292:641–642 https://doi.org/10.1126/science.1059386

Kauffman CM, Martin PL (2017) Can rights of nature make development more sustainable? Why some Ecuadorian lawsuits succeed and others fail? World Dev 92:130–142

Kealiikanakaoleohaililan K, Giardina CP (2016) Embracing the sacred: an indigenous framework for tomorrow's sustainability science. Sustain Sci 11:57-67 https://doi.org/10.1007/s11625-015-0343-3

Kelly MR (2010) Introduction: Bergson's phenomenological reception: the spirit of a dialogue of self-resistance. In Kelly MR (ed) Bergson and Phenomenology. Palgrave Macmillan, Houndmills, pp 1-24

Kemp AH, Edwards DJ (2022) An introduction to the complex construct of wellbeing, societal challenges and potential solutions. In Kemp AH, Edwards DJ (eds.), Broadening the Scope of Wellbeing Science, Palgrave Macmillan, Cham, pp. 1-12

Kepler J (1619/2010) Harmonies of the World. [tradução de 1939 da versão em Latim: *Harmonices Mundi*, por Charles Glenn Wallis]. Forgotten Books, London.

Kern F, Rogge KS, Howlett M (2019) Policy mixes for sustainability transitions: New approaches and insights through bridging innovation and policy studies. Res Policy 48:103832 https://doi.org/10.1016/j.respol.2019.103832

Keys PW, Galaz V, Dyer M, Matthews N, Folke C, Nyström M, Cornell SE (2019) Anthropocene risk. Nature Sustain 2:667–673 https://doi.org/10.1038/s41893-019-0327-x

Khan A, Javed A, Batool S, Hussain F, Mahmood H, Ahmed V (2016) The Role of Youth in Sustainable Development: Perspectives from South Asia. Overseas Development Progress, London

Kidd D, McIntosh K (2016) Social media and social movements. Sociol Compass 10(9):785–794 https://doi.org/10.1111/soc4.12399

Kim RE (2021) Taming Gaia 2.0: Earth system law in the ruptured Anthropocene. Anthrop Rev 9(3):411-424 https://doi.org/10.1177/20530196211026721

Kivi NG (2022) Decolonizing gender: witches, nomads and the colonial rule. In: Carrales JCS, Suárez-Krabbe J (eds), Transdisciplinary Thinking from the Global South, Routledge, London, 20 pp https://doi.org/10.4324/9781003172413-6

Koehrsen J (2018) Religious agency in sustainability transitions: Between experimentation, upscaling, and regime support. Environ Innov Soc Transit 27:4-15 http://dx.doi.org/10.1016/j.eist.2017.09.003

Köhler J, Geels FW, Kern F, Markard J, Wieczorek A, Alkemade F, Avelino F, Bergek A, Boons F, Fünfschilling L, Hess D, Holtz G, Hyysalo S, Jenkins K, Kivimaa P, Martiskainen M, McMeekin A, Mühlemeier MS, Nykvist B, Onsongod E, Pel B, Raven R, Rohracher H, Sandén B, Schot J, Sovacool B, Turnheim B, Welch D, Wells P (2019) An agenda for sustainability transitions research: State of the art and future directions. Environ Innov Soc Transit 31:1-32 https://doi.org/10.1016/j.eist.2019.01.004

König N, Børsen T, Emmeche C (2017) The ethos of post-normal science. Futures 91:12–24 http://dx.doi.org/10.1016/j.futures.2016.12.004

Koons JE (2008) Earth Jurisprudence: the moral value of nature. Pace Environ Law Rev 25(2):263–339

Kopenawa D, Albert B (2015) A Queda do Céu: Palavras de um Xamã Yanomami. Companhia das Letras, São Paulo

Kopnina H (2020) Education for the future? Critical evaluation of education for sustainable development goals. J Environ Educ 51(4) https://doi.org/10.1080/00958964.2019.1710444

Kortetmäki T, Puurtinen M, Salo M, Aro R, Baumeister S, Duflot R, Elo M, Halme P, Husu H-M, Huttunen S, Hyvönen K, Karkulehto S, Kataja-aho S, Keskinen KE, Kulmunki I, Mäkinen T, Näyhä A, Okkolin M-A, Perälä T, Purhonen J, Raatikainen KJ, Raippalinna L-M, Salonen K, Savolainen K, Kotiaho JS (2021) Planetary well-being. Humanit Soc Sci Commun 8:258 https://doi.org/10.1057/s41599-021-00899-3

Kothari A, DeMaria F, Acosta A (2014) Buen vivir, degrowth and ecological swaraj: Alternatives to sustainable development and the green economy. Development 57(3–4):362–375 https://doi.org/10.1057/dev.2015.24

Kothari A, Salleh A, Escobar A, Demaria F, Acosta A, eds (2019) Pluriverse – A Post-Development Dictionary. Tulika Books, New Delhi

Kothari A, Salleh A, Escobar A, Demaria F, Acosta A (2019) Crisis as opportunity. Finding pluriversal paths. In: Klein E, Morreo CE (eds) Postdevelopment in Practice: Alternatives, Economies, Ontologies, Routledge, London, New York, pp 100-116

Krenak A (2019) Ideias para Adiar o Fim do Mundo. Companhia das Letras, São Paulo

Krenak A (2022) Futuro Ancestral. Companhia das Letras, São Paulo

Kuhn TS (1962) The Structure of Scientific Revolutions. University of Chicago Press, Chicago

Kumar S (2013) Soil, Soul, Society: A New Trinity for Our Time, Leaping Hare Press, East Sussex

Kumazawa T, Saito O, Kozaki K, Matsui T, Mizoguchi R (2009) Toward knowledge structuring of sustainability science based on ontology engineering. Sustain Sci 4:99–116 http://dx.doi.org/10.1007/s11625-008-0063-z

Kuyper JW, Linnér B-O, Schroeder H (2018) Non-state actors in hybrid global climate governance: justice, legitimacy, and effectiveness in a post-Paris era. WIREs Clim Change 9:e497 https://doi.org/10.1002/wcc.497

Lambin EF, Thorlakson T (2018) Sustainability standards: Interactions between private actors, civil society, and governments. Annu Rev Environ Resour 43:369–93 https://doi.org/10.1146/annurev-environ-102017-025931

Lang DJ, Wiek A, von Wehrden H (2017) Bridging divides in sustainability science. Sustain Sci 12:875–879 http://dx.doi.org/10.1007/s11625-017-0497-2

Latour B (1991/1993) We Have Never Been Modern. Harvard University Press, Cambridge

Latour B (2004) Politics of Nature: How to Bring the Sciences into Democracy. Harvard University Press, Cambridge

Latour B (2017) Facing Gaia: Eight Lectures on the New Climatic Regime. Wiley, Hoboken

Latour B (2018) Down to Earth: Politics in the New Climatic Regime. Polity, Cambridge

Lau K-Y (2015) War, peace and love: The logic of Lévinas. Social Imaginaries 1(2):103-126 https://doi.org/10.5840/si20151219

Leal Filho W, Raath S, Lazzarini B, Vargas VR, de Souza L, Anholon R, Quelhas OLG, Haddad R, Klavins M, Orlovic LV (2018) The role of transformation in learning and education for sustainability. J Clean Prod 199:286-295 https://doi.org/10.1016/j.jclepro.2018.07.017

Ledoux AO (2005) A green Augustine: On learning to love nature well. Theology and Science 3(3):331–344 https://doi.org/10.1080/14746700500317313

Le Gouvello R, Hochart L-E, Laffoley D, Simard F, Andrade C, Angel D, Callier M, De Monbrison D, Fezzardi D, Haroun R, Harris A, Hughes A, Massa F, Roque E, Soto D, Stead S, Marino G (2017) Aquaculture and marine protected areas: Potential opportunities and synergies. Aquatic Conserv: Mar Freshw Ecosyst 27(S1):138–150 https://doi.org/10.1002/aqc.2821

Lemos MC (2015) Usable climate knowledge for adaptive and co-managed water governance. Curr Opin Environ Sustain 12:48-52 https://doi.org/10.1016/j.cosust.2014.09.005

Lemos MC, Kirchhoff C, Ramparasad V (2012) Narrowing the climate information usability gap. Nat Clim Chang 2:789-794 https://doi.org/10.1038/nclimate1614

Lenton T (1998) Gaia and natural selection. Nature 394:439-447 https://doi.org/10.1038/28792

Lenton T, Latour B (2018) Could humans add some level of self-awareness to Earth's self-regulation? Science 361:1066–1068 https://doi.org/10.1126/science.aau0427

Leonidou CN, Skarmeas D (2017) Gray shades of green: causes and consequences of green skepticism. J Bus Ethics 144(2):401–415 https://doi.org/10.1007/s10551-015-2829-4

Leventon J, Duşe IA and Horcea-Milcu A-I (2021) Leveraging biodiversity action from plural values: Transformations of governance systems. Front Ecol Evol 9:609853. https://doi.org/10.3389/fevo.2021.609853

Levesque S (2016) Two versions of ecosophy: Arne Næss, Félix Guattari, and their connection with semiotics. Sign Syst Stud 44(4):511-541 https://doi.org/10.12697/SSS.2016.44.4.03

Lévinas E (1961/1979) Totality and Infinity: An Essay on Exteriority. Martinus Nijhoff Publishers, Dordrecht

Levine MP (1994) Pantheism, ethics and ecology. Environ Values 3:121–138 https://doi.org/10.3197/096327194776679737

Levis C, Costa FRC, Bongers F, Peña-Claros M, Clement CR, Junqueira AB, Neves EG, Tamanaha EK, Figueiredo FOG, Salomão RP, et al. (2017) Persistent effects of pre-Columbian plant domestication on Amazonian forest composition. Science 355:925–931 https://doi.org/10.1126/science.aal0157

Levis C, Flores BM, Moreira PA, Luize BG, Alves RP, Franco-Moraes J, Lins J, Konings E, Peña-Claros M, Bongers F, Costa FRC, Clement CR (2018) How people domesticated Amazonian forests. Front Ecol Evol 5:171 https://doi.org/10.3389/fevo.2017.00171

Levitas R (2008) Pragmatism, utopia and anti-utopia. Crit Horiz 9(1):42-59 http://dx.doi.org/10.1558/crit.v9i1.42

Lima GFC (2003) O discurso da sustentabilidade e suas implicações para a educação. Ambient Soc 6(2):99-119 https://doi.org/10.1590/S1414-753X2003000300007

Limulja H (2022) O Desejo dos Outros: Uma Etnografia dos Sonhos Yanomami. Ubu Editora, São Paulo

Liu J, Hull V, Godfray HCJ, Tilman D, Gleick P, Hoff H, Pahl-Wostl C, Xu Z, Chung MG, Sun J, Li S (2018) Nexus approaches to global sustainable development. Nat Sustain 1:466–476 https://doi.org/10.1038/s41893-018-0135-8

Logan GM, Adams RM (2009) Utopia: Thomas More. 3rd ed, WMF-Martins Fontes, São Paulo

Lorenzini (2021) Philosophical discourse and ascetic practice: On Foucault's readings of Descartes' Meditations. Theory Cult Soc https://doi.org/10.1177/0263276420980510

Lovelock J (2010) Our sustainable retreat. In: Crist E, Rinker HB (eds) Gaia in turmoil: climate change, biodepletion, and earth ethics in an age of crisis. MIT Press, Cambridge, pp 21–24

Lovelock JE, Margulis L (1974) Atmospheric homeostasis by and for the biosphere: the Gaia hypothesis. Tellus 26:2-10 https://doi.org/10.3402/tellusa.v26i1-2.9731

Lovelock J, Appleyard B (2019) Novacene: The Coming Age of Hyperintelligence. The MIT Press, Cambridge (Amazon Kindle Electronic Edition)

Löwy M (2005) What is ecosocialism? Capital Nat Social 16(2):15-24 https://doi.org/10.1080/10455750500108237

Lüttge U, Scarano FR (2019) Emergence and sustainment of humankind on Earth: The Categorical Imperative. In Wegner L, Lüttge U (eds) Emergence and Modularity in Life Sciences. Springer Nature, Cham, pp. 235-254 https://doi.org/10.1007/978-3-030-06128-9_11

Lüttge U, Garbin ML, Scarano FR (2013) Evo–Devo–Eco and Ecological Stem Species: Potential repair systems in the planetary biosphere crisis. Prog Bot 74:191-212 https://doi.org/10.1007/978-3-642-30967-0_7

Lyotard J-F (1979/2021) A Condição Pós-Moderna. 20a ed, Editora José Olympio, Rio de Janeiro https://doi.org/10.1007/978-3-031-18329-4_1

Macauley D (1996a) Greening Philosophy and democratizing ecology. In: Macauley D (ed) Minding Nature: The Philosophers of Ecology, The Guilford Press, New York, London, pp 1-23

Macauley D (1996b) Hannah Arendt and the politics of place: from Earth alienation to oikos. In: Macauley D (ed) Minding Nature: The Philosophers of Ecology, The Guilford Press, New York, London, pp 102-133

MacNeill T (2020) Indigenous sustainable development. In: MacNeill T (ed) Indigenous Cultures and Sustainable Development in Latin America, Palgrave Macmillan, Cham, pp 237-250 https://doi.org/10.1007/978-3-030-37023-7_11

Maffesoli M (2017/2021) Ecosofia. Edições Sesc, São Paulo

Maffi L (2018) Biocultural diversity. The International Encyclopedia of Anthropology, pp 1-14 https://doi.org/10.1002/9781118924396.wbiea1797

Mak V, Terryn E (2020) Circular economy and consumer protection: The consumer as a citizen and the limits of empowerment through consumer law. J Consum Policy 43:227–248 https://doi.org/10.1007/s10603-019-09435-y

Mănoiu V-M., Arslan R, Madani A, Düzgüneş E (2016) Environmental education in the Holy Quran. Lucrările Seminarului Geografic Dimitrie Cantemir 42:157-164 https://doi.org/10.15551/lsgdc.v42i0.14

Manyika J, Birshan M, Smit S, Woetzel J, Russell K, Purcell L, Ramaswamy S (2021) A New Look at How Corporations Impact the Economy and Households. McKinsey Global Institute. Disponível em https://www.mckinsey.com/business-functions/strategy-and-corporate-finance/our-insights/a-new-look-at-how-corporations-impact-the-economy-and-households (Acessado em 3/Agosto/2022)

Marchant A, Hawton K, Stewart A, Montgomery P, Singaravelu V, Lloyd K, Purdy N, Daine K, John A (2017) A systematic review of the relationship between internet use, self-harm and suicidal behaviour in young people: The good, the bad and the unknown. PLoS ONE 12(8):e0181722 https://doi.org/10.1371/journal.pone.0181722

Marcuse H (1955/1975) Eros e Civilização: Uma Interpretação Filosófica do Pensamento de Freud. 6th ed, Zahar Editores, Rio de Janeiro

Marcuse H (1970/2022) Psychoanalysis, Politics and Utopia. Repeater Books, London

Marés C (2017) De como a natureza foi expulsa da modernidade. Rev Direitos Difusos 68:15-40

Marques JCL (2016) Pascal: o cartesiano crítico de Descartes. Rev de Filos 14(2):319-334 https://doi.org/10.31977/grirfi.v14i2.710

Martinón-Torres M (2011) Some recent developments in the historiography of alchemy. Ambix 58(3):215–237 https://doi.org/10.1179/174582311X13129418299063

Martins HC (2022) Competition and ESG practices in emerging markets: Evidence from a difference-in-differences model. Finance Res Lett 46:102371 https://doi.org/10.1016/j.frl.2021.102371

Martius KFP (1845) Como se deve escrever a história do Brasil. Revista do IHGB 6(24):389-411.

Masood E (2018) Battle over biodiversity. Nature 560:423-425

Mastrojeni G (2019) UNCCD COP 13: From awareness to action in a complex world. In: Ginzky H, Dooley E, Heuser IL, Kasimbazi E, Markus T, Qin T (eds) International Yearbook of Soil Law and Policy 2018, Springer, Switzerland, pp 229-247 https://doi.org/10.1007/978-3-030-00758-4_11

Masuda YJ, Liu Y, Reddy SMW, Frank KA, Burford K, Fisher JRB, Montambault J (2018) Innovation diffusion within large environmental NGOs through informal network agents. Nat Sustain 1:190-197

Maturana H, Varela FJ (1984/2001) A Árvore do Conhecimento, 8th ed, Palas Athena, São Paulo

Mayo L (2020) The postnormal condition. J Future Stud 24(4):61-72 https://doi.org/10.6531/JFS.202006_24(4).0006

Mazzone A, Cruz DKF, Tumwebaze S, Ushigua M, Trotter PA, Carvajal AE, Schaeffer R, Khosla R (2023) Indigenous cosmologies of energy for a sustainable energy future. Nat Energy 8:19-29

McElwee P, Turnout E, Chiroleu-Assouline M, et al. (2020) Ensuring a post-COVID economic agenda tackles global biodiversity loss. One Earth 3(4):448–461 https://doi.org/10.1016/j.oneear.2020.09.011

McEntee-Atalianis LJ (2017) "Leave no one behind". Linguistic and digital barriers to the dissemination and implementation of the United Nations Sustainable Development Goals. Lang Prob Lang Plan 41(3):217–244 https://doi.org/10.1075/lplp.00001.mce

McGhie HA (2019) Museums and the Sustainable Development Goals: a how-to guide for museums, galleries, the cultural sector and their partners. Curating Tomorrow, UK.

McHugh JT (2018) Eternal law and environmental policy: Pope Francis, *Laudato Si'*, and a Thomistic approach to climate change. In: Lyon AJ, Gustafson CA, Manuel PC (eds), Pope Francis as a Global Actor, Palgrave Macmillan, New York, pp 59-80 https://doi.org/10.1007/978-3-319-71377-9_4

McKertich PV, Shilpa V (2016) Plant poetry and the *botanification* of the imagination. J Lit Sci 9(2):36-49

McNeill, Stewart, eds (2012) A Companion to Global Environmental History. Wiley-Blackwell, Chichester

McShea DW (2017) Logic, passion and the problem of convergence. Interface Focus 7: 20160122 http://dx.doi.org/10.1098/rsfs.2016.0122

Mereis T (2019) Sustainable development and the concept of culture – an ethical view. In: Mereis T, Rippl G (eds) Cultural Sustainability Perspectives from the Humanities and Social Sciences. Routledge, London, New York, pp 47-59

Meadows D (1999) Leverage Points: Places to Intervene in a System. The Sustainability Institute, Hartland

Meirinhos JF, Pulido ML (2011) Pensar a natureza como natureza na Idade Média. Introdução. In: Meirinhos JF, Pulido ML (eds) Pensar a Natureza: Problemas e Respostas na Idade Média (Séculos IX-XIV), Edições Húmus, Vila Nova de Famalicão, pp vii-xxix

Merçon J, Vetter S, Tengö M, Cocks M, Balvanera P, Rosell JA, Ayala-Orozco B (2019) From local landscapes to international policy: contributions of the biocultural paradigm to global sustainability. Global Sustainability 2:e7, 1–11. https://doi.org/10.1017/sus.2019.4

Merleau-Ponty M (1945/2018) Fenomenologia da Percepção. WWF Martins Fontes, São Paulo

Merleau-Ponty M (1964/2018) O Visível e o Invisível. 4a ed, Editora Perspectiva, São Paulo

Meyer M (1980) Dialectic and questioning: Socrates and Plato. Am Philos Q 17(4):281-289

Mickey S, Kelly S, Robert A, eds (2017) A Variety of Integral Ecologies. Suny Press, Albany

Miller R (2018a) Transforming the Future – Anticipation in the 21st Century. Routledge, London, New York

Miller R (2018b) Futures Literacy Laboratories in Practice. In: Miller R (ed) Transforming the Future – Anticipation in the 21st Century. Routledge, London, New York, pp 95-109

Miller R, Sanford R (2019) Futures literacy: The capacity to diversify conscious human anticipation. In: Poli R (ed) Handbook of Anticipation. Springer, Cham, pp 73-91 https://doi.org/10.1007/978-3-319-91554-8_77

Miller TR, Wiek A, Sarewitz D, Robinson J, Olsson L, Kriebel D, Loorbach D (2014) The future of sustainability science: a solutions-oriented research agenda. Sustain Sci 9:239–246 http://dx.doi.org/10.1007/s11625-013-0224-6

Milton J (1667/2017) Paraíso Perdido. Editora 34, São Paulo

Miralles-Quirós MM, Miralles-Quirós JL, Gonçalves LMV (2018) The value relevance of environmental, social, and governance performance: the Brazilian case. Sustainability 10:574 https://doi.org/10.3390/su10030574

Mittelstraß J (2015) Complexity, reductionism, and holism in science and philosophy of science. In Arber W, Mittelstraß J, Sorondo MS (eds) Proceedings of the Plenary Session on Complexity and Analogy in Science: Theoretical, Methodological and Epistemological Aspects. Pontificiae Academiae Scientiarvm Acta 22, Libreria Editrice Vaticana, Vatican City, pp 45-56

Mittermeier RA (1988) Primate diversity and the tropical forest case studies from Brazil and Madagascar and the importance of the megadiversity countries. In: Wilson EO, Peters FM (eds) Biodiversity, National Academies Press, Washington DC, pp 145-156

Molina JGJ, Neef A (2016) Integration of indigenous knowledge into disaster risk reduction and management (DRRM) policies for sustainable development: The case of the Agta in Casiguran, Philippines. In: Uitto JI, Shaw R (eds) Sustainable Development and Disaster Risk Reduction, Springer, Tokyo, pp 247-264 https://doi.org/10.1007/978-4-431-55078-5_16

Montoya JM, Donohue I, Pimm SL (2017) Planetary boundaries for biodiversity: implausible science, pernicious policies. Trends Ecol Evol 33:71-73 https://doi.org/10.1016/j.tree.2017.10.004

Montoya SD (2020) De vuelta a *Las tres ecologías*: aspectos ecosóficos de la crisis ecológica global. Eidos 4:222-253

Moran D, Kanemoto K (2017) Identifying species threat hotspots from global supply chains. Nature Ecol Evol 1:0023 https://doi.org/10.1038/s41559-016-0023

Moreira PAS, Inman RA, Hanel PHP, Faria S, Araújo M, Pedras S, Cunha D (2022) Engagement and disengagement with Sustainable Development: Further conceptualization and evidence of validity for the Engagement/ Disengagement in Sustainable Development Inventory (EDiSDI). J Environ Psychol 79:101729 https://doi.org/10.1016/j.jenvp.2021.101729

Morse SS, Mazet JAK, Woolhouse M, Parrish CR, Carroll D, Karesh WB, Zambrana-Torrelio C, Lipkin WI, Daszak P (2012) Prediction and prevention of the next pandemic zoonosis. Lancet 380:1956–65 https://doi.org/10.1016/S0140-6736(12)61684-5

Morseletto P (2020) Restorative and regenerative Exploring the concepts in the circular economy. J Ind Ecol 24:763–773 https://doi.org/10.1111/jiec.12987

Morton T (2007) Ecology Without Nature: Rethinking Environmental Aesthetics. Harvard University Press, Cambridge.

Mundt M, Ross K, Burnett CM (2018) Scaling social movements through social media: The case of Black Lives Matter. Soc Media Soc 4(4) https://doi.org/10.1177/2056305118807911

Muraca B (2011) The map of moral significance: A new axiological matrix for environmental ethics. Environ Values 20:375–396 https://doi.org/10.3197/096327111X13077055166063

Murphy RT (1996) The advent of Husserl's Phenomenology. J Br Soc Phenomenol 27(2):176-187 https://doi.org/10.1080/00071773.1996.11007149

Murphy PD (2021) Speaking for the youth, speaking for the planet: Greta Thunberg and the representational politics of eco-celebrity. Pop Commun 19(3):193-206 https://doi.org/10.1080/15405702.2021.1913493

Murphy-Gregory H (2018) Governance via persuasion: environmental NGOs and the social licence to operate. Env Polit 27(2):320-340 https://doi.org/10.1080/09644016.2017.1373429

Naddaf G (2010) Spontaneous generation and creationism in Presocratic Monism in light of Aristotle's analysis in the *Physics*. Anais da Filosofia Clássica 5(8):23-40

Næss A (1984) A defence of the deep ecology movement. Environ Ethics 6(3):265-270

Nature Editorial (2020) Time to revise the Sustainable Development Goals. Nature 583: 331–332 https://doi.org/10.1038/d41586-020-02002-3

Nelson A (2022) Ecosocialism from a post-development perspective. In: Alexander S, Chandrashekeran S, Gleeson B (eds) Post-Capitalist Futures, Alternatives and Futures: Cultures, Practices, Activism and Utopias. Palgrave MacMillan, Singapore, pp 31-40 https://doi.org/10.1007/978-981-16-6530-1_3

Nelson JM (2009) Psychology, Religion and Spirituality. Springer, New York https://doi.org/10.1007/978-0-387-87573-6

Newman WR (2011) What have we learned from the recent historiography of alchemy? Isis 102:313–321 https://doi.org/10.1086/660140

Ngomane M (2019/2022) Ubuntu Todos os Dias. Editora BestSeller, Rio de Janeiro

Nicolaides D (2017) Nature explained naturally. Proceedings on Science, Technology & Engineering, Arts, Mathematics and Education (STEM/STEAM), of the Hawaii University International Conferences

Nicolosi E, French J, Medina R (2020) Add to the map! Evaluating digitally mediated participatory mapping for grassroots sustainabilities. Geogr J 186(2):142-155 https://doi.org/10.1111/geoj.12315

Nogales R, Hulgård L, Defourny J, Sacchetti S, Christoforou A, Mosca M (2017) Social Regeneration and Local Development: Cooperation, Social Economy, and Public Participation. Routledge, New York

Norman J, Welchman A (2004) Introduction – The New Schelling. In Norman, Welchman (eds) The New Schelling. Continuum, London, pp 1-12

Northcott M (2016) Planetary moral economy and creaturely redemption in Laudato Si'. J Theol Stud 77(4):886-904 https://doi.org/10.1177/0040563916666820

Nummedal TE (2011) Words and works in the history of alchemy. Isis 102:330–337 https://doi.org/10.1086/660142

O'Brien K, Selboe E, Hayward BM (2018) Exploring youth activism on climate change: dutiful, disruptive, and dangerous dissent. Ecol Soc 23(3):42 https://doi.org/10.5751/ES-10287-230342

OECD (2021) Air and GHG emissions (indicator). Organisation for Economic Development and Co-Operation https://doi.org/10.1787/93d10cf7-en

Olsson D, Gericke N (2016) The adolescent dip in students' sustainability consciousness – Implications for education for sustainable development. J Environ Educ 47(1):35-51 https://doi.org/10.1080/00958964.2015.1075464

Ontong K, Le Grange L (2014) The role of place-based education in developing sustainability as a frame of mind. S Afr J Environ Educ 30:27–38

Orsini A (2022) Youth goals? Youth agency and the Sustainable Development Goals. Youth and Globalization 4(1):108–139

Ostrom E (2009) A general framework for analyzing sustainability of social-ecological systems. Science 325:419–422 https://doi.org/10.1126/science.1172133

Otto IM, Donges JF, Cremades R, Bhowmik A, Hewitt RJ, Lucht W, Rockström J, Allerberger F, McCaffrey M, Doe SSP, Lenferna A, Morán N, van Vuuren DP, Schellnhuber HJ (2020) Social tipping dynamics for stabilizing Earth's climate by 2050. Proc Natl Acad Sci USA 117 (5) 2354-2365 https://doi.org/10.1073/pnas.19005771

Oubenal M, Hrabanski M, Pesche D (2017) IPBES, an inclusive institution? Challenging the integration of stakeholders in a science-policy interface. Ecol Soc 22(1):11 https://doi.org/10.5751/ES-08961-220111

Overbey TA, Diekmann F, Lekies KS (2023) Nature-based interventions for vulnerable youth: a scoping review. Int J Environ Health Res 33(1):15–53 https://doi.org/10.1080/09603123.2021.1998390

Pacala SW, Socolow R (2004) Stabilization wedges: solving the climate problem for the next 50 years with current technologies. Science 305: 968-972 https://doi.org/10.1126/science.1100

Pacheco D (2014) Living-well in Harmony and Balance with Mother Earth: a proposal for establishing a new global relationship between human beings and Mother Earth. Universidad de la Cordillera, La Paz. Available at: http://www.ucordillera.edu.bo/descarga/livingwell.pdf

Pant LP, Adhikari B, Bhattarai KK (2015) Adaptive transition fortransformations to sustainability in developing countries. Curr Opin Environ Sustain 14:206–212 http://dx.doi.org/10.1016/j.cosust.2015.07.006

Parkinson GHR (1977) Hegel, Pantheism, and Spinoza. J Hist Ideas 38(3):449–459 https://doi.org/10.2307/2708674

Pãrõkumu U, Kẽhíri T (2019) Antes o Mundo não Existia, Dantes Editora, Rio de Janeiro

Pascal B (1670/2005) Pensamentos. Editora Martins Fontes, São Paulo.

Pascual U, Adams WM, Díaz S, Lele S, Mace GM, Turnhout E (2021) Biodiversity and the challenge of pluralism. Nat Sustain 4:567–572

Pascucci E (2021) More logistics, less aid: Humanitarian-business partnerships and sustainability in the refugee camp. World Dev 142:105424 https://doi.org/10.1016/j.worlddev.2021.105424

Paul H (2021) Introduction: Post-concepts in historical perspective. In: Paul H, van Veldhuizen A (eds) Post-Everything: An Intellectual History of Post-Concepts. Manchester University Press, Manchester, pp 1-14 https://doi.org/10.7765/9781526148179.00006

Paul H (2022) The postcritical turn: unravelling the meaning of 'post' and 'turn'. In Paul H (ed) Writing the History of the Humanities: Questions, Themes and Approaches. Bloomsbury, London, pp. 305-324

Pauliuk S, Koslowski M, Madhu K, Schulte S, Kilchert S (2022) Co-design of digital transformation and sustainable development strategies – What socio-metabolic and industrial ecology research can contribute. J Clean Prod 343:130997 https://doi.org/10.1016/j.jclepro.2022.130997

Pellizoni L (2015) Ontological Politics in a Disposable World: The New Mastery of Nature. Ashgate, Surrey

Pence CH (2011) Nietzsche's aesthetic critique of Darwin. Hist Phil Life Sci 33:165-190 https://digitalcommons.lsu.edu/prs_pubs/7

Pereira LM, Hichert T, Hamann M, Preiser R, Biggs R (2018) Using futures methods to create transformative spaces: visions of a good Anthropocene in southern Africa. Ecol Soc 23(1):19 https://doi.org/10.5751/ES-09907-230119

Perry S (2019) The enchantment of the archaeological record. Eur J Archaeol 22(3):354–371 https://doi.org/10.1017/eaa.2019.24

Peterson GD, Harmackova ZV, Meacham M, Queiroz C, Jiménez-Aceituno A, Kuiper JJ, Malmborg K, Sitas NE, Bennett EM (2018) Welcoming different perspectives in IPBES: "Nature's contributions to people" and "Ecosystem services". Ecol Soc 23(1):39 https://doi.org/10.5751/ES-10134-230139

Pickering GJ, Schoen K, Botta M, Fazio X (2020) Exploration of youth knowledge and perceptions of individual-level climate mitigation action. Environ Res Lett 15:104080 https://doi.org/10.1088/1748-9326/abb492

Pires APF, Rezende CL, Assad ED, Loyola R, Scarano FR (2017) Forest restoration can increase the Rio Doce watershed resilience. Perspect Ecol Conserv 15:187–193

Poelina A, Wooltorton S, Blaise M, Aniere CL, Horwitz P, White PJ, Muecke S (2022) Regeneration time: ancient wisdom for planetary wellbeing. Aust J Environ Educ 2022:1–18 https://doi.org/10.1017/aee.2021.34

Poli R (2017) Introduction to Anticipation Studies. Springer, Cham https://doi.org/10.1007/978-3-319-63023-6_1

Poli R (2019) Anticipation and the philosophy of the future. In: Poli R (ed) Handbook of Anticipation. Springer, Cham, pp 109-118 https://doi.org/10.1007/978-3-319-91554-8_10

Popa F, Guillermin M, Dedeurwaerdere T (2015) A pragmatist approach to transdisciplinarity in sustainability research: From complex systems theory to reflexive science. Futures 65:45–56 http://dx.doi.org/10.1016/j.futures.2014.02.002

Pounds N (2005) The Medieval City. Greenwood Press, London

Pradhan P (2019) Antagonists to meeting the 2030 Agenda. Nat Sustain 2(3):171–172 https://doi.org/10.1038/s41893-019-0248-8

Pradhan P, Costa L, Rybski D, Lucht W, Kropp JP (2017) A systematic study of Sustainable Development Goal (SDG) interactions. Earth's Future 5:1169-1179 https://doi.org/10.1002/2017EF000632

Prendergast K, Hayward B, Aoyagi M, Burningham K, Hasan MM, Jackson T, Jha V, Kuroki L, Loukianov A, Mattar H, Schudel I, Venn S, Yoshida A (2021) Youth attitudes and participation in climate protest: An international cities comparison. Front Polit Sci 3:696105 https://doi.org/10.3389/fpos.2021.696105

Pritchard A, Richardson M (2022) The relationship between nature connectedness and human and planetary wellbeing: Implications for promoting wellbeing, tackling anthropogenic climate change and overcoming biodiversity loss. In: Kemp AH, Edwards DJ (eds) Broadening the Scope of Wellbeing Science, Palgrave Macmillan, Cham, Switzerland, pp 71-84 https://doi.org/10.1007/978-3-031-18329-4_6

Proctor RN (2008) Agnotology: a missing term to describe the cultural production of ignorance (and its study). In: Proctor RN, Schiebinger L (eds) Agnotology: The Making and Unmaking of Ignorance. Stanford University Press, Stanford, pp 1-36

Purvis B, Mao Y, Robinson D (2019) Three pillars of sustainability: in search of conceptual origins. Sustain Sci 14:681–695 https://doi.org/10.1007/s11625-018-0627-5

PwC (2019) Creating a Strategy for a Better World. Pricewaterhouse Coopers. www.pwc.com/sdgchallenge

Pyle RM (1993) The thunder tree: lessons from an urban wildland. Houghton Mifflin, Boston

Radovanović D, Holst C, Belur SB, Srivastava R, Houngbonon GV, Le Quentrec E, Miliza J, Winkler AS, Noll J (2020) Digital literacy key performance indicators for sustainable development. Social Inclusion 8(2):151–167 https://doi.org/10.17645/si.v8i2.2587

Raikes A, Yoshikawa H, Britto PR, Iruka I (2017) Children, youth and developmental science in the 2015–2030 global Sustainable Development Goals. Soc Policy Rep 30(3):1-22

Ramsey JL (2015) On not defining sustainability. J Agric Environ Ethics 28:1075–1087 https://doi.org/10.1007/s10806-015-9578-3

Rana S, Ávila-García D, Dib V, Familia L, Gerhardinger LC, Martin E, Martins PI, Pompeu J, Selomane O, Tauli JI, Tran DHT, Valle M, von Below J, Pereira LM (2020) The voices of youth in envisioning positive futures for nature and people, Ecosyst People 16(1):326-344 https://doi.org/10.1080/26395916.2020.1821095

Rao ND, Min J, Mastrucci A (2019) Energy requirements for decent living in India, Brazil and South Africa. Nat Energy 4:1025–1032 https://doi.org/10.1038/s41560-019-0497-9

Ratima M, Martin D, Castleden H, Delormier T (2019) Indigenous voices and knowledge systems – promoting planetary health, health equity, and sustainable development now and for future generations. Glob Health Promot 26 (supp 3):3-5 https://doi.org/10.1177/1757975919838487

Raymond CM, Kenter JO, van Riper CJ, Rawluk A, Kendal D (2019) Editorial overview: theoretical traditions in social values for sustainability. Sustain Sci 14:1173–1185 https://doi.org/10.1007/s11625-019-00723-7

Raymond CM, Kaaronen R, Giusti M, Linder N, Barthel S (2021) Engaging with the pragmatics of relational thinking, leverage points and transformations – Reply to West et al. Ecosyst People 17(1):1-5 https://doi.org/10.1080/26395916.2020.1867645

Redman CL (2014) Should sustainability and resilience be combined or remain distinct pursuits? Ecol Soc 19(2): 37 https://doi.org/10.5751/ES-06390-190237

Rees M (2015) From Big Bang to biospheres: The scope and limits of explanation. In Arber W, Mittelstraß J, Sorondo MS (eds) Proceedings of the Plenary Session on Complexity and Analogy in Science: Theoretical, Methodological and Epistemological Aspects. Pontificiae Academiae Scientiarvm Acta 22, Libreria Editrice Vaticana, Vatican City, pp 130-135

Reid AJ, Brooks JL, Dolgov L, Laurich B, Sullivan BG, Szekeres P, Wood SLR, Bennett JR, Cooke SJ (2017) Post-2015 sustainable development goals still neglecting their environmental roots in the Anthropocene. Environ Sci Policy 77:179–184 https://doi.org/10.1016/j.envsci.2017.07.006

Renowden C, Beer T, Mata L (2021) Exploring integrated ArtScience experiences to foster nature connectedness through head, heart and hand. People and Nature 4:519–533 https://doi.org/10.1002/pan3.10301

Reuter T, Marien M, Harries D (2020) Civil society and youth leadership for transformation. Cadmus 4(2):88-104

Ribeiro L (2021) Revisiting ancestral groundwater techniques as nature based solutions for managing water. In: Abrunhosa M, Chambel A, Peppoloni S, Chaminé HI (eds.), Advances in Geoethics and Groundwater Management: Theory and Practice for a Sustainable Development, Springer, Cham, pp 483-486 https://doi.org/10.1007/978-3-030-59320-9_103

Riley AT (2002) Durkheim contra Bergson? The hidden roots of postmodern theory and the postmodern "return" of the sacred. Sociol Perspect 45(3):243-265

Reyna ZL (2018) Aquinas's ecological vision: Natural Law and friendship in contemporary environmental political thought. New Political Sci 40(1):15-32 https://doi.org/10.1080/07393148.2017.1416728

Richards RJ, Ruse M (2016) Debating Darwin. University of Chicago Press, Chicago

Riddle JM (2010) Goddesses, Elixirs, and Witches – Plants and Sexuality throughout Human History, Palgrave Macmillan, New York

Riley AT (2002) Durkheim contra Bergson? The hidden roots of postmodern theory and the postmodern "return" of the sacred. Sociol Perspect 45(3):243-265 https://doi.org/10.1525/sop.2002.45.3.243

Ritchie J (2020) Movement from the margins to global recognition: climate change activism by young people and in particular indigenous youth. Int Stud Sociol Educ https://doi.org/10.1080/09620214.2020.1854830

Roberts P, Hunt C, Arroyo-Kalin M, Evans D, Boivin N (2017) The deep human prehistory of global tropical forests and its relevance for modern conservation. Nature Plants 3:201793 https://doi.org/10.1038/nplants.2017.93

Robertson K (2017) Nature Speaks: Medieval Literature and Aristotelian Philosophy. University of Pennsylvania Press, Philadelphia

Robertson M (2019) Communicating Sustainability. Routledge, London, New York

Robinson JG (2012) Common and conflicting interests in the engagements between conservation organizations and corporations. Conserv Biol 26(6):967–977 https://doi.org/10.1111/j.1523-1739.2012.01914.x

Röck T (2016) The concept of Nature – from the pre-Socratic *physis* to the natural *kóΣmoΣ* of the *Timaeus*. Philosophica 47:9-26

Rodriguez JP Taber AB, Daszak P, Sukumar R, Valladares-Padua C, Padua S, Aguirre LF, Medellín RA, Acosta M, Aguirre AA, Bonacic C, Bordino P, Bruschini J, Buchori D, González S, Mathew T, Méndez M, Mugica L, Pacheco LF, Dobson AP, Pearl M (2007) Globalization of conservation: a view from the south. *Science* 317: 755-756 https://doi.org/10.1126/science.1145560

Roelfsema M, van Soest HL, Harmsen M, van Vuuren DP, Bertram C, den Elzen M, Höhne N, Iacobuta G, Krey V, Kriegler E, Luderer G, Riahi K, Ueckerdt F, Després J, Drouet L, Emmerling J, Frank S, Fricko O, Gidden M, Humpenöder F, Huppmann D, Fujimori S, Fragkiadakis K, Gi K, Keramidas K, Köberle AC, Reis LA, Rochedo P, Schaeffer R, Oshiro K, Zoi Vrontisi, Wenying Chen, Gokul C. Iyer, Jae Edmonds, Maria Kannavou, Kejun Jiang, Ritu Mathur, George Safonov, Vishwanathan SS (2020) Taking stock of national climate policies to evaluate implementation of the Paris Agreement. Nat Commun 11:2096 https://doi.org/10.1038/s41467-020-15414-6

Roelofs J (1996) Charles Fourier: Proto-Red-Green. In: Macauley D (ed) Minding Nature: The Philosophers of Ecology, The Guilford Press, New York, London, pp 43-58

Roelofs J (2018) Alexandra Kollontai: Socialist feminism in theory and practice. Int Crit Thought 8:166-175 https://doi.org/10.1080/21598282.2017.1419436

Rosen R (1985/2012) Anticipatory Systems. 2nd ed, Springer, New York

Rossi P (1991/2010) O Passado, a Memória, o Esquecimento. Editora Unesp, São Paulo

Rousseau JJ (1751/2018) Discurso Sobre a Ciência e as Artes. Edipro, São Paulo

Roy B (2022) Environmental justice movements as mediums of post-capitalist futures: perspectives from India. In: Alexander S, Chandrashekeran S, Gleeson B (eds) Post-Capitalist Futures: Paradigms, Politics and Prospects. Palgrave Macmillan, Singapore, pp 153-163 https://doi.org/10.1007/978-981-16-6530-1_14

Ruggerio CA (2021) Sustainability and sustainable development: A review of principles and definitions. Sci Total Environ 786:147481 https://doi.org/10.1016/j.scitotenv.2021.147481

RuizBlanco S, Romero S, FernandezFeijoo B (2022) Green, blue or black, but washing–What company characteristics determine greenwashing? Environ Dev Sustain 24:4024–4045 https://doi.org/10.1007/s10668-021-01602-x

Rupprecht CDD, Vervoort J, Berthelsen C, Mangnus A, Osborne N, Thompson K, Urushima AYF, Kóvskaya M, Spiegelberg M, Cristiano S, Springett J, Marschütz B, Flies EJ, Mc-

Greevy SR, Droz L, Breed MF, Gan J, Shinkai R, Kawai A (2020) Multispecies sustainability. Global Sustainability 3, e34, 1–12. https://doi.org/10.1017/sus.2020.28

Ruse M (2013) The Gaia Hypothesis: Science on a Pagan Planet. The University of Chicago, Chicago

Russell B (1935/2002) O Elogio ao Ócio. Sextante, Rio de Janeiro

Russell B (1959/2017) História do Pensamento Ocidental. 21a ed, Editora Nova Fronteira, Rio de Janeiro

Russell JB (1972) Witchcraft in the Middle Ages, Cornell University Press, Ithaca and London

Sachs JD, Schmidt-Traub G, Mazzucato M, Messner D, Nakicenovic N, Rockström J (2019) Six Transformations to achieve the Sustainable Development Goals. Nat Sustain 2(9):805–814. https://doi.org/10.1038/s41893-019-0352-9

Sachs J, Schmidt-Traub G, Kroll C, Lafortune G, Fuller G, Woelm F (2020) The Sustainable Development Goals and COVID-19. Sustainable Development Report 2020. Cambridge University Press, Cambridge

Sachs J, Kroll C, Lafortune G, Fuller G, Woelm F (2021) The Decade of Action for the Sustainable Development Goals: Sustainable Development Report 2021. Cambridge University Press, Cambridge https://doi.org/10.1017/9781009106559

Sachs J, Lafortune G, Kroll C, Fuller G, Woelm F (2022) From Crisis to Sustainable Development: the SDGs as Roadmap to 2030 and Beyond: Sustainable Development Report 2022. Cambridge University Press, Cambridge https://doi.org/10.1017/9781009210058

Saeed MA, Farooq A, Kersten W, Abdelaziz SIB (2019) Sustainable product purchase: does information about product sustainability on social media affect purchase behavior? *Asian J Sustain Soc Responsib* 4:9 https://doi.org/10.1186/s41180-019-0029-3

Saha M, Darnton G (2005) Green companies or green con-panies: are companies really green, or are they pretending to be? Bus Soc Rev 110(2):117–157 https://doi.org/10.1111/j.0045-3609.2005.00007.x

Saito O, Managi S, Kanie N, Kauffman J, Takeuchi K (2017) Sustainability science and implementing the sustainable development goals. Sustain Sci 12:907–910 https://doi.org/10.1007/s11625-017-0486-5

Salas-Zapata W, Rios-Osorio L, Cardona-Arias J (2017) Methodological characteristics of sustainability science: A systematic review. Environ Dev Sustain 19(4):1127–1140 https://doi.org/10.1007/s10668-016-9801-z

Salas-Zapata WA, Ortiz-Muñoz SM (2019) Analysis of meanings of the concept of sustainability. Sustain Dev 27:153–161 https://doi.org/10.1002/sd.1885

Salati E, Dall'Olio, A, Matsui E, Gat JR (1979) Recycling of water in the Amazon Basin: An isotopic study. Water Resour Res 15(5):1250-1258

Salati E, Vose PB (1984) Amazon Basin: A system in equilibrium. Science 225:129-138

Salazar NB (2021) Post-national belongings, cosmopolitan becomings and mediating mobilities. J Sociol 57(1):165-176 https://doi.org/10.1177/1440783320987639

Saldanha A, Stark H (2016) A New Earth: Deleuze and Guattari in the Anthropocene. Deleuze Stud 10(4):427–439 https://doi.org/10.3366/dls.2016.0237

Sánchez García JL, Díez Sanz JM (2018) Climate change, ethics and sustainability: An innovative approach. Journal of Innovation & Knowledge 3(2): 70–75 https://doi.org/10.1016/j.jik.2017.12.002

Santos M (1997) A Natureza do Espaço: Técnica e Tempo. Razão e Emoção. Hucitec, São Paulo

Sanders CE, Gibson KE, Lamm AJ (2022) Rural broadband and precision agriculture: A frame analysis of United States Federal Policy Outreach under the Biden administration. Sustainability 14:460 https://doi.org/10.3390/su14010460

Santos M (1997) A Natureza do Espaço: Técnica e Tempo. Razão e Emoção. Hucitec, São Paulo

Sardar Z (2010) Welcome to postnormal times. Futures 42:435-444 https://doi.org/10.1016/j.futures.2009.11.028

Sardar Z (2015) Postnormal times revisited. Futures 67:26-39 http://dx.doi.org/10.1016/j.futures.2015.02.003

Sardar Z, Sweeney J (2016) The three tomorrows of postnormal times. Futures 75:1-13 http://dx.doi.org/10.1016/j.futures.2015.10.004

Sarkki S, Niemelä J, Tinch R, van den Hove S, Watt A, Young J (2014) Balancing credibility, relevance and legitimacy: a critical assessment of trade-offs in science–policy interfaces. Sci. Public Policy 41:194-206 https://doi.org/10.1093/scipol/sct046

Sarkki S, Tinch R, Niemelä J, Heink U, Waylen K, Timaeus J, Young J, Watt A, Neßhöver C, van den Hove S (2015) Adding 'iterativity' to the credibility, relevance, legitimacy: a novel scheme to highlight dynamic aspects of science–policy interfaces. Environ Sci Policy 54:505-512 https://doi.org/10.1016/j.envsci.2015.02.016

Sayer J, Margules C, McNeely JA (2021) People and biodiversity in the 21st century. Ambio 50:970–975 https://doi.org/10.1007/s13280-020-01476-9

Scarano FR (2016) Plants and people of the future in the Botanical Garden of the new millennium. In: Volz J, Schwartzman A, Sigefredo L (eds) Artenatureza: Inhotim Espaço Tempo. Dantes, Rio de Janeiro, pp. 237-245

Scarano FR (2017) Ecosystem-based adaptation to climate change: concept, scalability and a role for conservation science. Perspect Ecol Conserv 15:65–73 http://dx.doi.org/10.1016/j.pecon.2017.05.003

Scarano FR (2018) Quando "todo dia era dia de índio". In Medeiros R, Besserman S (eds) Rio de Janeiro Capital Natural do Brasil, Casa da Palavra, Rio de Janeiro, pp 20-33

Scarano FR (2019a) Regenerantes de Gaia. Dantes Editora, Rio de Janeiro

Scarano FR (2019b) The emergence of sustainability. In: Wegner LH, Lüttge U (eds) Emergence and Modularity in Life Sciences, Springer, Cham, pp 51–71 https://doi.org/10.1007/978-3-030-06128-9_3

Scarano FR, Garbin ML (2013) From plant to planet: integrating hierarchies to help solve planetary crisis. Nova Acta Leopoldina NF 114(391):317–324

Scarano FR, Martinelli G (2010) Brazilian List of Threatened Plant Species: reconciling scientific uncertainty and political decision-making. Nat Conserv 8:13-18 https://doi.org/10.4322/natcon.00801002

Scarano FR, Garcia K, Díaz-de-Leon A, Queiroz HL, Rodriguez-Osuna V, Silvestri LC, Díaz CF, Perez-Maqueo O, Rosales M, Salabarria DM, Zanetti EA, Farinaci JS (2018) Chapter 6: options for governance and decision-making across scales and sectors. In: Rice J, Seixas CS, Zaccagnini ME, Bedoya-Gaitan M, Valderrama N (eds). The IPBES Regional Assessment Report on Biodiversity and Ecosystem Services for the Americas. Secretariat of the Intergovernmental Science-Policy Platform on Biodiversity and Ecosystem Services, Bonn, Germany, pp. 521–581

Scarano FR, Padgurschi MCG, Pires APF, Castro PFD, Farinaci JS, Bustamante M, Metzger JP, Ometto JP, Seixas CS, Joly CA (2019) Increasing effectiveness of the science-policy interface in the socioecological arena in Brazil. Biol Conserv 240:108227 https://doi.org/10.1016/j.biocon.2019.108227

Scarano FR, Aguiar ACF, Mittermeier RA, Rylands AB (2024a) Megadiversity. In: Scheiner S (ed) *Encyclopedia of Biodiversity* 3. Elsevier, Amsterdam, pp. 868-884 https://doi.org/10.1016/B978-0-12-822562-2.00013-X

Scarano FR, Brink E, Carneiro BLR, Coutinho L, Fernandes C, Holz VL, Salgado M, Aguiar ACP, Latawiec AE, Pardini R, Sampaio MC, Aguiar ACF, Branco PD, Freire L, Padgurschi MCG, Pires APF, Soares IMM, Solórzano A (2024b) Sustainability dialogues in Brazil: implications for boundary-spanning science and education. Glob Sustain 7(e30):1–12 https://doi.org/10.1017/sus.2024.25

Scarborough VL, Isendahl C (2020) Distributed urban network systems in the tropical archaeological record: Toward a model for urban sustainability in the era of climate change. Anthr Rev 7(3):208-230 https://doi.org/10.1177/2053019620919242

Schelling FWJ von (1797/1995) Ideas for a Philosophy of Nature. Cambridge University Press, Cambridge

Schiebinger L (2004) Plants and Empire. Colonial Bioprospecting in the Atlantic World. Harvard University Press, Cambridge

Schleich MV (2021) Do ESG Metrics Impact Financial Performance in Brazil? Professional Masters Dissertation, Getúlio Vargas Foundation, São Paulo.

Schöneberg J, Haudenschild D, Darvishi H, Momeni S, Ziai A (2022) The many faces of PostDevelopment: alternatives to development in Tanzania, Iran and Haiti. Sustain Sci 17:1223–1234 https://doi.org/10.1007/s11625-022-01164-5

Schoolman ED, Guest JS, Bush KF, Bell AR (2012) How interdisciplinary is sustainability research? Analyzing the structure of an emerging scientific field. Sustain Sci 7:67–80 https://doi.org/10.1007/s11625-011-0139-z

Schot J, Kanger L (2018) Deep transitions: Emergence, acceleration, stabilization and directionality. Res Policy 47:1045-1059 https://doi.org/10.1016/j.respol.2018.03.009

Schroeder HW (2007) Place experience, gestalt, and the human–nature relationship. J Env Psychol 27:293-309 https://doi.org/10.1016/j.jenvp.2007.07.001

Scopelliti M, Molinario E, Bonaiuto F, Bonnes M, Cicero L, De Dominicis S, Fornara F, Admiraal J, Beringer A, Dedeurwaerdere T, de Groot W, Hiedanpää J, Knights P, Knippenberg L, Horvat KP, Popa F, Porras-Gomez C, Smrekar A, Soethe N, Vivero-Pol JL, van den Born R, Bonaiuto M What makes you a 'hero' for nature? Socio-psychological profiling of leaders committed to nature and biodiversity protection across seven EU countries. J Environ Plan Manag 61 (5-6):970-993 https://doi.org/10.1080/09640568.2017.1421526

SDSN (2020) Accelerating Education for the SDGs in Universities: A guide for universities, colleges, and tertiary and higher education institutions. Sustainable Development Solutions Network (SDSN), New York

SDSN-Youth (2020) Youth Solutions Report – 4th edition. Sustainable Development Solutions Network – Youth, New York

See J, McKinnon K, Wilmsen B (2022) Diverse pathways to climate change adaptation through a postdevelopment lens: the case of Tambaliza Island, Philippines. Clim Dev 14(10):945-956 https://doi.org/10.1080/17565529.2022.2029340

Seidel GJ (1966) Martin Heidegger and the Pre-Socratics, The University of Nebraska Press, Lincoln

Selin H (ed) Nature Across Cultures: Views of Nature and the Environment in Non-Western Cultures, Kluwer Academic Publishers, Amsterdam

Serjeantson R (2014) Francis Bacon and the "interpretation of nature" in the Late Renaissance. Isis 105(4):681-705 http://www.jstor.org/stable/10.1086/679419Scofield B (2004) Gaia: The living Earth–2,500 years of precedents in natural science and philosophy. In Schneider SH, Miller JR, Crist E, Boston PJ (eds) Scientists Debate Gaia: The Next Century, MIT Press, Cambridge, London, pp 151-160

Sharma R, Fantin A-R, Prabhu N, Guan C, Dattakumar A (2016) Digital literacy and knowledge societies: A grounded theory investigation of sustainable development. Telecommun Policy 40:628-643 http://dx.doi.org/10.1016/j.telpol.2016.05.003

Sheehy B, Farneti F (2021) Corporate Social Responsibility, sustainability, sustainable development and corporate sustainability: What is the difference, and does it matter? Sustainability 13:5965 https://doi.org/10.3390/su13115965

Shellenberger M, Nordhaus T (2004) The death of environmentalism: Global warming politics in a post-environmental world. Breakthrough Institute, Oakland

Shumba O (2011) Commons thinking, ecological intelligence and the ethical and moral framework of Ubuntu: An imperative for sustainable development. J Media Commun Stud 3(3):84–96

Siddiqi A, Collins RD (2017) Sociotechnical systems and sustainability: Current and future perspectives for inclusive development. Curr Opin Environ Sustain 24:7-13 https://doi.org/10.1016/j.cosust.2017.01.006

Silva BN, Khan M, Han K (2018) Towards sustainable smart cities: A review of trends, architectures, components, and open challenges in smart cities. Sustain Cities Soc 38:697-713 https://doi.org/10.1016/j.scs.2018.01.053

Silva JMC da, Chennault CM (2017) NGOs and biodiversity conservation in the Anthropocene. Encyclopedia of the Anthropocene. Elsevier, Amsterdam http://dx.doi.org/10.1016/B978-0-12-409548-9.09871-7

Singh B, Keitsch MM, Shrestha M (2019) Scaling up sustainability: Concepts and practices of the ecovillage approach. Sustain Dev 2019: 1–8. https://doi.org/10.1002/sd.1882

Siqueira RP, Pitassi C (2016) Sustainability-oriented innovations: Can mindfulness make a difference? J Clean Prod 139-1181-1190 https://doi.org/10.1016/j.jclepro.2016.08.056

Skrzypczak J, Pelzer BW, Süli O (2019) Youth activists for our health. Lancet 394:1992 https://doi.org/10.1016/S0140-6736(19)32625-X

Skutnabb-Kangas T, Harmon D (2017) Biological diversity and language diversity: parallels and differences. In: Penz H, Fill A (eds) Handbook of Ecolinguistics, Routledge, New York, pp. 11-25

Smith AE, Veldman RG (2020) Evangelical Environmentalists? Evidence from Brazil. J Sci Study Relig 59(2):341–359 https://doi.org/10.1111/jssr.12656

Soga M, Gaston KJ (2016) Extinction of experience: the loss of human-nature interactions. Front Ecol Environ 14(2):94–101 https://doi.org/doi:10.1002/fee.1225

Solís P, McCusker B, Menkiti N, Cowan N, Blevins C (2018) Engaging global youth in participatory spatial data creation for the UN sustainable development goals: The case of open mapping for malaria prevention. Appl Geogr 98:143-155 https://doi.org/10.1016/j.apgeog.2018.07.013

Soper K (1995) What is Nature? Culture, Politics and the Non-Human. Blackwell, Oxford

Sorrell RD (1988) St. Francis of Assisi and Nature: Tradition and Innovation in Western Christian Attitudes Toward the Environment, Oxford University Press, Oxford

Souza DTP, Kuhn EA, Wals AEJ, Jacobi PR (2020) Learning in, with, and through the territory: territory-based learning as a catalyst for urban sustainability. Sustainability 12:3000 https://doi.org/10.3390/su12073000

Sparviero S, Ragnedda M (2021) Towards digital sustainability: the long journey to the sustainable development goals 2030. Digit Policy Regul Gov 23(3):216-228 https://doi.org/10.1108/DPRG-01-2021-0015

Spoto D (2003) Francisco de Assis: O Santo Relutante, Objetiva, Rio de Janeiro

Spraycar RS (1980) The Prologue to the General Prologue: Chaucer's Statement about Nature in the Opening Lines of the 'Canterbury Tales'. Neuphilol Mitt 81:142-149: https://www.jstor.org/stable/43343322

Stafford-Smith M, Griggs D, Gaffney O, Ullah F, Reyers B, Kanie N, Stigson B, Shrivastava P, Leach M, O'Connell D (2017) Integration: the key to implementing the sustainable development goals. Sustain Sci 12:911–919 https://doi.org/10.1007/s11625-016-0383-3

Stålhammar S, Thorén H (2019) Three perspectives on relational values of nature. Sustain Sci 14:1201–1212 https://doi.org/10.1007/s11625-019-00718-4

Stålhammar S, Brink E (2020) 'Urban biocultural diversity' as a framework for human–nature interactions: reflections from a Brazilian favela. Urban Ecosyst 24:601-619 https://doi.org/10.1007/s11252-020-01058-3

Stanbury S (2004) Ecochaucer: green ethics and medieval nature. Chaucer Rev 39:1-16 http://www.jstor.org/stable/25094270.

Stanley SK, Hogg TL, Leviston Z, Walker I (2021) From anger to action: Differential impacts of eco-anxiety, eco-depression, and eco-anger on climate action and wellbeing. J Clim Change Health 1:100003 https://doi.org/10.1016/j.joclim.2021.100003

Steffen W, Broadgate W, Deutsch L, Gaffney O, Ludwig C (2015a). The trajectory of the Anthropocene: the Great Acceleration. Anthr Rev 2:81-98 https://doi.org/10.1177/2053019614564785

Steffen W, Richardson K, Röckstrom J, Cornell SE, Fetzer I, Bennett EM, Biggs R, Carpenter SR, de Vries W, de Wit CA, Folke C, Gerten D, Heinke J, Mace GM, Persson LM, Ramanathan V, Reyers B, Sörlin S (2015b). Planetary boundaries: guiding human development on a changing planet. Science 347, 1259855 https://doi.org/10.1126/science.1259855

Stengers I (2018) The challenge of ontological politics. In: De La Cadena M, Blaser M (eds) A World of Many Worlds, Duke University Press, Durham and London, pp 83-111

Stephens J (1993) Plato on dialectic and dialogue. J Value Inq 27: 465-473

Sterling C (2019) Designing 'critical' heritage experiences: Immersion, enchantment and autonomy. Archaeol Int 22(1):100–113 https://doi.org/10.5334/ai-401

Sukhdev P (2012) The corporate climate overhaul. Nature 486:27-28 https://doi.org/10.1038/486027a

Sweeney JA, Baker MT, Daheim C, Dujardin Y, Dunagan J, Eklund K, Haldenby T, Rosa AB, Stovall G, Yeomans G (2019) Anticipatory games and simulations. In: Poli R (ed) Handbook of Anticipation, Springer, Cham, pp 1399-1427

Sylvester O, Segura AG, Davidson-Hunt IJ (2016) The protection of forest biodiversity can conflict with food access for indigenous people. Conserv Soc 14(3):279-290 https://doi.org/10.4103/0972-4923.191157

Szántó A (2020) The Future of the Museum: 28 Dialogues. Hatje Cantz Verlag, BerlinSpangenberg JH (2011) Sustainability science: a review, an analysis and some empirical lessons. Environ Conserv 38(3):275–287 https://doi.org/10.1017/S0376892911000270

Tagliapietra S, Wolff GB (2021) Form a climate club: United States, European Union and China. Nature 591:526-528 https://doi.org/10.1038/d41586-021-00736-2

Tengö M, Hill R, Malmer P, Raymond CM, Spierenburg M, Danielsen F, Elmqvist T, Folke C (2017) Weaving knowledge systems in IPBES, CBD and beyond – lessons learned for sustainability. Curr Opin Environ Sustain 26-27: 17-25 https://doi.org/10.1016/j.cosust.2016.12.005

Terry M (2023) Speaking Youth to Power: Influencing Climate Policy at the United Nations. Palgrave Macmillan, Cham https://doi.org/10.1007/978-3-031-14298-7

Thaman R, Lyver P, Mpande R, Perez E, Carino J, Takeuchi K, eds (2013) The Contribution of Indigenous and Local Knowledge Systems to IPBES: Building Synergies with Science. IPBES Expert Meeting Report, UNESCO, Paris, 49 p

Thanos CA (1994) Aristotle and Theophrastus on plant-animal interactions. In: Arianoutsou M, Groves RH (eds) Plant-Animal Interactions in Mediterranean-Type Ecosystems, Kluwer, Dordrecht, pp. 3-11

Theodossiou E, Manimanis VN (2010) The cosmology of the pre-Socratic Greek philosophers. Mem S A It Suppl 15:204-209

Thiermann UB, Sheate WR (2021) The way forward in mindfulness and sustainability: a critical review and research agenda. J Cogn Enhanc 5:118-139 https://doi.org/10.1007/s41465-020-00180-6

Thomas CG (2021) Philosophy of research. In Thomas CG (ed) Research Methodology and Scientific Writing. Springer, Cham, pp 33-48 https://doi.org/10.1007/978-3-030-64865-7_2

Thompson P (2012) What is concrete about Ernst Bloch's 'Concrete Utopia'? In: Jacobsen MH, Tester K (ed) Utopia: Social Theory and the Future. Ashgate, Surrey, pp 33-46

Thompson PB, Norris PE (2021) Sustainability: What Everyone Needs to Know. Oxford University Press, Oxford

Thompson-Saud G, Gelcich S, Barraza J (2018) Marine environmental issues in the mass media: Insights from television, newspaper and internet searches in Chile. Ocean Coast Manag 165:154-160 https://doi.org/10.1016/j.ocecoaman.2018.08.015

Tiainen K, Leiviskä A, Brunila K (2019) Democratic education for hope: Contesting the neoliberal common sense. Stud Philos Educ 38:641–655 https://doi.org/10.1007/s11217-019-09647-2

Tinch R, Balian E, Carss D, Ezzine-de-Blas D, Geamana NA, Heink U, Keune H, Nesshöver C, Niemela J, Sarkki S, Thibon M, Timaeus J, Vadineanu A, van den Hove S, Watt A, Waylen KA, Wittmer H, Young JC (2018) Science-policy interfaces for biodiversity: dynamic learning environments for successful impact. Biodivers Conserv 27:1679–1702 https://doi.org/10.1007/s10531-016-1155-1

Tolefson J, Gilbert N (2012) Rio report card. Nature 486:20–23

Tomalin E, Haustein J, Kidy S (2019) Religion and the Sustainable Development Goals. Rev Faith Int Aff 17(2):102-118 https://doi.org/10.1080/15570274.2019.1608664

Toomey AH, Knight AT, Barlow J (2017) Navigating the space between research and implementation in conservation. Conserv Lett 10:619-625 https://doi.org/10.1111/conl.12315

Totaro F (2018) Metaphysics and eco-phenomenology aiming at the harmony of human life with the Cosmos. In: Smith WS, Smith JS, Verducci D (eds) Eco-Phenomenology: Life, Human Life, Post-Human Life in the Harmony of the Cosmos, Analecta Husserliana CXXI, Springer, Cham, pp 25-29 https://doi.org/10.1007/978-3-319-77516-6_3

Tulloch L (2013) On science, ecology and environmentalism. Policy Future Educ 11:100–114. https://doi.org/10.2304/pfie.2013.11.1.100

Turan H (2013) Cosmos, the meaningful construct. In: Tymieniecka A-T (ed), Phenomenology and the Human Positioning in the Cosmos: The Life-world, Nature, Earth: Book One, Analecta Husserliana 113, Springer, Dordrecht, pp 9-19 https://doi.org/10.1007/978-94-007-4801-9_2

Turnhout E, McElwee P, Chiroleu-Assouline M, Clapp J, Isenhour C, Kelemen E, Jackson T, Miller DC, Rusch GM, Spangenberg JH, Waldron A (2021) Enabling transformative economic change in the post-2020 biodiversity agenda. Conserv Lett 14(4):e12805 https://doi.org/10.1111/conl.12805

UNDRIP (2007) United Nations Declaration on the Rights of Indigenous Peoples. United Nations https://www.un.org/development/desa/indigenouspeoples/declaration-on-the--rights-of-indigenous-peoples.html

UNEP (2021) Making Peace with Nature: A Scientific Blueprint to tackle the climate, biodiversity and pollution emergencies. United Nations Environment Programme, Nairobi https://www.unep.org/resources/making-peace-nature.

UNESCO (2017) Local Knowledge, Global Goals. United Nations Educational Scientific and Cultural Organization, Paris, 48 p

United Nations Global Compact (2004) Who Cares Wins: Connecting Financial Markets to Changing World. United Nations Department of Public Information. Disponível em: https://d306pr3pise04h.cloudfront.net/docs/issues_doc%2FFinancial_markets%2Fwho_cares_who_wins.pdf (Acessado em 3/Agosto/2022)

Vainfas R (1999) Colonização, miscigenação e questão racial: notas sobre equívocos e tabus da historiografia brasileira. Revista Tempo 8:1-12.

Valenzuela P (2017) The metaphysical bond between natural and human beings: an argument from Aquinas's natural law for justifying environmental ethics. Forum – Supplement to Acta Philosophica 3:299-312 https://doi.org/10.17421/2498-9746-03-17

Van der Leeuw S, Wiek A, Harlow J, Buizer J (2012) How much time do we have? Urgency and rethoric in sustainability science. Sustain Sci 7(Supplement 1):115–120 https://doi.org/10.1007/s11625-011-0153-1

van Ree E (2020) Productive forces, the passions and natural philosophy: Karl Marx, 1841–1846. J Political Ideol 25(3):274-293 https://doi.org/10.1080/13569317.2020.1773069

Vardy M, Oppenheimer M, Dubash NK, O'Reilly J, Jamieson D (2017) The Intergovernmental Panel on Climate Change: challenges and opportunities. Ann Rev Environ Resour 42:55-75 https://doi.org/10.1146/annurev-environ-102016-061053

Verbeek P, de Vaal FBM (2002) The primate relationship with nature: Biophilia as a general pattern. In: Kahn PH Jr, Kellert SR (eds) Children and Nature. The MIT Press, Cambridge, London, pp 1-27

Vergara LG (2023) Pragmatismo Utópico. Editora Circuito, Rio de Janeiro, Editora PPGCA, Niterói

Verghese A, Shah, Harrington (2017) What this computer needs is a physician. Humanism and Artificial Intelligence. Jama 319(1):19-20 https://doi.org/10.1001/jama.2017.19198

Vernadsky V (1926/1998) The Biosphere. Copernicus, Springer, New York

Vernadsky V (1926/2019) Biosfera. Dantes Editora, Rio de Janeiro

Vernadsky VI (1938/1997) Scientific thought as a planetary phenomenon. Nongovernmental Ecological VI Vernadsky Foundation, Moscow.

Vinuesa R, Azizpour H, Leite I, Balaam M, Dignum V, Domisch S, Felländer A, Langhans SD, Tegmark M, Nerini FF (2020) The role of artificial intelligence in achieving the Sustainable Development Goals. Nat Commun 11:233 https://doi.org/10.1038/s41467-019-14108-y

Vespúcio A (1503/2013) Novo Mundo: as cartas que batizaram a América. Coleção Biblioteca Básica Brasileira. Fundação Darcy Ribeiro, Rio de Janeiro

Villa DR (1998) The philosopher versus the citizen. Polit Theory 26(2):147-172

Virtanen PK, Siragusa L, Guttorm H (2020) Introduction: toward more inclusive definitions of sustainability. Curr Opin Environ Sustain 43:77–82 https://doi.org/10.1016/j.cosust.2020.04.003

Vogel S (2006) The silence of nature. Environ Values 15:145-171

Vohland K, Nadim T (2015) Ensuring the success of IPBES: between interface, market place and parliament. Phil Trans R Soc B 370:20140012 http://dx.doi.org/10.1098/rstb.2014.0012

Von Stechow C, Minx JC, Riahi K, Jewell J, McCollum DL, Callaghan MW, Bertram C, Luderer G, Baiocchi G (2016) 2°C and SDGs: united they stand, divided they fall? Environ Res Lett 11:034022 https://doi.org/10.1088/1748-9326/11/3/034022

Wagner-Lawlor JA (2019) Anticipating utopia: Utopian narrative and an ontology of representation. In: Poli R (ed) Handbook of Anticipation. Springer, Cham, pp 501-521 https://doi.org/10.1007/978-3-319-91554-8_63

Wahl DC (2016) Designing Regenerative Cultures. Triarchy Press, Axminster

Wahren J (2021) Youth Activism and Climate Change in Latin America: Indigenous and Peasant Youth in Defence of Their Human Rights and Territories. Global Campus of Human Rights: Latin America-Caribbean, Venice

Waldmüller JM, Yap ML-M, Watene K (2019) Remaking the Sustainable Development Goals: relational Indigenous epistemologies. Policy Soc 41(4):471–485 https://doi.org/10.1093/polsoc/puac026

Walker C (2017) Tomorrow's leaders and today's agents of change? Children, sustainability education and environmental governance. Child Soc 3:72-83 https://doi.org/10.1111/chso.12192

Wanderley SEPV, Bauer APM (2020) "Tupi, or not Tupi that is the question": Perspectivismo ameríndio e estudos organizacionais. RAE Rev Admin Empresas 60:144-155 https://doi.org/10.1590/S0034-759020200207

Wang Y, Hao F (2018) Does Internet penetration encourage sustainable consumption? A cross-national analysis. Sust Prod Consum 16:237-248 https://doi.org/10.1016/j.spc.2018.08.011

Walsh Z, Böhme J, Wamsler C (2021) Towards a relational paradigm in sustainability research, practice, and education. Ambio 50:74–84 https://doi.org/10.1007/s13280-020-01322-y

Wamsler C, Brink E (2018) Mindsets for sustainability: Exploring the link between mindfulness and sustainable climate adaptation. Ecol Econ 151:55-61 https://doi.org/10.1016/j.ecolecon.2018.04.029

Wamsler C, Schäpke N, Fraude C, Stasiak D, Bruhn T, Lawrence M, Schroeder H, Mundaca L (2020) Enabling new mindsets and transformative skills for negotiating and activating climate action: Lessons from UNFCCC conferences of the parties. Environ Sci Policy 112:227-235 https://doi.org/10.1016/j.envsci.2020.06.005

Warden J (2021) Regenerative Futures: From Sustaining to Thriving Together. RSA – Royal Society for Arts, Manufacture and Commerce, London

WCED – World Commission on Environment and Development (1987). Our Common Future. Oxford University Press, Oxford

Weber M (1917/2009) Science as a vocation. In: Weber M, Gerth HH, Mills CW, Turner B (eds) From Max Weber – Essays in Sociology. Routledge, New York, pp. 132-168

Weder F (2021) Sustainability as master frame of the future? Potency and limits of sustainability as normative framework in corporate, political and NGO communication. In: Weder F, Krainer L, Karmasin M (eds) The Sustainability Communication Reader. Springer VS, Wiesbaden, pp 103-119 https://doi.org/10.1007/978-3-658-31883-3_7

Weder F, Karmasin M, Krainer L, Voci D (2021) Sustainability communication as critical perspective in media and communication studies–an introduction. In: Weder F, Krainer L, Karmasin M (eds) The Sustainability Communication Reader, Springer, Wiesbaden, pp 1-12 https://doi.org/10.1007/978-3-658-31883-3_1

WEF (2020) The Future of Nature and Business. World Economic Forum, Geneva

Weiss EB (1990) Our rights and obligations to future generations for the environment. Am J Int Law 84:198-207

Weiss M, Cattaneo C (2017) Degrowth – Taking stock and reviewing an emerging academic paradigm. Ecol Econ 137:220–230 https://doi.org/10.1016/j.ecolecon.2017.01.014

West A (2014) Ubuntu and business ethics: Problems, perspectives and prospects. J Bus Ethics 121(1):47–61 https://doi.org/10.1007/s10551-013-1669-3

West P, Brockington D (2012) Introduction: capitalism and the environment. Environ Soc Adv Res 3(1):1–3.

West S, Haider LJ, Stålhammar S, Woroniecki S (2020) A relational turn for sustainability science? Relational thinking, leverage points and transformations. Ecosys People 16(1):304–325 https://doi.org/10.1080/26395916.2020.1814417

West S, Haider LJ, Stålhammar S, Woroniecki S (2021) Putting relational thinking to work in sustainability science – reply to Raymond et al. Ecosys People 17(1):108-113 https://doi.org/10.1080/26395916.2021.1898477

West TG (2012) The ground of Locke's Law of Nature. Soc Philos Policy 29(2):1-50 https://doi.org/10.1017/S0265052511000392

Wiek A, Lang DJ (2016) Transformational sustainability research methodology. In: Heinrichs H, Martens P, Michelsen G, Wiek A (eds) Sustainability Science. Springer, Dordrecht https://doi.org/10.1007/978-94-017-7242-6_3

Wiek A, Withycombe L, Redman CL (2011) Key competencies in sustainability: a reference framework for academic program development. Sustain Sci 6:203–218. https://doi.org/10.1007/s11625-011-0132-6

Wiek A, Ness B, Schweizer-Ries P, Brand FS, Farioli F (2012) From complex systems analysis to transformational change: a comparative appraisal of sustainability science projects. Sustain Sci 7 (Supplement 1):5–24 https://doi.org/10.1007/s11625-011-0148-y

Wildemeersch D, Læssøe J, Håkansson M (2022) Young sustainability activists as public educators: An aesthetic approach. Eur Educ Res J 21(3):419–434 https://doi.org/10.1177/1474904121990953

Wildförsters FS, Zyman D (2016) Ancestral futures. In: Ernesto Neto and the Huni Kuin (eds) Aru Kuxipa–Sacred Secret. Sternberg Press, Berlin

Williams H (1985) Heraclitus's philosophy and Hegel's dialectic. Hist Polit Thought 6(3):381-404

Wilson EO (1984) Biophilia. Harvard University Press, Cambridge, London

Winkler H, Mantlana B, Letete T (2017) Transparency of action and support in the Paris Agreement. Clim Policy https://doi.org/10.1080/14693062.2017.1302918

Wippel JF (1985) Thomas Aquinas on the distinction and derivation of the many from the one: A dialectic between being and nonbeing. Rev Metaphys 38(3):563-590

Wittgenstein L (1921/2014). Tractatus Logico-Philosophicus. electronic ed, Routledge, New York

Wittgenstein L (1953/1973). Philosophical Investigations. 3rd ed, Pearson, New York

Wong R, Heijden J (2019) Avoidance of conflicts and trade-offs: A challenge for the policy integration of the United Nations Sustainable Development Goals. Sustain Dev 27(5):838-845 https://doi.org/10.1002/sd.1944

Woiwode C, Schäpke N, Bina O, Veciana S, Kunze I, Parodi O, Schweizer-Ries P, Wamsler C (2021) Inner transformation to sustainability as a deep leverage point: fostering new avenues for change through dialogue and reflection. Sustain Sci 16:841–858 https://doi.org/10.1007/s11625-020-00882-y

Wood SLR, Luers A, Garard J, Gambhir A, Chaudhari K, Ivanova M, Cronin C (2021) Collective foresight and intelligence for sustainability. Glob Sustain 4(e3):1–7 https://doi.org/10.1017/sus.2021.3

Woodyer T, Geoghegan H (2013) (Re)enchanting geography? The nature of being critical and the character of critique in human geography. Prog Hum Geogr 37:195–214

World Bank (2016) Poverty and shared prosperity 2016: Taking on inequality. The World Bank, Washington, DC

World Bank Group (2021) Carbon Dioxide Information Analysis Center, Environmental Sciences Division. Available at https://data.worldbank.org/indicator/EN.ATM.CO2E.KT?end=2016&locations=EU&start=1960&view=chart (accessed in 17/02/2021)

Wright EO (2010) Envisioning Real Utopias. Verso, London

Wu X, Fu B, Wang S, Song S, Li Y, Xu Z, Wei Y, Liu J (2022) Decoupling of SDGs followed by re-coupling as sustainable development progresses. Nat Sustain 5:452–459 https://doi.org/10.1038/s41893-022-00868-x

Wulf A (2016) A Invenção da Natureza, 1ª ed, Planeta, São Paulo

Yap ML-M, Watene K (2019) The Sustainable Development Goals (SDGs) and indigenous peoples: Another missed opportunity?, J Human Dev Capabil 20(4):451-467 https://doi.org/10.1080/19452829.2019.1574725

Zamora-Polo F, Sánchez-Martín J, Corrales-Serrano M, Espejo-Antúnez L (2019) What do university students know about Sustainable Development Goals? A realistic approach to the reception of this UN program amongst the youth population. Sustainability 11:3533 https://doi.org/10.3390/su11133533

Ziesemer F, Hüttel A, Balderjahn I (2021) Young people as drivers or inhibitors of the sustainability movement: The case of anti-consumption. J Consum Policy 44:427–453 https://doi.org/10.1007/s10603-021-09489-x

Zimmerman ME (1996) Martin Heidegger: Antinaturalistic critic of technological modernity. In: Macauley D (ed) Minding Nature: The Philosophers of Ecology, The Guilford Press, New York, London, pp 59-81

Zutshi A, Creed A (2018) Declaring Talloires: Profile of sustainability communications in Australian signatory universities. J Clean Prod 187:687-698 https://doi.org/10.1016/j.jclepro.2018.03.225

Zwart H (2022) Continental Philosophy of Technoscience. Springer, Cham https://doi.org/10.1007/978-3-030-84570-4_8

Zweig S (1942/2019) Américo Vespúcio: a história de um erro histórico. Labrador, São Paulo

A Essência da Bambual Editora

Pulsa em cada pessoa algo que diz que é preciso ser diferente. É preciso fazer diferente.

A rapidez com a qual as inúmeras transformações estão acontecendo em todo o planeta traz dúvidas sobre quais decisões devem ser tomadas, insegurança quanto às informações que circulam e medo, muito medo do futuro. A ameaça de colapso global, a falta de confiança nas instituições e nas pessoas, as decisões unilaterais sem visão sistêmica: tudo isto traz angústia e retraimento.

É necessário refletir mais, conhecer soluções possíveis e reais, experimentar o diferente, descobrir e desenvolver as próprias potências, se transformar progressivamente e reconstruir a capacidade em confiar para se sentir plena.

Em sua maioria, as pessoas já não dizem somente que irão agir com bondade: elas estão, efetivamente, fazendo algo bom entre si. A transição global emerge das ações e escolhas de cada uma.

Inspirada nas principais características do bambu – profundo, forte, flexível – a Bambual Editora oferece possibilidades para que as pessoas percebam, com mais profundidade e consciência, a si e o mundo ao seu redor.

Queremos ser a ponte para o conhecimento inovador, que provoca e transforma, trazendo à tona tudo o que apoia o melhor de cada pessoa.

Nossa essência é sensibilizar o ser humano para que amplie sua percepção das múltiplas possibilidades que existem, saia dos condicionamentos, aprofunde sua autoconexão e faça escolhas diferentes.

"Saiba quem você é e seja o que você sabe."

BAMBUAL
editora

conexao@bambualeditora.com.br
www.bambualeditora.com.br